Ce manuel applique les règles de la nouvelle orthographe, comme le recommandent les programmes.
www.renouvo.org

Isabelle PETIT-JEAN
Directrice d'ouvrage

Sylvie CARLE
Sylvie GINET
Marion ROUSSEAU
Professeures des écoles

Les éditions Magnard remercient leur conseiller scientifique
Patrice GROS
Inspecteur d'académie

www.cm1.opm2016.magnard.fr

Progression des *Nouveaux Outils pour les Maths* au cycle 3

	Compétences attendues de fin de cycle	CM1
Nombres / Calculs	- Utiliser et représenter les grands nombres entiers. - Utiliser et représenter des fractions simples. - Utiliser et représenter les nombres décimaux. - Calculer avec des nombres entiers et décimaux. - Résoudre des problèmes en utilisant des fractions simples, les nombres décimaux et le calcul.	- Utiliser et représenter les nombres entiers jusqu'à 999 999 999. - Utiliser et représenter les fractions simples et découvrir les fractions décimales. - Utiliser et représenter les nombres décimaux jusqu'au centième. - Additionner et soustraire les nombres décimaux, diviser (division euclidienne) un nombre à deux chiffres. - Résoudre des problèmes simples qui relèvent des quatre opérations à partir d'un support unique.
Grandeurs et mesures	- Comparer, estimer, mesurer des grandeurs géométriques avec des nombres entiers et des nombres décimaux : longueur (périmètre), aire, volume, angle. - Utiliser le lexique, les unités, les instruments de mesures spécifiques de ces grandeurs. - Résoudre des problèmes impliquant des grandeurs (géométriques, physiques, économiques) en utilisant des nombres entiers et des nombres décimaux.	- Découvrir la notion de périmètre, la notion d'aire, identifier des angles. - Utiliser les unités de mesure de longueurs, de durées, de masses et de contenances, estimer et vérifier des angles à l'aide d'une équerre. - Résoudre des problèmes impliquant des grandeurs en utilisant des nombres entiers jusqu'à 999 999 999 et des nombres décimaux jusqu'au centième.
Espace et géométrie	- (Se) repérer et (se) déplacer dans l'espace en utilisant ou en élaborant des représentations. - Reconnaitre, nommer, décrire, reproduire, représenter, construire des figures et solides usuels. - Reconnaitre et utiliser quelques relations géométriques (notions d'alignement, d'appartenance, de perpendicularité, de parallélisme, d'égalité de longueurs, d'égalité d'angle, de distance entre deux points, de symétrie, d'agrandissement et de réduction).	- (Se) repérer et (se) déplacer à partir de repérage de déplacement d'objets. - Reconnaitre un carré en prenant en compte la perpendicularité et l'égalité des mesures des côtés, utiliser le compas pour tracer un triangle. - Reconnaitre grâce à la dimension perceptive et instrumentée (notions d'alignement, de perpendicularité, de parallélisme).

© Éditions Magnard 2016, 5 allée de la 2e D.B., 75015 Paris • ISBN : 978-2-210-50203-1

▶ Conformément aux nouveaux programmes de l'Éducation nationale, le cycle de consolidation couvre désormais la période du CM1 à la 6e. Ce tableau présente la progression proposée par les **Nouveaux Outils pour les Maths CM1** pour atteindre ces compétences de fin de cycle 3.

▶ Au cycle 3, la résolution de problèmes constitue le critère principal de la maitrise des connaissances dans tous les domaines des mathématiques. Les supports de travail sont de plus en plus variés (tableaux, tableurs, graphiques, logiciels) et ouverts à toutes les disciplines.

CM2	6e
- Utiliser et représenter les grands nombres (jusqu'à 12 chiffres). - Utiliser et représenter diverses désignations des fractions. - Utiliser et représenter les nombres décimaux jusqu'au millième.	- Utiliser et représenter les grands nombres (jusqu'à 12 chiffres). - Utiliser et représenter les fractions jusqu'au quotient de deux nombres entiers. - Utiliser et représenter les nombres décimaux jusqu'aux dix-millièmes.
- Multiplier un nombre décimal par un nombre entier, diviser un nombre décimal par un nombre entier. - Résoudre des problèmes à partir de deux supports complémentaires.	- Multiplier deux nombres décimaux, effectuer une division décimale. - Résoudre des problèmes complexes mêlant plusieurs supports.
- Utiliser des formules pour calculer : des périmètres, des durées, des aires, comparer les angles d'une figure (droit, aigu ou obtus). - Découvrir et utiliser les unités d'aires, reproduire un angle en utilisant un gabarit. - Résoudre des problèmes impliquant des grandeurs en utilisant des nombres entiers (jusqu'à 12 chiffres) et des nombres décimaux jusqu'au millième.	- Consolider la notion de périmètre, calculer des distances, mesurer et comparer des aires, déterminer le volume d'un pavé droit, mesurer un angle. - Utiliser les unités de contenances, utiliser un outil de mesure des angles (le rapporteur). - Résoudre des problèmes impliquant des grandeurs en utilisant des nombres entiers (jusqu'à 12 chiffres) et des nombres décimaux jusqu'aux dix-millièmes.
- (Se) repérer et (se) déplacer en élaborant des représentations. - Reconnaitre un carré à partir des propriétés de ses diagonales. - Utiliser les relations géométriques (notions d'alignement, d'appartenance, de perpendicularité, de parallélisme, d'égalité de longueurs, d'égalité d'angle).	- (Se) repérer et (se) déplacer dans l'espace en utilisant ou en élaborant des représentations (consolidation). - Reproduire un angle, reconnaitre un carré à partir des propriétés de ses axes de symétrie. - Utiliser les relations géométriques (notions d'alignement, d'appartenance, de perpendicularité, de parallélisme, d'égalité de longueurs, d'égalité d'angle, de distance entre deux points, de symétrie, d'agrandissement et de réduction).

Sommaire

Nombres

Nombres entiers
- Revoir les nombres jusqu'à 9 999. 8
- Lire, écrire et décomposer les nombres jusqu'à 99 999 10
- Placer, intercaler et encadrer les nombres jusqu'à 99 999 12
- Comparer et ranger les nombres jusqu'à 99 999 14
- Lire, écrire et décomposer les nombres jusqu'à 999 999 16
- Placer, encadrer, comparer et ranger les nombres jusqu'à 999 999 18
- Lire, écrire et décomposer les nombres jusqu'à 999 999 999 20
- Placer, encadrer, comparer et ranger les nombres jusqu'à 999 999 999 22

Je révise 24

Je résous des problèmes 26

Fractions
- Découvrir les fractions simples 28
- Utiliser des fractions dans des situations de partage et de mesure 30
- Repérer, placer et encadrer des fractions simples sur une demi-droite graduée 32
- Ranger des fractions simples 34

Je révise 36

Nombres décimaux
- Découvrir les fractions décimales 38
- Passer de l'écriture fractionnaire aux nombres décimaux 40
- Lire, écrire et décomposer les nombres décimaux 42
- Placer, intercaler et encadrer des nombres décimaux sur une demi-droite graduée 44
- Comparer et ranger des nombres décimaux 46

Je révise 48

Je résous des problèmes 50

Vers le CM2 Découvrir les milliards 52

Interdisciplinarité J'utilise les maths en histoire et en sciences. 54

Calculs

Utiliser la calculatrice 56

Addition et soustraction des nombres entiers
- Additionner des nombres entiers 58
- Soustraire des nombres entiers 60

Je révise 62

Je résous des problèmes 64

Multiplication des nombres entiers
- Multiplier par un nombre à un chiffre 66
- Multiplier par 10, 100, … 20, 300… 68
- Multiplier par un nombre à plusieurs chiffres 70
- Connaitre les multiples et les diviseurs d'un nombre 72

Je révise 74

Je résous des problèmes 76

Division des nombres entiers
- Comprendre le sens de la division 78
- Diviser par un nombre à un chiffre 80
- Diviser par un nombre à deux chiffres 82

Je révise 84

Je résous des problèmes 86

Calculs avec les nombres décimaux
- Additionner des nombres décimaux 88
- Soustraire des nombres décimaux 90
- Multiplier et diviser un nombre décimal par 10, 100, 1 000 92

Je révise 94

Je résous des problèmes 96

Traitement de données
- Lire et utiliser un graphique 98
- Lire et utiliser un tableau 100
- Utiliser un tableur pour calculer 102

Proportionnalité
- Aborder la proportionnalité 104
- Résoudre des problèmes de proportionnalité 106

Je révise 108

Je résous des problèmes 110

Vers le CM2 Calculer un quotient décimal 112

Interdisciplinarité J'utilise les maths en géographie et en sciences 114

ACTIVITÉS NUMÉRIQUES
Activités numériques complémentaires pour s'entrainer et s'initier à l'utilisation de logiciels, en accès gratuit sur :
www.lienmini.fr/nopmcm1

Grandeurs et mesures

Mesures de durées
- Lire l'heure 116
- Connaitre les unités de mesure de durées 118
- Calculer des durées et déterminer un instant 120
- **Je révise** 122

Mesures de longueurs de masses et de contenances
- Connaitre et utiliser les unités de mesure de longueurs 124
- Calculer et comparer les périmètres des polygones 126
- Connaitre et utiliser les unités de mesure de masses 128
- Connaitre et utiliser les unités de mesure de contenances 130
- **Je révise** 132
- **Je résous des problèmes** 134

Angles
- Identifier et comparer des angles 136

Aire
- Découvrir la notion d'aire 138
- **Je révise** 140
- **VERS LE CM2** Calculer l'aire du carré et du rectangle 142

Interdisciplinarité J'utilise les maths en sciences et en EPS 144

Calcul mental
- Additionner des nombres entiers 194
- Soustraire des nombres entiers 196
- Multiplier des nombres entiers 198
- Diviser un nombre entier 200
- Additionner et soustraire des nombres décimaux 202
- Multiplier et diviser des nombres décimaux 204
- **Je résous des problèmes** 206

Espace et géométrie

Déplacements et outils de géométrie
- Se repérer et se déplacer dans l'espace 146
- Connaitre le vocabulaire et les instruments de la géométrie 148

Droites et symétrie
- Identifier et tracer des droites perpendiculaires 150
- Identifier et tracer des droites parallèles 152
- Identifier et tracer des axes de symétrie 154
- Compléter une figure par symétrie 156
- **Je révise** 158

Figures géométriques
- Décrire et reproduire des figures 160
- Construire des cercles 162
- Identifier et construire des polygones 164
- Identifier et construire des quadrilatères 166
- Construire des carrés et des rectangles 168
- Identifier et construire des triangles 170
- Construire des losanges 172
- **Je révise** 174

Programme de construction
- Compléter et rédiger un programme de construction 176
- Utiliser un logiciel de géométrie (Geogebra) 178

Solides
- Identifier et décrire des solides 180
- Identifier et décrire des cubes et des pavés droits 182

Programmation numérique
- Utiliser un logiciel de programmation (Scratch) 184
- **Je révise** 186
- **Je résous des problèmes** 188

VERS LE CM2 Reproduire et construire des figures composées 190

Interdisciplinarité J'utilise les maths en géographie et en technologie 192

Proposition de programmation

	Nombres	Calculs
Période 1	• Revoir les nombres jusqu'à 9 999 • Lire, écrire et décomposer les nombres jusqu'à 99 999 • Placer, intercaler et encadrer les nombres jusqu'à 99 999 • Comparer et ranger les nombres jusqu'à 99 999	• Utiliser la calculatrice • Additionner des nombres entiers • Soustraire des nombres entiers
Période 2	• Lire, écrire et décomposer les nombres jusqu'à 999 999 • Placer, encadrer, comparer et ranger les nombres jusqu'à 999 999	• Multiplier par un nombre à un chiffre • Multiplier par 10, 100, ... 20, 300... • Multiplier par un nombre à plusieurs chiffres
Période 3	• Lire, écrire et décomposer les nombres jusqu'à 999 999 999 • Placer, encadrer, comparer et ranger les nombres jusqu'à 999 999 999	• Connaitre les multiples et les diviseurs d'un nombre • Comprendre le sens de la division • Diviser par un nombre à un chiffre • J'utilise les maths en géographie et en sciences
Période 4	• Découvrir les fractions simples • Utiliser des fractions dans des situations de partage et de mesure • Repérer, placer et encadrer des fractions simples sur une demi-droite graduée • Ranger des fractions simples	• Diviser par un nombre à deux chiffres • Lire et utiliser un graphique • Lire et utiliser un tableau • Utiliser un tableur pour calculer
Période 5	• Découvrir les fractions décimales • Passer de l'écriture fractionnaire aux nombres décimaux • Lire, écrire et décomposer les nombres décimaux • Placer, intercaler et encadrer des nombres décimaux sur une demi-droite graduée • Comparer et ranger des nombres décimaux • J'utilise les maths en histoire et en sciences • Vers le CM2 : Découvrir les milliards	• Additionner des nombres décimaux • Soustraire des nombres décimaux • Multiplier et diviser un nombre décimal par 10, 100, 1 000 • Aborder la proportionnalité • Résoudre des problèmes de proportionnalité • Vers le CM2 : Calculer un quotient décimal

Grandeurs et mesures	Espace et géométrie	Calcul mental
• Identifier et comparer des angles • Lire l'heure • Connaitre les unités de mesure de durées	• Se repérer et se déplacer dans l'espace • Utiliser un logiciel de programmation • Connaitre le vocabulaire et les instruments de la géométrie • Identifier et tracer des droites perpendiculaires • Identifier et tracer des droites parallèles	• Additionner des nombres entiers • Soustraire des nombres entiers
• Calculer des durées et déterminer un instant • Connaitre et utiliser les unités de mesure de longueurs	• Identifier et tracer des axes de symétrie • Compléter une figure par symétrie • Décrire et reproduire des figures • Utiliser un logiciel de géométrie	• Multiplier des nombres entiers
• Calculer et comparer les périmètres des polygones • Connaitre et utiliser les unités de mesure de masses	• Construire des cercles • Identifier et construire des polygones • Identifier et construire des quadrilatères	• Diviser un nombre entier
• Connaitre et utiliser les unités de mesure de contenances • Découvrir la notion d'aire • J'utilise les maths en sciences et en EPS	• Construire des carrés et des rectangles • Identifier et construire des triangles • Construire des losanges • J'utilise les maths en géographie et en technologie	• Révision sur les nombres entiers (compétences périodes 1 à 3)
• Vers le CM2 : Calculer l'aire du carré et du rectangle	• Compléter et rédiger un programme de construction • Identifier et décrire des solides • Identifier et décrire des cubes et des pavés droits • Vers le CM2 : Reproduire et construire des figures composées	• Additionner et soustraire des nombres décimaux • Multiplier et diviser des nombres décimaux

Revoir les nombres jusqu'à 9 999

Cherchons

Le 17 décembre 1903, les frères Wright font décoller et voler sur 300 m leur premier avion.

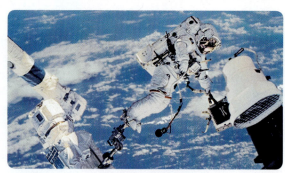

En 2010, les astronautes de la station spatiale internationale font un petit tour dans l'espace.

- Quels sont les différents nombres dans ces textes ? Combien de chiffres ont-ils ?
- Quel est le nombre le plus grand ? Que représente le chiffre 1 dans 17 ? dans 1903 ?

Je retiens

- Dans notre système de numération, il y a **10 chiffres** : 0, 1, 2, 3, 4, 5, 6, 7, 8, et 9. Dans un tableau de numération, c'est la **position du chiffre** qui donne **sa valeur**.

Classe des mille			Classe des unités		
centaines de mille	dizaines de mille	unités de mille	centaines	dizaines	unités
		8	3	5	2

Ex. : Dans 8 352, le **chiffre des unités** est 2 mais le **nombre d'unités** est 8 352.
Le **chiffre des dizaines** est 5, mais le **nombre de dizaines** est 835 car on peut faire 835 paquets de 10 → 8 352 = (835 × 10) + 2.

- On peut :
  – **Écrire** un nombre **en chiffres** ou **en lettres** : huit-mille-trois-cent-cinquante-deux
  – **Décomposer** un nombre : 8 352 = (8 × 1 000) + (3 × 100) + (5 × 10) + 2
  – **Comparer** des nombres : 4 562 ≠ 5 562 ;   4 562 < 5 562 ;   5 562 > 4 562
  – **Ranger** des nombres dans l'**ordre croissant** ou **décroissant** : 4 214 > 4 124 > 4 040
  – **Intercaler** des nombres : 5 698 – **6 304** – 7 568
  – **Encadrer** des nombres : à la dizaine près : 4 5**60** < 4 562 < 4 5**70**
    à la centaine près : 4 **5**00 < 4 562 < 4 **6**00

Distinguer chiffre et nombre

1 * Quelle est la valeur du chiffre 5 dans ces nombres ?

a. Dans 580, le 5 représente ... *centaine*
b. Dans 345, le 5 représente ... *unité*
c. Dans 5 089, le 5 représente ... *unité de mille*
d. Dans 6 051, le 5 représente ... *dizaine*

2 PROBLÈME Additionne le **nombre de centaines de ces nombres**. Tu obtiendras la hauteur en mètres du plus grand arbre du monde.

1278   1185   6452
   841   2014

Lire et écrire des nombres

3 ★ Reproduis et complète ce tableau.

Nombres en chiffres	Nombres en lettres
3 420	trois-mille-quatre-cent-vingt
6 018	six-mille-dix-huit
9 830	neuf-mille-huit-cent-trente
9 009	neuf-mille-neuf

4 ★ Recopie et complète avec les mots manquants.
a. 5 426 → cinq - *mille* - quatre - *cent* - vingt-six
b. 7 450 → *sept* mille-quatre-cent *cinquante*
c. 3 083 → trois - *cent* quatre - *vingt* - *trois*
d. 6 706 → *six* mille-sept - *cent* - six

Décomposer des nombres

5 ★ Décompose comme dans l'exemple.
Ex.: 8 506 = (8 × 1 000) + (5 × 100) + 6
a. 5 869   c. 4 580
b. 7 069   d. 1 099

6 ★ À quels nombres correspondent ces décompositions ?
a. (7 × 1 000) + (5 × 10) + 4 → 7054
b. (6 × 1 000) + (2 × 100) + 3 → 6203
c. (8 × 1 000) + 8 → 8003

7 ★ Qui suis-je ?

 Pour t'aider, place les nombres dans un tableau de numération.

a. J'ai 9 milliers et 56 dizaines. 9560
b. J'ai 4 milliers et 123 unités. 4123
c. J'ai 56 centaines et 23 unités. 5623
d. J'ai 782 dizaines. 7820

8 ★★ **PROBLÈME** Résous cette énigme, et tu sauras quand la tour Big Ben, à Londres, a été construite. Mon chiffre des dizaines est 5. Mon nombre de centaines est 18. Le chiffre de mes unités est égal à celui de mes centaines. J'existe depuis …

Comparer et ranger des nombres

9 ★ Recopie et complète avec <, > ou =.
a. 7 895 > 7 006   c. 7 089 > 6 909
b. 7 001 < 7 040   d. 7 089 < 8 709

10 ★ a. Range dans l'ordre croissant :
2 365 – 5 236 – 6 253 – 5 623 – 2 563
b. Range dans l'ordre décroissant :
4 012 – 3 654 – 3 258 – 3 089 – 4 256

11 ★★ **PROBLÈME** Voici la longueur en kilomètres des plus longs fleuves d'Europe :
Loire : 1 000 km + 12 km
Rhin : 1 000 km + (2 × 100) km + (3 × 10) km
Danube : deux-mille-huit-cent-soixante km
Volga : 3 m 6 c 9 d 2 u km
Oural : 2 428 km
Classe les longueurs dans l'ordre croissant.

Encadrer et intercaler des nombres

12 ★ Place les lettres sur la droite graduée :
A : 2 700   B : 1 800   C : 3 300
D : 2 200   E : 3 650

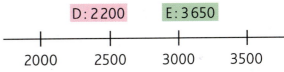

13 ★★ Recopie et encadre à la dizaine près.
Ex : 7 5**80** < 7 586 < 7 5**90**
a. … < 8 452 < …   c. … < 7 634 < …
b. … < 4 985 < …   d. … < 3 785 < …

14 ★★ Recopie et encadre à la centaine près.
Ex.: 7 **500** < 7 586 < 7 **600**
a. … < 4 352 < …   c. … < 7 534 < …
b. … < 4 278 < …   d. … < 9 560 < …

DÉFI MATHS

Si tu écris tous les nombres de 100 à 200, combien de fois écriras-tu le chiffre 5 ? le chiffre 9 ? le chiffre 0 ?

NOMBRES

Lire, écrire et décomposer les nombres jusqu'à 99 999

Cherchons

Voici la superficie des grands lacs d'Amérique du Nord, situés à la frontière entre le Canada et les États-Unis.

- Comment vas-tu lire ces nombres ?
- Que représente le premier chiffre de chacun de ces nombres ?

Je retiens

- Pour lire et écrire des grands nombres, **on regroupe** les chiffres **par classe**. Chaque classe comprend les **unités**, les **dizaines** et les **centaines**.

Classe des mille			Classe des unités		
centaines de mille	dizaines de mille	unités de mille	centaines	dizaines	unités
	2	5	1	4	6

Ex. : Dans le nombre 25 146, le **chiffre des unités de mille** est 5 mais le **nombre de milliers** est 25.
Le chiffre des unités de mille peut s'écrire « le chiffre des milliers ».

- On peut **écrire** un nombre :
  – en **chiffres** : 25 146 (On laisse un espace entre les classes.)
  – en **lettres** : vingt-cinq-**mille**-cent-quarante-six (On ajoute le nom de la classe.)

- On peut **décomposer un nombre** :
  25 146 = (2 × 10 000) + (5 × 1 000) + (1 × 100) + (4 × 10) + (6 × 1)
  25 146 = (25 × 1 000) + (1 × 100) + (4 × 10) + (6 × 1)
  25 146 = 25 m + 1 c + 4 d + 6 u
  Dans 25 146, il y a 25 milliers, 1 centaine, 4 dizaines et 6 unités.

Distinguer chiffre et nombre

1 ★ Recopie et complète ce tableau.

Nombre	Chiffre des milliers	Nombre de milliers
23 754		
52 047		
8 521		
97 365		

2 ★ Quelle est la valeur du chiffre 7 dans les nombres ?

27 258   80 714   42 073

96 817   74 632

3 ★ Écris tous les nombres à 5 chiffres qui ont 3 dizaines de mille et 125 unités.

Lire et écrire des nombres

4 * Dans la liste de nombres, retrouve ceux qui sont mal écrits et réécris-les correctement.
a. 7 279 – 14 836 – 23500 – 12 425 – 17586
b. 78 99 – 27 508 – 55147 – 6 3 4 5 – 98 256

5 * Recopie et complète.
a. 2 569 : deux - ... - cinq- ... - soixante - ...
b. 58 147 : ... - huit-mille - ... - ... - sept
c. 81 260 : ... - vingt - ... - mille - ... - cent - ...

6 * Écris les nombres en lettres.
a. 12 458   c. 81 643   e. 91 304
b. 23 240   d. 46 072   f. 50 096

7 * Écris les nombres en chiffres.
a. vingt-cinq-mille-trois-cent-dix-huit
b. quatre-vingt-deux-mille-six-cent-trois
c. dix-sept-mille-cent-trente-neuf

8 PROBLÈME Réécris les nombres en chiffres.

M. et Mme Casa ont fait de nombreux travaux dans leur maison : ils ont dépensé quatre-mille-neuf-cents euros pour installer une mezzanine, douze-mille-deux-cent-cinquante euros pour ajouter une véranda, et vingt-et-un-mille-huit-cents euros pour faire l'isolation thermique.

9 Reproduis le tableau et complète-le.

vingt-deux-mille-soixante-quinze	
	36 820
	72 408
quarante-mille-soixante-treize	
	19 790

10 PROBLÈME Combien de nombres à cinq chiffres peux-tu écrire en utilisant toutes les étiquettes ?

mille   quarante   cent   neuf   trente

Écris-les en chiffres et en lettres.

Décomposer des nombres

11 * Décompose les nombres.
Ex. : 32 102 = (3 × 10 000) + (2 × 1 000) + (1 × 100) + (2 × 1)
a. 45 020   c. 83 946   e. 80 570
b. 61 507   d. 27 200   f. 56 008

12 * Calcule sans poser l'opération.
a. 30 000 + 7 000 + 300 + 52
b. 20 000 + 50 000 + 6 000 + 900 + 30 + 2
c. 3 + 50 + 600 + 9 000 + 50 000
d. 50 000 + 6 000 + 3 000 + 80 + 5

13 Écris les nombres qui correspondent aux décompositions.
a. 42 milliers, 6 centaines et 12 unités
b. (12 × 1 000) + (6 × 100) + (4 × 10) + (7 × 1)
c. 36 m + 5 c + 2 d + 8 u
d. (5 × 10 000) + (9 × 100) + (7 × 10) + (3 × 1)

14 Recopie et complète.

1 point = 1 chiffre

a. 14 587 = (. × 10 000) + (. × 1 000) + (. × 100) + (. × 10) + (. × 1)
b. 5.2.6 = (. × 10 000) + (7 × 1 000) + (. × 100) + (4 × 10) + .
c. 92 362 = (.. × 1 000) + (3 × ...) + (. × 10) + .

15 PROBLÈME Voici les distances en mètres qu'ont parcourues trois abeilles pour produire 500 g de miel.

Tip	Tap	Top
(74 × 1 000) + 800	70 000 + 4 600	747 × 100

a. Écris la distance parcourue par chaque abeille.
b. Quelle abeille a parcouru la plus grande distance ?

DÉFI MATHS

Retrouve les scores de Louis, Aria et Cristiano.
Indice : Cristiano a eu le meilleur score et Louis le plus petit.

	Scores
Louis	2.945
Aria	21896
Cristiano	21.95

Placer, intercaler et encadrer les nombres jusqu'à 99 999

Cherchons

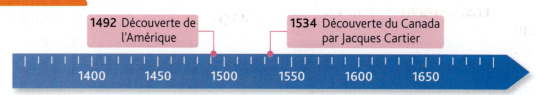

- Où placerais-tu la date de l'édit de Nantes qui met fin aux guerres de religion en 1598 ?
- Et celle de la découverte du détroit de Béring par Vitus Bering en 1741 ?

Je retiens

- On peut **placer** des nombres sur une **demi-droite graduée** entre des **nombres repères**.
  – De 100 en 100 :
  – De 1 000 en 1 000 :

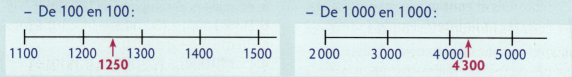

- On peut **intercaler** un nombre entre deux autres :

  - 12 300 s'intercale entre 12 000 et 13 000.
  - 14 450 s'intercale entre 14 000 et 15 000.

- On peut **encadrer** des nombres :
  – à la centaine près : 12**3**00 < 12 357 < 12**4**00
  – au millier près : 12 000 < 12 357 < 13 000
  – à la dizaine de mille près : **1**0 000 < 12 357 < **2**0 000

Placer et intercaler des nombres sur une demi-droite graduée

1 ★ Reproduis les demi-droites graduées et place les nombres qui correspondent aux repères rouges. Complète les phrases.

a.
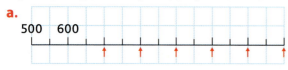

La demi-droite est graduée de … en … .

b.
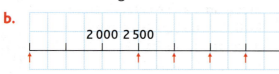

La demi-droite est graduée de … en … .

c.
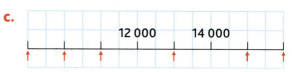

La demi-droite est graduée de … en … .

2 ★ **PROBLÈME** Quelles droites de l'exercice 1 vont t'aider à placer ces nombres ? Reproduis-les et place les dates entre les nombres repères qui conviennent.

a. 732 : bataille de Poitiers
b. 1095 : première croisade
c. 1515 : bataille de Marignan
d. 511 : mort de Clovis
e. 1429 : Jeanne d'Arc libère Orléans
f. 800 : sacre de Charlemagne

3 ✦ Dans quelles parties colorées placerais-tu ces nombres ? Indique entre quels nombres repères ils seront intercalés.

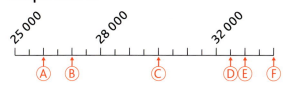

a. 38 000   c. 73 000   e. 46 500
b. 59 000   d. 64 500   f. 79 500

4 ✦ Retrouve les nombres désignés par chaque lettre.

5 ✦ Reproduis et continue la graduation de la demi-droite pour intercaler ces nombres.

| 10 000 | 11 000 | 12 000 | 13 000 | 14 000 |

a. 11 500   c. 13 250   e. 14 050
b. 12 500   d. 10 750   f. 13 950

Intercaler et encadrer des nombres

6 ✦ PROBLÈME Recopie et complète les phrases.
a. Chaque année, il y a un peu plus de 30 160 animaux qui sont adoptés dans les refuges de la SPA. C'est entre … et … milliers d'animaux.
b. Au dernier recensement de 2012, la population d'Ajaccio était de 66 245 habitants. C'est entre … et … dizaines de milliers d'habitants.

7 ✦ PROBLÈME Pour son exposé, Emma a placé des dates sur une frise historique mais elle a oublié de placer la date de l'invention du bus (1867) et celle de l'avion (1890).
Entre quelles dates déjà placées doit-elle les intercaler ?

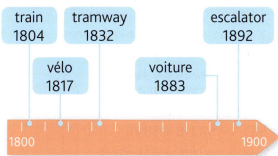

8 ✦ Encadre les nombres à la centaine près.
*Ex. : 32**600** < 32 625 < 32**700***
24 156 – 95 350 – 63 020 – 30 097 – 41 930

9 ✦ Recopie les nombres compris entre 45 000 et 49 000 et encadre-les au millier près.
46 510 – 49 120 – 42 980 – 48 500
47 600 – 44 560 – 46 123 – 48 800

10 ✦ PROBLÈME Retrouve la superficie des trois iles en associant chaque nombre à l'encadrement qui correspond.

Ile	Superficie
Vancouver	Entre 20 000 km² et 25 000 km²
Sardaigne	Entre 25 000 km² et 30 000 km²
Sicile	Entre 30 000 km² et 35 000 km²

a. 25 460   b. 31 285   c. 23 813

11 ✦ PROBLÈME Voici les chiffres d'affaires mensuels du magasin de jouets Joutou.

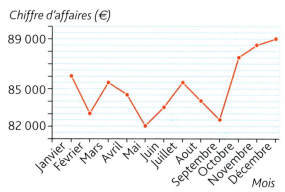

Durant quels mois le chiffre d'affaires de ce magasin a-t-il été compris :
a. entre 83 500 € et 86 500 € ?
b. entre 87 000 € et 90 000 € ?

12 ✦✦ PROBLÈME Trouve tous les nombres compris entre 50 000 et 90 000 écrits avec trois chiffres 5 et deux chiffres 8.

DÉFI MATHS

Qui suis-je ?
Je suis un nombre compris entre 84 000 et 85 000. Mon nombre de centaines est 842. En tout, j'ai 3 fois le chiffre 4.

Comparer et ranger les nombres jusqu'à 99 999

Cherchons

Voici la quantité de déchets collectés en 2014 en Ile-de-France.

Verre
66 889 tonnes

Objets encombrants
87 405 tonnes

Multimatériaux
72 731 tonnes

Autres
3 543 tonnes

• Comment peut-on comparer et ranger ces quantités de déchets ?

Je retiens

• Pour **comparer deux nombres**, on compare leur **nombre de chiffres**.
Ex. : 42 208 (5 chiffres) > 8 936 (4 chiffres)
Si les nombres ont autant de chiffres, on compare chaque chiffre en commençant par la gauche.
Ex. : 28**8**30 > 28**3**90
Ici, c'est le chiffre des centaines qui permet de comparer.

• On peut **ranger** les nombres :
– dans l'**ordre croissant** : 28 390 < 28 830 < 28 940 < 29 120
– dans l'**ordre décroissant** : 29 120 > 28 940 > 28 830 > 28 390

Comparer des nombres

1 ★ **Souligne le chiffre qui te permet de comparer les deux nombres. Écris le signe < ou >.**
a. 32 000 ... 25 365
b. 62 125 ... 61 354
c. 80 024 ... 80 204
d. 82 147 ... 82 174

2 ★ **Recopie en chiffres le plus petit nombre de chaque liste.**
a. cinquante-deux-mille ; deux-mille-cinquante ; cinquante-mille-deux ; deux-mille-cent-cinquante
b. seize-mille-huit-cent-vingt ; vingt-huit-mille-cent-seize ; vingt-mille-huit-cent-seize ; huit-mille-cent-vingt
c. trente-mille-cent-vingt-deux ; vingt-mille-cent-trente ; trente-mille-deux-cent-vingt

3 ★ **PROBLÈME** Un concours de pêche est organisé ce weekend. Max a pêché un poisson de 9 815 g, Léa un poisson de 9 kg et 185g et Ayoub un poisson de 9 518 g.
Qui a pêché le plus gros poisson ?

4 ★ **Recopie et complète avec <, > ou =.**
a. 43 000 + 3 000 ... 40 000 + 6 000
b. 2 000 + 80 000 + 600 ... 20 000 + 8 600
c. 50 000 + 2 000 + 300 ... 50 000 + 2 300

5 ★ **Recopie et complète les nombres.**
a. 46 200 < 4.200 < 48 200
b. .5 123 < 15 128 < 15 12.
c. 70.90 < 70 185 < 70 1.5
d. 58 1.1 < 58 118 < 58 11.
e. .1685 < .1685 < .1685

1 point = 1 chiffre

6 **PROBLÈME** Voici le nombre d'habitants de certaines villes françaises.

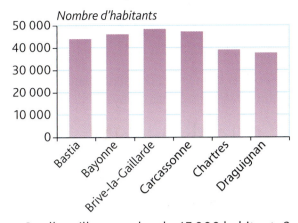

a. Quelles villes ont plus de 45 000 habitants ?
b. Quelles villes ont moins de 40 000 habitants ?
c. Quelle ville est la plus peuplée ? Laquelle est la moins peuplée ?

Ranger des nombres

7 * Range les nombres dans l'ordre croissant.
a. 15 321 – 25 256 – 36 762 – 56 258 – 75 214 – 96 021 – 62 902 – 45 126
b. 24 258 – 22 458 – 24 582 – 22 854 – 24 635 – 22 678 – 22 814 – 24 358

8 * Range les nombres dans l'ordre décroissant.
a. 12 345 – 54 321 – 34 587 – 45 231 – 12 453 – 54 231 – 45 821 – 34 857
b. 47 021 – 40 524 – 47 210 – 46 524 – 45 642 – 46 704 – 46 425 – 48 012 – 45 832

9 **PROBLÈME** Voici quelques bibliothèques de Bretagne, classées dans l'ordre croissant en fonction du nombre de livres qu'elles possèdent :

Concarneau, Châteaulin, Douarnenez, Bénodet, Crozon, Carantec.

Voici le nombre de livres répertoriés :
14 035 – 9 756 – 39 400
62 525 – 11 931 – 38 527

Attribue à chaque bibliothèque le nombre de livres qu'elle possède.

10 **PROBLÈME** Voici les factures de consommation de gaz (en kWh) de la famille Géfroi.

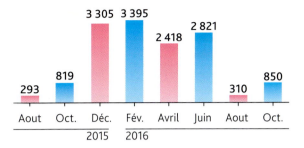

a. Quel mois la famille Géfroi a-t-elle le moins consommé de gaz ?
b. Quel mois a-t-elle le plus consommé de gaz ?
c. Range ces consommations dans l'ordre croissant.

11 **PROBLÈME** Classe ces stades en fonction du nombre de spectateurs qu'ils peuvent accueillir.

Stades	Nombre de spectateurs
Camp Nou (Espagne)	99 354
Memorial Coliseum (États-Unis)	93 607
Bung Kamo Stadium (Indonésie)	88 306
FNB Stadium (Afrique du Sud)	94 700
Sanford Stadium (États-Unis)	92 746

12 Écris les nombres en chiffres, puis range-les dans l'ordre décroissant.
a. cinquante-trois-mille-sept-cents
b. cinquante-mille-trois-cent-sept
c. cinquante-sept-mille-trois-cents
d. cinquante-sept-mille-cent-trois
e. cinquante-mille-sept-cent-trente

DÉFI MATHS

Si tu ajoutes le plus petit et le plus grand nombre à 1 chiffre, puis le plus petit et le plus grand nombre à 2 chiffres, et ainsi de suite jusqu'au plus petit et au plus grand nombre à 4 chiffres, **quel nombre vas-tu obtenir ?**

Lire, écrire et décomposer les nombres jusqu'à 999 999

Cherchons

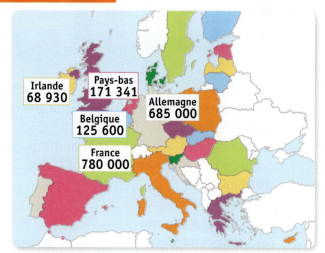

Voici le nombre de naissances enregistrées en 2014 dans certains pays de l'UE.

- Comment les nombres sont-ils écrits sur la carte ?
- Quel pays a un nombre de naissances qui correspond à : 68 m 9 c 3 d ?
- Trouve différentes façons d'écrire tous ces nombres.

Je retiens

- Pour lire et écrire des grands nombres, **on regroupe** les chiffres **par classe**. Chaque classe comprend les **unités**, les **dizaines** et les **centaines**.

Classe des mille			Classe des unités		
centaines de mille	dizaines de mille	unités de mille	centaines	dizaines	unités
4	0	8	5	7	3

Ex. : 408 573 s'écrit en lettres : quatre-cent-huit-**mille**-cinq-cent-soixante-treize
↳ On laisse un espace entre les classes.   ↳ On ajoute le nom de la classe.

- On peut **décomposer un nombre** :
Ex. : 408 573 = (4 × 100 000) + (8 × 1 000) + (5 × 100) + (7 × 10) + (3 × 1)
408 573 = (408 × 1 000) + (5 × 100) + (7 × 10) + (3 × 1)
Dans 408 573 il y a 408 milliers, 5 centaines, 7 dizaines et 3 unités.

Lire et écrire des nombres

1 * Dans chaque liste, un nombre est mal écrit. Retrouve-le et réécris-le correctement.
a. 23 658 – 26 582 – 82 63 – 412 268
b. 202 505 – 20 502 – 356 050 – 360 50
c. 174 285 – 25 25 – 205 025 – 904 279

2 * Recopie ces nombres en respectant les espaces entre les classes.

2569	58147	81274
135498	489357	123456
30580	730805	57147

3 * Reproduis le tableau et complète-le.

dix-mille-cent-quatre-vingt-seize	
	42 800
trois-cent-cinquante-deux-mille-sept-cent-quatre-vingts	
neuf-cent-mille-six-cent-soixante-huit	
	548 200
neuf-cent-mille-cent-huit	
huit-cent-six-mille-quatre-vingt-quinze	
	230 109
	807 012

4 ★ **PROBLÈME** Réécris en lettres les nombres du texte.

La baleine est un mammifère marin dont le poids atteint parfois 75 000 kg. Elle peut parcourir jusqu'à 9 500 km, du Mexique à l'Arctique. En 1880, 1 500 baleines ont été pêchées. En 1930, ce nombre a atteint 50 000. Aujourd'hui, seuls quelques pays la chassent encore.

5 ★ Écris en lettres les superficies de forêts détruites chaque année par les incendies.

Années	Superficies (en km²) de forêts détruites par les incendies
2002	30 160
2003	73 278
2004	13 710
2005	22 133

6 ★ Combien de nombres différents peux-tu écrire en utilisant toutes les étiquettes ?

mille   trois   cent(s)   huit   soixante

Écris-les en chiffres et en lettres.

Décomposer des nombres

7 ★ Calcule sans poser l'opération.
a. 50 000 + 4 000 + 200 + 28
b. 30 000 + 40 000 + 7 000 + 300 + 90 + 5
c. 900 000 + 70 000 + 2 000 + 456
d. 300 000 + 200 000 + 8 000 + 72

8 ★ **PROBLÈME** Au Monopoly, Lia termine la partie avec deux terrains à 100 000 € et trois maisons à 10 000 €.
Quelle somme a-t-elle à la fin de la partie ?

9 ★ **PROBLÈME** Parmi les invertébrés, on compte 100 000 mollusques, 90 000 protozoaires, 45 000 arachnides, 40 000 crustacés et 5 000 spongiaires. **Combien d'invertébrés en tout vivent sur Terre ?**

10 ★ Décompose les nombres.
Ex. : 420 607 = (420 × 1 000) + (6 × 100) + 7
a. 54 236   c. 710 205   e. 43 702
b. 24 006   d. 430 007   f. 320 360

11 ★ **PROBLÈME** Voici quelques-unes des meilleures ventes de BD en 2014 :

232 × 1 000   (199 × 1 000) + (8 × 100)   1 285 × 100

a. Retrouve le nombre d'exemplaires vendus pour chaque titre.
b. Quel album s'est le plus vendu en 2014 ?

12 ★ Trouve les quatre nombres que tu peux écrire avec ces trois étiquettes. Écris-les en lettres puis sous la forme d'une décomposition.

soixante   mille   cent

13 ★ Qui suis-je ?
a. J'ai 35 dizaines de mille et 72 dizaines.
b. J'ai 18 milliers et 48 dizaines.
c. J'ai 4 centaines de mille et 632 centaines.
d. J'ai 280 milliers et 132 dizaines.
e. J'ai 9 centaines de mille et 9 dizaines.
f. J'ai 200 milliers et 1 200 unités.

DÉFI MATHS

Résous cette énigme et tu connaitras le nombre d'espèces d'animaux en danger.
Mon chiffre des dizaines est 6. Mon nombre de dizaines est : 1000 + 100 + 10 + 6. Mon chiffre des unités est égal à celui des dizaines + mon chiffre des unités de mille.

Placer, encadrer, comparer et ranger les nombres jusqu'à 999 999

Cherchons

En France, il y a 200 ans, on parlait de nombreuses langues régionales.

Langue parlée	Nombre de personnes
catalan	118 700
flamand	156 973
corse	174 702
basque	109 306

- Qui a raison ?

Je retiens

- On peut **placer** des nombres sur une demi-droite graduée et les **intercaler** :

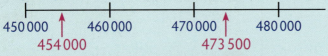

- On peut **encadrer** des nombres :
  – au millier près : 454 000 < 454 230 < 455 000
  – à la dizaine de mille près : 450 000 < 454 230 < 460 000

- On peut **comparer** deux nombres : 456 230 > 455 253 car 6 > 5

- On peut **ranger** les nombres dans l'**ordre croissant** ou **décroissant** :
  Ex. : 234 105 < 235 800 < 240 020   ou   496 532 > 490 263 > 480 263

Intercaler et placer des nombres

1 ★ Reproduis cette demi-droite graduée et place les nombres qui correspondent aux repères rouges.

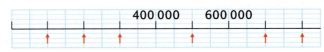

Cette demi-droite est graduée de … en …

2 ★ Retrouve les nombres désignés par chaque lettre.

Encadrer des nombres

3 ★ Recopie et encadre au millier près.
Ex. : 256 000 < 256 325 < 257 000
a. ... < 524 632 < ...
b. ... < 825 369 < ...
c. ... < 301 250 < ...
d. ... < 524 755 < ...

4 ★ Recopie et encadre à la dizaine de mille près.
Ex. : 320 000 < 325 625 < 330 000
a. ... < 324 156 < ...
b. ... < 632 120 < ...
c. ... < 956 150 < ...
d. ... < 410 130 < ...

5 ★★ PROBLÈME Voici la masse (en tonnes) de poissons pêchés dans différents pays d'Europe.

Allemagne : 248 000 t	France : 557 900 t
Irlande : 227 100 t	Italie : 286 000 t
Portugal : 253 000 t	Espagne : 735 960 t

a. Quels pays ont pêché entre 250 000 et 300 000 tonnes de poissons ?
b. Quel pays a pêché le plus de poissons ? le moins ?

Comparer des nombres

6 ★ Souligne le chiffre qui te permet de comparer les deux nombres, puis écris le signe < ou >.
a. 205 013 ... 325 120
b. 821 150 ... 830 958
c. 240 580 ... 240 528

7 ★ Recopie le plus petit nombre de chaque série.
a. 15 254 – 150 254 – 105 254 – 100 254
b. 810 020 – 801 200 – 810 200 – 801 020

8 ★★ PROBLÈME La voiture de Zoé indiquait 142 654 km au compteur le mois dernier. Elle a parcouru depuis 1 450 km. Celle de Max indique 144 044 km. **Qui a roulé le plus ?**

9 ★★ Recopie et complète avec <, > ou =.
a. 300 000 + 58 000 ... 358 000
b. 250 000 + 8 000 ... 258 000 + 1 000
c. 130 000 + 20 000 ... 130 000 + 2 000

Ranger des nombres

10 ★ Range les nombres dans l'ordre croissant.
a. 156 890 – 178 456 – 250 789 – 34 890
b. 245 050 – 254 050 – 205 450 – 254 400

11 ★★ PROBLÈME Recopie les nombres du texte et range-les dans l'ordre croissant.

> Les 67 400 exploitations laitières françaises ont produit 345 000 litres de lait de vache en 2015. Ce lait a permis de fabriquer 390 000 tonnes de crème, 380 000 tonnes de beurre et 540 000 tonnes de poudre de lait.

12 ★★ PROBLÈME Voici le nombre de licenciés enregistrés dans différents sports.

Sport	Licenciés
Pétanque	297 512
Badminton	163 956
Randonnée	223 147
Voile	292 162
Gymnastique	286 279
Athlétisme	241 835

a. Range ces nombres par ordre croissant.
b. Écris en lettres le plus petit nombre et le plus grand nombre.

13 ★★ PROBLÈME Range les scores des trois amis, du dernier au premier.
Pierrot : (45 × 1000) + bonus (9 × 100)
Paulo : (428 × 100) + bonus (30 000)
Margot : (43 × 1000) + bonus (33 × 100)

DÉFI MATHS

588 885 est un nombre palindrome (il peut se lire de gauche à droite ou de droite à gauche).
Dans la suite de nombres, quels seront les trois prochains nombres palindromes ?

Lire, écrire et décomposer les nombres jusqu'à 999 999 999

Cherchons

Avec plus de 63 millions d'animaux domestiques, la France est la championne d'Europe !

| 7 420 × 1 000 | 11 410 000 | trente-cinq-millions | 6 430 000 | (2 × 1 000 000) + (660 × 1 000) |

- Comment chacun des nombres est-il écrit ?

Je retiens

- Après la classe des mille, il y a la **classe des millions**.

Classe des millions			Classe des mille			Classe des unités		
c	d	u	c	d	u	c	d	u
1	2	5	4	0	9	6	4	8

Ex. : 125 409 648 s'écrit en lettres :
cent-vingt-cinq-**millions**-quatre-cent-neuf-**mille**-six-cent-quarante-huit.

- On peut **décomposer** un nombre :
125 409 648 = (125 × 1 000 000) + (409 × 1 000) + (6 × 100) + (4 × 10) + 8
Dans 125 409 648, il y a 125 millions, 409 milliers et 648 unités.

Lire et écrire des nombres

1 ★ Recopie les nombres en respectant les espaces entre les classes.

3693587   65874526   2586412
378912589   125478302   2365458

2 ★ **PROBLÈME** Écris les nombres d'habitants en chiffres.
– **Amérique du Nord** : cinq-cent-vingt-huit-millions-sept-cent-cinquante-mille
– **Amérique centrale** : quarante-quatre-millions-onze-mille
– **Amérique du Sud** : quatre-cent-quatre-millions-neuf-cent-trois-mille
– **Europe** : sept-cent-quarante-deux-millions-cinq-cent-mille

3 ★ Écris en lettres.
a. 250 050 000   d. 200 050 000
b. 25 500 500   e. 20 500 050
c. 205 500 000   f. 2 500 500

4 ★ Écris en chiffres ou en lettres.
a. cent-millions-cent   d. 390 100 000
b. cinquante-millions   e. 695 010 917
c. cent-dix-millions-dix   f. 700 200 300

5 ★ Combien de fois vas-tu utiliser le mot « cent » pour écrire les nombres en lettres ?
a. 525 125 815   e. 320 146 025
b. 54 090 035   f. 350 000 000
c. 85 060 150   g. 74 367 140
d. 102 025 902   h. 950 850 320

Décomposer des nombres

6 ★ Décompose comme dans l'exemple.
Ex. : 285 125 736 = 285 millions 125 milliers 736 unités
a. 2 304 087
b. 15 800 602
c. 42 565 208
d. 580 560 230
e. 532 854 200
f. 875 250 422
g. 869 248 110
h. 5 699 542

7 ★ Décompose comme dans l'exemple.
Ex. : 36 548 125 = (36 × 1 000 000) + (548 × 1 000) + 125
a. 254 136 500
b. 60 512 742
c. 93 025 706
d. 650 352 745
e. 802 007 008
f. 702 365 621
g. 15 556 428
h. 6 527 415

8 ★ Associe chaque décomposition à un nombre.
a. (14 × 1 000) + 5 000 000 + (7 × 100)
b. (14 × 1 000 000) + (7 × 1 000) + (5 × 10 000)
c. (4 × 100 000) + 1 000 000 + (57 × 1 000)
d. 70 000 + (5 × 1 000 000) + (14 × 100)

14 057 000 | 1 457 000 | 5 014 700 | 5 071 400

9 ★ PROBLÈME Écris les nombres en chiffres.

— La superficie de l'Afrique est de (30 × 1 000 000) + (300 × 1 000) km².

— C'est sur ce continent que l'on a retrouvé le squelette de Lucy, une australopithèque qui a vécu il y a : (3 × 1 000 000) + (7 × 10 000) années.

— Actuellement : (96 × 1 000 000) + 200 000 Africains parlent le français.

10 ★ Calcule sans poser.
a. 265 000 000 + 324 000 750
b. 137 000 000 + 23 000
c. 908 000 000 + 425 856
d. (8 × 1 000 000) + (5 × 10 000) + (4 × 100)

11 ★ PROBLÈME Voici deux gains de loto :
A : (107 × 1 000 000) + (56 × 10 000) + (5 × 100)
B : (107 000 × 1 000) + (560 × 1 000)
Quel est le plus gros gain ?

12 ★ PROBLÈME Écris le nombre de spectateurs de chaque film en chiffres, puis en lettres.

Films les plus vus en France	Nombre d'entrées
Toy Story 3	(4 × 1 000 000) + (366 × 1 000) + 497
Monstres Academy	(9 × 1 000 000) + (387 × 1 000) + (2 × 100) + 83
Là-haut	(4 520 × 1 000) + (5 × 100) + (9 × 10) + 5
Rebelle	(323 × 10 000) + (8 × 1 000) + (8 × 100) + 51
Cars 2	(29 × 100 000) + (80 × 1 000) + 567

13 ★ Recopie et complète.

1 point = 1 chiffre

a. 24 00. . .00 = (24 × 1 000 000) + (8 × . . . .) + (4 × 100)
b. . . . 8 565 . . = (364 × 1 000 000) + (856 × 1 000) + (. × 100)
c. 423 874 420 = (. . . × 1 000 000) + (874 × . . . .) + (42 × . .)

14 ★ PROBLÈME Léo et Mina jouent à un jeu vidéo. Voici leurs scores :
— Léo : 85 dizaines de millions et 32 dizaines de points.
— Mina : 850 003 milliers, 2 centaines et 2 dizaines de points.
Qui a gagné ? Justifie ta réponse.

DÉFI MATHS

Retrouve le code secret à huit chiffres du coffre aux trésors de Rakham le Rouge.

Son nombre de milliers est 36 136. Son chiffre des unités et celui de ses centaines est égal à celui de ses unités de millions. Son chiffre des dizaines est égal à celui de ses centaines de mille.

Placer, encadrer, comparer et ranger les nombres jusqu'à 999 999 999

Cherchons

Voici la distance entre le Soleil et les planètes telluriques du système solaire.

Mars
227 900 000 km

Mercure
58 000 000 km

la Terre
149 600 000 km

Vénus
108 000 000 km

• Si tu devais représenter le système solaire, dans quel ordre placerais-tu les planètes par rapport au Soleil ?

Je retiens

• On peut **placer** des nombres sur une demi-droite graduée et les **intercaler** :

45 000 000 ↑ 46 000 000   47 000 000 ↑ 48 000 000
         45 500 000   47 750 000

• On peut **encadrer** des nombres :
 – à la centaine de mille près : 854 **4**00 000 < 854 455 253 < 854 **5**00 000
 – au million près : 85**4** 000 000 < 854 455 253 < 85**5** 000 000

• On peut **comparer** deux nombres :
Ex. : 45**6** 230 000 > 45**5** 253 000 car 6 > 5

• On peut **ranger** des nombres dans l'ordre croissant ou décroissant :
Ex. : 520 500 000 < 525 250 000   ou   530 000 000 > 520 500 000

Placer et intercaler des nombres sur une demi-droite graduée

1 ★ Reproduis et complète ces demi-droites graduées.

a.

b.
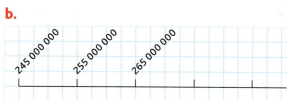

2 ✼ Intercale ces nombres d'habitants sur les demi-droites graduées de l'exercice 1.
a. Nombre d'habitants sur l'île de Nouvelle-Zélande : 4 470 800
b. Nombre d'habitants sur l'île de Papouasie-Nouvelle-Guinée : 6 431 902
c. Nombre d'habitants en Indonésie : 252 164 800
d. Nombre d'habitants en Israël : 7 821 850

Encadrer des nombres

3 ⋆ Recopie et encadre à la centaine de mille près.
Ex. : 6 **800** 000 < 6 890 500 < 6 **900** 000
a. ... < 5 300 940 < ...   **c.** ... < 2 499 000 < ...
b. ... < 4 753 756 < ...   **d.** ... < 1 025 520 < ...

4 ✶ **PROBLÈME** La superficie du Niger est comprise entre 1 260 000 km² et 1 270 000 km², celle de l'Afrique du Sud entre 1 210 000 km² et 1 220 000 km², celle de l'Éthiopie entre 1 120 000 km² et 1 130 000 km².
Entre quels pays encadrerais-tu la superficie de l'Angola qui compte 1 246 700 km² ?

5 ✶ Encadre le nombre 7 899 639 à l'unité près, au millier près, puis au million près.

Comparer des nombres

6 ⋆ Recopie et souligne le chiffre qui te permet de comparer ces deux nombres. Écris le signe < ou >.
a. 230 500 000 ... 280 000 000
b. 12 600 000 ... 120 600 000
c. 502 000 600 ... 502 600 000
d. 850 750 500 ... 850 750 050

7 ✶ **PROBLÈME** Yvan, Lucie et Kim jouent au Monopoly. **Qui a gagné ?**

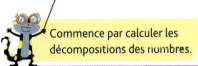
Commence par calculer les décompositions des nombres.

	Billets de 1 000 000	Billets de 100 000	Billets de 10 000
Yvan	5	12	80
Lucie	6	3	167
Kim	5	10	195

8 ✶ Écris en chiffres le plus grand nombre de chaque série.
a. deux-millions-cinq-mille ; deux-cent-mille-quatre-vingts ; cent-millions-cent
b. quatre-cent-huit-millions ; quatre-cent-mille-huit ; quatre-millions-cent-huit

9 ✶ Recopie et complète avec <, > ou =.
a. 54 000 000 ... 54 000 × 1 000
b. 3 000 000 + 50 000 ... 3 000 000 + 5 000
c. 12 000 500 ... 12 000 000 + 5 000

Ranger des nombres

10 ⋆ **a.** Range dans l'ordre croissant :
5 420 300 – 105 260 485 – 15 960 800
25 654 750 – 501 560 850 – 60 000 500
b. Range dans l'ordre décroissant :
4 500 200 – 45 002 000 – 405 200 000
45 200 000 – 4 200 500 – 54 000 200

11 ✶ **PROBLÈME** Voici les principaux pays producteurs de cacao (en kg et par an) :

Pays	Cacao (kg par an)	Pays	Cacao (kg par an)
Ghana	734 000 000	Nigeria	485 000 000
Côte d'Ivoire	1 400 000	Équateur	93 659 000
Brésil	199 412 000	Cameroun	164 553 000

a. Classe les nombres dans l'ordre croissant.
b. Quels pays produisent plus de 400 000 tonnes de cacao par an ?

12 ✶ Trouve tous les nombres à huit chiffres que l'on peut écrire avec ces étiquettes, puis range-les dans l'ordre décroissant.

mille   million(s)   cent(s)   seize   trois

DÉFI MATHS

À quel chiffre correspond le signe $ dans les nombres :
126$0 300 < 12 680 500
2 $65 900 < 2 530 100
85 130 $50 < 85 130 380
6 250 0$5 < 6 250 024
600 540 600 < 60$ 260 500

Je révise

Revoir les nombres jusqu'à 9 999

1 ★ **Dans chacun des nombres, quel est :**

6 456   6 038   645   9 567

a. le chiffre des dizaines ?
b. le nombre de centaines ?
c. le chiffre des unités de mille ?
d. le nombre de dizaines ?

2 ★ **Écris les nombres en chiffres ou en lettres.**

a. sept-mille-six-cent-quatre-vingt-treize
b. huit-mille-trois-cent-vingt-trois
c. deux-mille-quarante
d. 9 001
e. 5 947
f. 5 071

3 ★ **Décompose les dates de construction.**

Ex. : 1 378 = (1 × 1 000) + (3 × 100) + (7 × 10) + 8

a. La basilique Saint-Pierre à Rome : 1614
b. Big Ben à Londres : 1659
c. La statue de la Liberté à New York : 1886
d. L'opéra de Sydney : 1973

L'opéra de Sydney

4 ★ **Recopie et complète avec < ou >.**

a. 9 540 ... 2 504   c. 1 456 ... 1 645
b. 9 563 ... 9 526   d. 1 286 ... 9 825

5 ★ **PROBLÈME** Voici les dates de naissance de femmes célèbres : Louise Michel (1830) ; Diane de Poitiers (1499) ; Marie Curie (1867) ; Marie-Antoinette (1755) ; Mary Stuart (1542). **Intercale les dates sur la droite.**

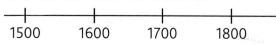

1500   1600   1700   1800

6 ★ **Recopie et encadre à la centaine près.**
Ex. : 2 400 < 2 478 < 2 500

a. ... < 1 862 < ...   c. ... < 4 278 < ...
b. ... < 3 869 < ...   d. ... < 8 416 < ...

7 ★ **Recopie et encadre au millier près.**
Ex. : 1 000 < 1 378 < 2 000

a. ... < 7 867 < ...   c. ... < 1 999 < ...
b. ... < 5 849 < ...   d. ... < 3 447 < ...

8 ★ **Trouve tous les nombres inférieurs à 10 000 que tu peux former avec :**

huit   cent(s)   mille   deux

Tu n'as pas le droit d'utiliser deux fois la même étiquette dans un nombre.

Connaitre les nombres jusqu'à 99 999

9 ★ **Reproduis et complète le tableau.**

	Chiffre des centaines	Nombre de centaines
54 263		
12 085		
90 127		

10 ★ **Écris en chiffres ou en lettres.**

a. soixante-douze-mille-vingt-cinq
b. 15 795
c. quatre-vingt-dix-mille-huit
d. 76 430

11 ★ **Recompose les nombres.**

a. 25 milliers + 6 centaines + 12 unités
b. (12 × 1 000) + (7 × 100) + (4 × 10) + 5
c. (6 × 10 000) + (8 × 100) + (9 × 10) + 7
d. 82 milliers + 82 dizaines + 6 unités

12 ★ **Encadre les nombres à la centaine près.**
Ex. : 12 500 < 12 524 < 12 600

27 365 – 35 798 – 62 048 – 90 123 – 83 921

13 ★ **Reproduis la demi-droite graduée.**

a. Place les nombres qui correspondent aux repères rouges.

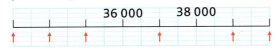

b. Place les nombres sur la demi-droite.

| 34 500 | 36 250 | 35 500 | 38 500 |

14 ★ **Range les nombres dans l'ordre croissant.**

a. 9 368 – 91 258 – 32 785 – 23 995 – 32 600 – 93 684 – 32 612 – 75 230
b. 24 505 – 25 405 – 24 550 – 24 055 – 25 504 – 25 004 – 24 005 – 25 450

15 ★ **Recopie et complète avec <, > ou =.**

a. 23 000 + 402 … 32 000 + 201
b. 50 000 + 8 000 … 51 000 + 800
c. 32 000 + 500 … 30 000 + 2 500

Connaitre les nombres jusqu'à 999 999

16 ★ **Écris en chiffres.**

a. trois-cent-treize-mille-neuf-cent-sept
b. cent-dix-huit-mille-deux-cent-quatorze
c. deux-cent-quarante-deux-mille-sept-cents

17 ★ **Recompose les nombres.**

a. 45 milliers + 56 dizaines + 3 unités
b. 405 milliers + 56 dizaines + 5 unités
c. 450 milliers + 6 centaines + 6 unités

18 ★ **Recompose les nombres et écris-les en lettres.**

a. (54 × 1 000) + (4 × 100) + 56
b. (564 × 1 000) + (8 × 100) + 99
c. (504 × 1 000) + (9 × 100) + 86

19 ★ **Range dans l'ordre décroissant.**

a. 206 975 – 260 957 – 62 095 – 260 975
b. 602 950 – 590 260 – 590 620 – 602 905
c. 104 205 – 140 025 – 104 502 – 104 052

20 ★ **Recopie et complète avec <, > ou =.**

a. 425 063 … (450 × 1 000) + (7 × 10)
b. (40 × 10 000) + (6 × 1 000) + 3 … 406 003
c. (205 × 1 000) + 405 … (25 × 10 000) + 405

Connaitre les nombres jusqu'à 999 999 999

21 ★ **Écris les nombres en chiffres ou en lettres.**

a. 1 230 560
b. trois-millions-cent-soixante-quinze-mille
c. 56 230 489
d. cent-millions-quatre-cent-mille dix-neuf
e. 520 450 600
f. trois-cent-cinquante-millions-huit-cents

22 ★ **Encadre les nombres à la centaine de mille près.**

5 450 940 – 304 675 500 – 14 579 500

23 ★ **PROBLÈME** **Calcule pour retrouver les nombres.**

New York, États-Unis

- Superficie en km² : (12 × 100) + 14
- Population : 800 × 10 000
- Longueur du métro (en km) : 40 × 10
- Hauteur de la plus haute tour (en m) : (3 × 100) + 81

Tokyo, Japon

- Superficie en km² : (21 × 100) + 45
- Population : (12 × 1 000 000) + (64 × 1 000)
- Longueur du métro (en km) : 29 × 10
- Hauteur de la plus haute tour (en m) : (3 × 100) + 24

24 ★ **PROBLÈME** **Observe le tableau.**

Pays	Nombre d'habitants
Russie	146 267 288
États-Unis	322 924 557
Mexique	119 713 203
Brésil	204 300 000
Japon	127 100 000

a. Encadre le nombre d'habitants de ces pays au millier près.
b. Range les pays du plus peuplé au moins peuplé.

Je résous des problèmes

1 ⭐ **Qui a gagné ?**
Lucas : (mille × 7) + (67 d) + 9 unités
Théa : (1 000 × 7) + 67 dizaines
Vincent : 7 milliers + 6 centaines + 80

2 ⭐ **Observe le graphique et réponds par vrai ou faux.**
a. Il y a eu 3 jours par semaine où la fréquentation du cinéma était inférieure à 300 spectateurs.
b. Le samedi, il y a eu plus de 700 spectateurs.
c. On a compté 500 entrées dimanche.
d. La fréquentation du vendredi est comprise entre celle du samedi et du dimanche.

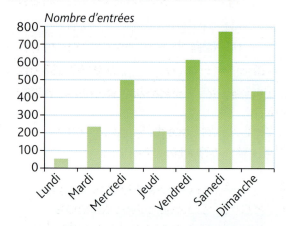

3 ⭐ **Voici les distances à vol d'oiseau entre Paris et des capitales mondiales.**

Distance entre Paris et :	En km
Washington (États-Unis)	6 162
Tokyo (Japon)	9 713
Ottawa (Canada)	5 649
Beijing (Chine)	8 217
Moscou (Russie)	2 487
Brasilia (Brésil)	8 726

a. Quelles capitales sont situées à une distance de Paris comprise entre 5 000 km et 8 000 km ?
b. Classe ces capitales de la plus proche à la plus éloignée de Paris.

4 ⭐ **Sans calculette et sans écrire les nombres, combien de fois vas-tu appuyer sur la touche du 0 pour écrire : mille ? mille-cinquante ? douze-mille-onze ?**

5 ⭐ **Voici le nombre d'exemplaires de certains journaux français imprimés par jour.**

Journal	Exemplaires
La Croix	93 149
Les Échos	125 172
Libération	93 781
Aujourd'hui en France	148 220
Le Monde	273 111
L'Équipe	251 639

a. Quel journal vend le plus d'exemplaires ? Lequel en vend le moins ?
b. Quels sont ceux dont le nombre d'exemplaires vendus ont un nombre de centaines supérieur à 938 ?

6 ⭐ **Si tu comptes de 100 en 100 à partir de 450, combien vas-tu rajouter de centaines pour arriver à 950 ? 4 550 ? 9 050 ?**

7 ⭐ **M. et Mme Vonvite viennent de recevoir un héritage. Ils vont s'offrir une nouvelle voiture.**

L'héritage est de vingt-quatre-mille-quatre-cents euros.
a. Quelle(s) voiture(s) pourront-ils s'acheter ?
b. Combien de centaines d'euros leur manque-t-il pour acheter la plus chère ?

8 ⭐ **Reproduis la droite graduée pour intercaler les nombres des devinettes.**

```
4 000         5 000              7 000
```

a. J'ai 46 centaines.
b. J'ai 5 milliers et le nombre de mes dizaines est le double de 30.
c. Calcule 5 m + 12 c.
d. Calcule (2 × 1 000) + (7 × 100) et multiplie le résultat par deux.

9 ✶ Le code d'un coffre doit être changé : il ne doit pas être supérieur à 95 890, ni inférieur à 84 900. Il ne doit pas comporter de 3 ni de 6.
Parmi ces propositions, laquelle est possible ?
85 879 – 82 078 – 86 900 – 84 903 – 95 980

10 ✶ Recopie et complète les nombres croisés.

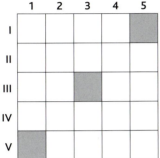

Horizontalement
I. (640 × 10) + 4
II. quarante-huit-mille-cinquante-cinq
IV. nombre formé de tous les chiffres pairs
V. le double de quatre-mille-trois-cent-vingt-cinq

Verticalement
1. 64 centaines et le double de 3
2. (48 × 10) + (48 × 1000) + 8
4. Son nombre de dizaines est 4 510
5. Son nombre de dizaines est 512

11 ✶ Sans calculette, combien de fois vas-tu appuyer sur la touche du 6 pour écrire :
a. soixante-mille-six-cent-soixante-six ?
b. mille-soixante ?
c. six-cent-soixante-mille-soixante-seize ?
d. soixante-seize-mille-soixante-dix-sept ?

12 ✶ Observe le tableau et réponds aux questions.

Stades de grandes villes	Nombre de spectateurs
Mexico	cent-cinq-mille-soixante-quatre
Kuala Lumpur	(1000 × 100) + (2 × 100)
Melbourne	1000 centaines
Columbus	102 milliers 329

a. Range les nombres dans l'ordre décroissant.
b. Quelle serait la place du stade de Knoxville avec ses 102 459 spectateurs ?

13 ✶ Un principal de collège est surpris car un professeur a commandé 1 million d'agrafes pour ses élèves. Le professeur lui répond que c'est normal car il pense que ses 100 élèves vont utiliser chacun 1 boite de 1 000 agrafes.
A-t-il raison ?

14 ✶ Saturne est la deuxième plus grande planète du système solaire (derrière Jupiter). Son diamètre est 10 fois plus grand que celui de la Terre. La distance de Mercure au Soleil est 3 fois moins importante que celle de la Terre.

	Terre
Diamètre	12 775 km
Distance au soleil	149 597 887 km

a. Quel est le diamètre de Saturne, au millier près ?
b. À quelle distance du Soleil se trouve Mercure, au millier près ?

15 ✶ a. Écris en lettres : 37 586. Tous les mots qui le composent sont différents.
b. Trouve le plus petit nombre puis le plus grand entre 10 000 et 99 999 qui auront eux aussi tous leurs mots différents.

16 ✶ Écris tous les nombres à six chiffres que l'on peut écrire avec trois chiffres 7 et trois chiffres 0, puis range-les dans l'ordre croissant.

17 ✶ Pour connaitre le nombre extraterrestre, retrouve la valeur de chaque signe puis additionne-les.

@ = 100 dizaines   ⌂ = le double de 500
ψ = 1000 centaines   ∞ = 0

Attention, si le signe @ est placé après le signe ⌂, il perd 100 centaines.

Découvrir les fractions simples

Cherchons

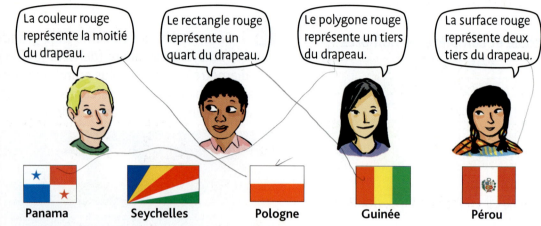

- Retrouve le drapeau de chaque enfant.

Je retiens

- Lorsque l'on **partage** une **unité** en **parts égales**, chaque part représente une **fraction de cette unité**.

L'**unité** correspond à **4 parts égales** : on écrit $1 = \frac{4}{4}$.

Ex. : [rectangle rose] ou [cercle vert]

La fraction ci-dessous est **une part sur quatre** : on écrit $\frac{1}{4}$.

Ex. : [rectangle rose] ou [cercle vert]

$\frac{1}{4}$ → le **numérateur** (indique le nombre de parts prises).
     → le **dénominateur** (indique en combien de parts égales on a partagé l'unité).

- Quelques fractions :

$\frac{1}{2}$ se lit **un demi** $\frac{3}{4}$ se lit **trois quarts** $\frac{1}{3}$ se lit **un tiers** $\frac{7}{4}$ se lit **sept quarts**

- Pour lire les autres fractions, on utilise le **suffixe -ième**. Ex. : $\frac{3}{10}$ se lit « trois dixièmes ».

Désigner des fractions

1 ★ Associe ces fractions à leurs représentations : $\frac{1}{4}$ $\frac{1}{3}$ $\frac{1}{2}$

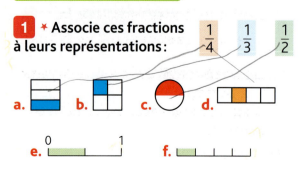

2 ★ Écris la fraction correspondant à chaque partie colorée.

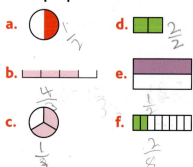

28

3 ✱ Écris la fraction correspondant à la surface verte de chaque drapeau.

Ne prends pas en compte les motifs dessinés sur les drapeaux.

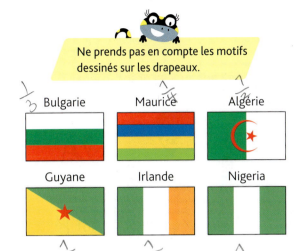

Bulgarie — Maurice — Algérie
Guyane — Irlande — Nigeria

4 ✱✱ Parmi ces représentations, quelles sont celles qui correspondent à $\frac{1}{2}$?

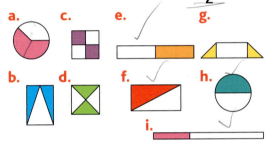

a. b. c. d. e. f. g. h.

i.

Représenter des fractions

5 ✱ Reproduis ces bandes et colorie la partie correspondant à chaque fraction.

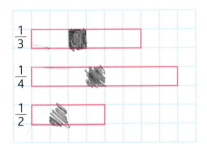

$\frac{1}{3}$ — $\frac{1}{4}$ — $\frac{1}{2}$

6 ✱✱ Reproduis chaque figure et colorie la fraction demandée.

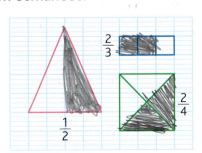

$\frac{2}{3}$; $\frac{2}{4}$; $\frac{1}{2}$

7 ✱✱ Reproduis chaque figure et colorie la fraction demandée.

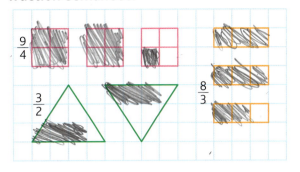

$\frac{9}{4}$; $\frac{3}{2}$; $\frac{8}{3}$

8 ✱✱ Choisis la façon qui te convient pour représenter : $\frac{1}{2}$; $\frac{3}{4}$; $\frac{2}{3}$; $\frac{5}{2}$.

Lire et nommer des fractions

9 ✱ Associe les écritures de fraction.

a. $\frac{1}{4}$ b. $\frac{2}{5}$ c. $\frac{3}{4}$ d. $\frac{4}{3}$ e. $\frac{1}{2}$ f. $\frac{5}{2}$

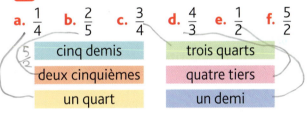

cinq demis — trois quarts
deux cinquièmes — quatre tiers
un quart — un demi

10 ✱ Écris ces fractions en lettres.

$\frac{3}{5}$ $\frac{6}{2}$ $\frac{7}{10}$ $\frac{3}{4}$ $\frac{4}{3}$ $\frac{2}{6}$

11 ✱✱ Écris ces fractions en chiffres.
a. six dixièmes   c. huit dixièmes   e. sept tiers
b. trois quarts   d. deux tiers   f. neuf demis

12 ✱✱ Réponds aux questions.
a. Combien de quarts y a-t-il dans un demi ?
b. Combien de demis y a-t-il dans trois unités ?
c. Combien de dixièmes y a-t-il dans une unité ?
d. Combien de quarts y a-t-il dans deux unités ?

DÉFI MATHS

Dessine un drapeau et colorie-le.
La partie rouge est égale à $\frac{1}{2}$ de la figure.
La partie bleue est égale à $\frac{1}{3}$ de la partie blanche restante.
Compare ton drapeau avec celui d'un camarade.

Utiliser des fractions dans des situations de partage et de mesure

Cherchons

Romain a dépensé $\frac{1}{3}$ de toutes ses économies pour offrir un cadeau à sa grand-mère.

- Quel cadeau va-t-il lui offrir ?

Je retiens

- On utilise des **fractions** dans la vie courante pour **exprimer** et **calculer** :

  – une quantité
  $\frac{1}{4}$ d'une tablette de 12 carrés de chocolat
  → 3 carrés de chocolat

  – une aire
  La partie verte représente $\frac{1}{4}$ de l'aire du disque.

  – une longueur
  $\frac{1}{3}$ d'un trajet de 900 km → 300 km

  – une masse
  $\frac{1}{2}$ (la moitié) d'un poulet de 1200 g → 600 g

  – une durée
  $\frac{1}{2}$ heure (la moitié d'une heure)
  → 30 minutes

  – une contenance
  $\frac{1}{4}$ de 20 cL d'eau → 5 cL

Utiliser des fractions pour exprimer une quantité

1 ★ Écris la fraction représentée par la partie bleue.

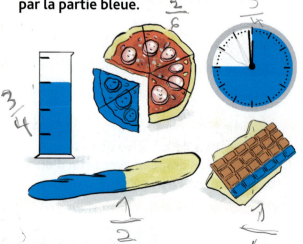

2 ★ PROBLÈME Combien de glaces manquera-t-il dans la boite si l'on vend :

a. $\frac{1}{2}$ de la boite ?   c. $\frac{1}{4}$ de la boite ?

b. $\frac{1}{3}$ de la boite ?   d. $\frac{3}{4}$ de la boite ?

3 ★★ PROBLÈME Trois amis ont gagné au loto. Ils se partagent équitablement la somme de 900 €.

a. Quelle fraction de la somme chacun obtient-il ?

b. Quelle somme cela représente-t-il pour chacun ?

Utiliser des fractions pour partager des longueurs

4 **PROBLÈME** Carla a coupé $\frac{1}{3}$ de son scoubidou de 6 cm.
Reproduis ce segment et colorie le morceau que Carla a coupé. Combien mesure-t-il ?

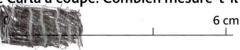
6 cm

5 **PROBLÈME** Lors de la compétition d'athlétisme, Léna a abandonné aux $\frac{2}{3}$ du parcours de 330 m.
Quelle distance a-t-elle réussi à parcourir ?

0 — 330 m

6 **PROBLÈME** Trois cyclistes parcourent un trajet de 120 km à vélo. Voici la distance qu'ils ont parcourue au bout de 2 h 30 :

Marie : $\frac{1}{2}$ parcours ;

Slimane : $\frac{1}{3}$ du parcours ;

Clément : $\frac{3}{4}$ du parcours.

Aide-toi d'un schéma.

a. Combien de kilomètres chaque cycliste a-t-il parcourus ?
b. Combien de kilomètres leur reste-t-il à parcourir chacun ?

Utiliser des fractions pour partager des durées

7 **PROBLÈME** Baggie le chat peut dormir jusqu'aux $\frac{3}{4}$ d'une journée complète.
Combien d'heures dort-il par jour ?

Une journée = 24 heures. Aide-toi du schéma.

0 — 24 h

8 Combien de minutes représentent :
a. $\frac{1}{4}$ d'heure ? **b.** $\frac{1}{2}$ heure ? **c.** $\frac{3}{4}$ d'heure ?

1 heure = 60 minutes.

Utiliser des fractions pour partager des masses

9 **PROBLÈME** Pour chaque situation, indique ce que cela représente en grammes.

1 kg = 1000 g.

a. $\frac{1}{2}$ kg de farine pour faire des crêpes.
b. $\frac{1}{4}$ de kg de beurre pour faire un gâteau.
c. $\frac{3}{4}$ de kg de sucre pour faire de la confiture.

10 **PROBLÈME** Lors de leur hibernation, certains animaux maigrissent.
Calcule le poids perdu par chaque animal.

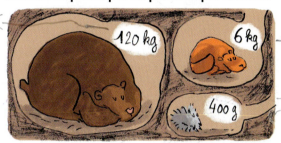

La marmotte perd $\frac{1}{2}$ de son poids, l'ours $\frac{3}{10}$ et le hérisson $\frac{1}{4}$.

Utiliser des fractions pour partager des contenances

11 **PROBLÈME** Associe chaque jus de fruits au verre doseur qui correspond.

Jus de fraise : $\frac{1}{2}$ L   Jus de litchi : $\frac{1}{4}$ de L
Jus de cerise : $\frac{2}{10}$ de L   Jus de pomme : $\frac{6}{10}$ de L

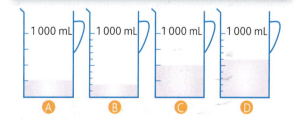

A   B   C   D

DÉFI MATHS

J'ai lu un tiers de la moitié de mon livre qui fait 1200 pages.
À quelle page en suis-je ?

Repérer, placer et encadrer des fractions simples sur une demi-droite graduée

Cherchons

Lors du cours de sport, chaque enfant devait parcourir la plus grande distance en 30 secondes. Voici leurs résultats :

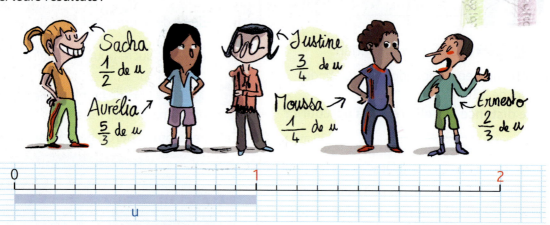

- Où placerais-tu le résultat de chaque enfant sur la droite ?
- Qui serait en 1ʳᵉ, 2ᵉ et 3ᵉ place sur un podium ?

Je retiens

- Sur **une demi-droite graduée**, on peut **repérer et placer des fractions**.

    Ex. : $\frac{4}{4} = 1$ $\frac{5}{4} = 1 + \frac{1}{4}$ $\frac{8}{4} = 2$

- On peut aussi **encadrer des fractions** entre deux nombres entiers qui se suivent :

    Ex. : $\frac{1}{2}$ est compris entre 0 et 1.   Ex. : $\frac{5}{4}$ est compris entre 1 et 2.

Repérer une fraction sur une demi-droite graduée

1 ★ Observe la demi-droite graduée et associe les lettres aux fractions proposées.

$\frac{13}{10}$ $\frac{3}{10}$ $\frac{10}{10}$ $\frac{15}{10}$ $\frac{5}{10}$ $\frac{20}{10}$

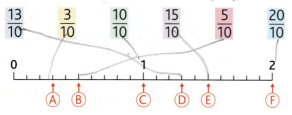

2 ★ Observe les demi-droites graduées et indique à quelle fraction correspond chaque lettre.

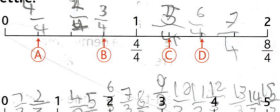

Placer une fraction sur une demi-droite graduée

3 ★ Reproduis les demi-droites graduées et place les fractions suivantes.

a.
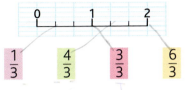

b.
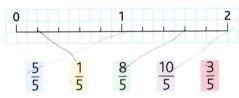

4 ✶ a. Reproduis la demi-droite graduée et place les fractions suivantes.

$\frac{5}{5}$ $\frac{1}{5}$ $\frac{8}{5}$ $\frac{10}{5}$ $\frac{3}{5}$

b. Observe la demi-droite graduée et recopie ce qui est vrai.

$\frac{8}{5} = 1 + \frac{3}{5}$ $\frac{5}{5} = 5$ $\frac{10}{5} = 2$

$\frac{1}{5} < 1$ $\frac{3}{5} > 1$

5 ✶ **PROBLÈME** Antoine veut se rendre à vélo chez sa grand-mère qui habite à 36 km. Il parcourt la moitié du trajet avant midi. Il reprend la route et parcourt encore $\frac{1}{4}$ du trajet avant de s'arrêter pour gouter à 16h30.
a. Reproduis cette demi-droite graduée.

| Antoine | | Grand-mère |

b. Repasse en rouge la distance qui correspond au trajet du matin et en bleu la fraction qui correspond au trajet entre midi et le gouter.
c. Quelle fraction du trajet a-t-il déjà parcourue à 16h30 ? Marque-la sur la demi-droite.
d. Quelle fraction représente le trajet qu'il lui reste à faire ?
e. Quelle distance a-t-il parcourue le matin et quelle distance lui reste-t-il à parcourir après le gouter ?

Encadrer des fractions

6 ★ Encadre les fractions suivantes entre deux nombres entiers.

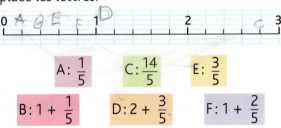

7 ✶✶ a. Reproduis la demi-droite graduée et place les lettres.

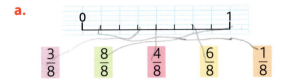

A : $\frac{1}{5}$ C : $\frac{14}{5}$ E : $\frac{3}{5}$

B : $1 + \frac{1}{5}$ D : $2 + \frac{3}{5}$ F : $1 + \frac{2}{5}$

b. À quelle fraction correspondent les lettres B, D et F ?
c. Quelles fractions sont comprises entre 0 et 1 ? entre 1 et 2 ? entre 2 et 3 ?

8 ✶✶ Recopie les fractions.

$\frac{6}{3}$ $\frac{1}{5}$ $\frac{2}{3}$ $\frac{4}{4}$ $\frac{3}{4}$ $\frac{7}{4}$

a. Entoure en rouge les fractions supérieures à 1.
b. En vert les fractions inférieures à 1.
c. Quelle fraction n'as-tu pas entourée ? Pourquoi ?

9 ✶✶ Recopie et encadre les fractions avec les nombres : 0 1 2 3 4 5 6 7 8 9.

… < $\frac{3}{4}$ < …   … < $\frac{1}{3}$ < …   … < $\frac{3}{2}$ < …

… < $\frac{1}{2}$ < …   … < $\frac{9}{2}$ < …   … < $\frac{7}{4}$ < …

DÉFI MATHS

L'ogre a déjà avalé $\frac{17}{4}$ de tartelettes et voici ce qu'il lui reste.

Combien de tartelettes entières a-t-il déjà avalées ?
Combien en avait-il au début ?

Ranger des fractions simples

Cherchons

Quatre escargots, Frigo, Dingo, Logo et Tango font la course. Frigo a parcouru les $\frac{2}{5}$ du parcours, Dingo en a parcouru $\frac{4}{5}$, Logo en a parcouru $\frac{1}{5}$ et Tango $\frac{5}{10}$.

- Qui est en tête ? Qui est le dernier ?
- Qui est à la moitié du parcours ?

Je retiens

- Pour **ranger des fractions** dans l'ordre croissant ou décroissant, on peut les placer sur une droite graduée.

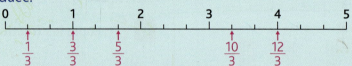

$\frac{1}{3} < \frac{3}{3} < \frac{5}{3} < \frac{10}{3} < \frac{12}{3}$ Ces fractions ont toutes **le même dénominateur**.

- Certaines fractions sont **égales à un nombre entier**. Ex. : $\frac{3}{3} = 1$ $\frac{12}{3} = 4$

- Certaines fractions sont **égales à d'autres fractions** : Ex. : $\frac{1}{2} = \frac{2}{4} = \frac{5}{10}$

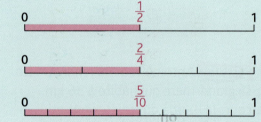

Ranger des fractions

1 ★ Observe les représentations.

a. Indique pour chacune la fraction qu'elle représente.

b. Range-les dans l'ordre croissant (<).

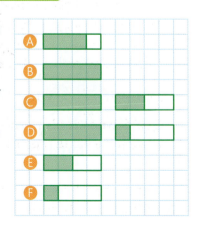

2 ★ Indique quelle fraction représente la partie colorée, puis range-les dans l'ordre croissant (<).

a.    d.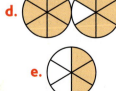

b. 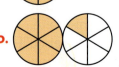   e.

c. 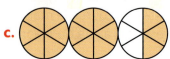   f.

3 ★ Indique quelle fraction représente la partie colorée puis range-les dans l'ordre décroissant (>).

a. [droite graduée 0 à 6]
b. [droite graduée 0 à 6]
c. [droite graduée 0 à 6]
d. [droite graduée 0 à 6]
e. [droite graduée 0 à 6]

4 ★★ Range ces séries de fractions dans l'ordre croissant.

a. $\frac{4}{2}$ $\frac{1}{2}$ $\frac{6}{2}$ $\frac{3}{2}$ $\frac{2}{2}$

b. $\frac{5}{3}$ $\frac{1}{3}$ $\frac{10}{3}$ $\frac{3}{3}$ $\frac{9}{3}$

c. $\frac{3}{4}$ $\frac{8}{4}$ $\frac{4}{4}$ $\frac{1}{4}$ $\frac{7}{4}$

5 ★★ Range ces séries de fractions dans l'ordre décroissant.

a. $\frac{2}{5}$ $\frac{6}{5}$ $\frac{5}{5}$ $\frac{1}{5}$ $\frac{7}{5}$

b. $\frac{20}{10}$ $\frac{2}{10}$ $\frac{5}{10}$ $\frac{1}{10}$ $\frac{11}{10}$

c. $\frac{1}{6}$ $\frac{6}{6}$ $\frac{10}{6}$ $\frac{8}{6}$ $\frac{3}{6}$

6 ★★ Écris ces nombres sous la forme d'une fraction, puis range-les dans l'ordre croissant.

Aide-toi de la droite graduée.

Ex. : $1 + \frac{1}{4} = \frac{4}{4} + \frac{1}{4} = \frac{5}{4}$

[droite graduée 0 à 1 avec $\frac{5}{4}$ indiqué]

$2 + \frac{3}{4}$ $3 + \frac{8}{4}$ $4 + \frac{1}{4}$

$4 + \frac{3}{4}$ $1 + \frac{6}{4}$ $2 + \frac{4}{4}$

7 ★★★ **PROBLÈME** Trois enfants ont chacun 3 barres de 4 carrés de chocolat.
Lia a mangé 2 barres et $\frac{1}{4}$ de barre.
Tony a mangé de $\frac{10}{4}$ de barre.
Lena a mangé 1 barre et $\frac{2}{4}$ de barre.

a. Écris sous forme de fractions ce qu'ont mangé Lia et Lena.
b. Range les fractions dans l'ordre croissant.
c. Calcule le nombre de carrés de chocolat mangés par chaque enfant.

Repérer des fractions équivalentes

8 ★ Observe les représentations et indique pour chacune la fraction qu'elle représente. Écris les fractions égales en utilisant le signe =.

a.   b.   c.   d.   e.   f.

9 ★★ Observe les représentations et indique pour chacune la fraction qu'elle représente. Écris les fractions égales en utilisant le signe =.

a. [droite graduée 0 à 1]
b. [droite graduée 0 à 2]
c. [droite graduée 0 à 1]
d. [droite graduée 0 à 3]

DÉFI MATHS

Sarah, Amandine et Boris doivent rejoindre le village de Pradons. Au bout d'une heure, voici les distances qu'ils ont parcourues : Sarah $\frac{3}{6}$ du parcours ; Amandine $\frac{10}{12}$; Boris $\frac{2}{3}$.

Quel élève est le plus proche de Pradons ? Quel élève est le moins proche ?

Ballazuc — Pradons

Je révise

Découvrir les fractions simples

1 ★ Écris la fraction correspondant à la partie verte de chaque figure.

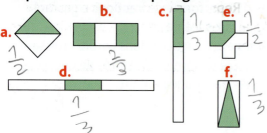

2 ★ Reproduis ces figures et colorie la fraction indiquée.

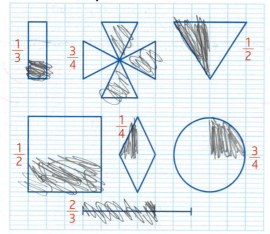

3 ★ Écris en chiffres les fractions demandées.
a. trois quarts
b. deux tiers
c. un demi
d. sept tiers
e. trois tiers
f. cinq demis

4 ★★ Reproduis chaque représentation de fraction et colorie la fraction indiquée.

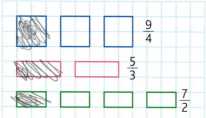

5 ★★ Représente chaque fraction en utilisant la représentation de ton choix.

$\frac{1}{3}$ $\frac{1}{4}$ $\frac{5}{4}$ $\frac{3}{2}$ $\frac{2}{3}$

Utiliser des fractions dans des situations de partage et de mesure

6 ★ **PROBLÈME** Anaïs a acheté un sachet de 12 bonbons. Le sachet est percé et elle en perd $\frac{1}{4}$. **Combien de bonbons Anaïs a-t-elle perdus ?**

7 ★ **PROBLÈME** La règle de 30 cm de Paul s'est cassée en deux. Il retrouve $\frac{1}{2}$ règle au fond de son cartable. **Combien mesure ce bout de règle ?**

8 ★ **PROBLÈME** Flora a déjà dépensé les $\frac{3}{4}$ de son argent de poche du mois. **Quelle fraction de ses économies lui reste-t-il ?**

9 ★★ **PROBLÈME** Trois amis se partagent équitablement un paquet de 24 biscuits. Quelle fraction du paquet chacun aura-t-il ? **Combien de biscuits chacun pourra-t-il manger ?**

10 ★★ **PROBLÈME** Pour faire des petits pains, la boulangère partage 12 000 g de pâte en quarts. **Quelle masse de pâte (en kg) y a-t-il dans chaque quart ?**

11 ★★ **PROBLÈME** Luc a déjà bu les $\frac{2}{3}$ de sa gourde de 90 cL d'eau. **Quelle fraction du contenu de sa gourde reste-il ? Quelle quantité d'eau a-t-il déjà bue ?**

12 ★★ **PROBLÈME** Lili doit surveiller la cuisson des lasagnes mais elle n'a pas de montre ! Elle a un minuteur qui mesure $\frac{1}{4}$ d'heure. Elle sait qu'elle doit utiliser 5 fois son minuteur pour que les lasagnes soient à point.
a. Quelle fraction représente le temps de cuisson de ses lasagnes ?
b. Combien de temps les lasagnes doivent-elles cuire ? (en min puis en h et min)

$\frac{1}{4}$ d'heure c'est 15 min.

13 PROBLÈME Trois pirates se partagent un trésor de 180 pièces d'or. Le chef prend la moitié des pièces ; il donne $\frac{1}{3}$ des pièces à son adjoint et $\frac{1}{6}$ des pièces au moussaillon.
Combien de pièces chacun aura-t-il ?

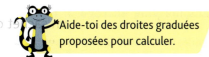
Aide-toi des droites graduées proposées pour calculer.

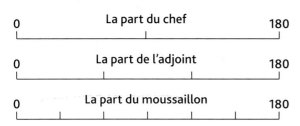

14 PROBLÈME Une athlète s'entraine progressivement pour la course d'endurance. Elle veut pouvoir courir 36 km sans s'arrêter. Le premier jour, elle réussit à parcourir $\frac{1}{4}$ du trajet ; le deuxième jour, elle réussit à courir $\frac{1}{2}$ du trajet et le troisième jour, elle parcourt les $\frac{2}{3}$ du trajet sans effort.

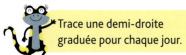
Trace une demi-droite graduée pour chaque jour.

a. Quelle distance réussit-elle à courir chaque jour ?
b. Quelle fraction du trajet lui reste-il encore à parcourir pour réaliser sa performance ?
c. Quelle distance (en km) cela représente-il ?

Repérer, placer et encadrer des fractions simples sur une demi-droite graduée

15 ★ Pour chaque demi-droite graduée, écris la fraction qui correspond à chaque lettre.

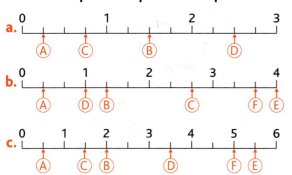

16 ★ Reproduis la demi-droite graduée et place les lettres qui correspondent aux fractions.

A : $\frac{8}{10}$ B : $\frac{1}{10}$ C : $\frac{22}{10}$ D : $\frac{5}{10}$ E : $\frac{35}{10}$

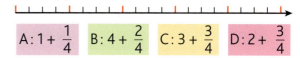

17 ★ Reproduis la demi-droite graduée et place les lettres qui correspondent aux nombres.

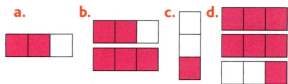

A : $1 + \frac{1}{4}$ B : $4 + \frac{2}{4}$ C : $3 + \frac{3}{4}$ D : $2 + \frac{3}{4}$

Ranger des fractions simples

18 ★ Écris quelle fraction représente la partie colorée de chaque représentation. Range ces fractions dans l'ordre décroissant.

a.   b.   c.   d.

19 ★ Range les séries de fractions :

a. dans l'ordre croissant : $\frac{9}{4}$ $\frac{2}{4}$ $\frac{4}{4}$ $\frac{10}{2}$ $\frac{5}{4}$

b. dans l'ordre décroissant : $\frac{10}{5}$ $\frac{4}{5}$ $\frac{5}{5}$ $\frac{1}{5}$ $\frac{7}{5}$

20 ★ Recopie les fractions égales à 1.

$\frac{2}{4}$ $\frac{6}{6}$ $\frac{1}{3}$ $\frac{9}{9}$ $\frac{5}{2}$ $\frac{10}{4}$ $\frac{1}{10}$

21 ★ Indique quelle fraction représente chaque partie colorée puis écris les fractions équivalentes en utilisant le signe =.

a.   b.   c.   d.

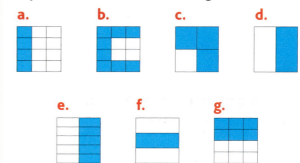

e.   f.   g.

Découvrir les fractions décimales

Cherchons

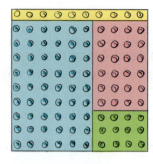 

Dans ma ville en Lego, il reste $\frac{12}{100}$ de verdure et la route jaune couvre $\frac{1}{10}$ du sol. Un stade occupera l'emplacement bleu et une école, l'emplacement rose.

- Quelle fraction de la plaque représente le stade ? L'école ?

Je retiens

- Une fraction qui peut s'écrire avec un dénominateur égal à 10, 100… est **une fraction décimale.**

- Quand l'**unité** est **partagée en 10 parts égales**, chaque part est $\frac{1}{10}$ (un dixième) de l'unité.

  $\frac{6}{10}$ se lit « six dixièmes ».

- Quand l'**unité** est **partagée en 100 parts égales**, chaque part est $\frac{1}{100}$ (un centième) de l'unité.

  $\frac{97}{100}$ se lit « quatre-vingt-dix-sept centièmes ».

- On peut **décomposer** une fraction décimale :

  $$\frac{2243}{100} = \frac{2200}{100} + \frac{40}{100} + \frac{3}{100}$$
  $$= 22 + \frac{4}{10} + \frac{3}{100} = 22 + \frac{43}{100}$$

Placer des fractions décimales sur une demi-droite graduée

1 ★ Reproduis la droite et place les fractions décimales : $\frac{5}{10}$ $\frac{17}{10}$ $\frac{20}{10}$ $\frac{24}{10}$ $\frac{12}{10}$ $\frac{3}{10}$ $\frac{2}{10}$ $\frac{25}{10}$

2 ★ Reproduis la droite, continue sa graduation et écris les fractions décimales correspondant aux repères.

3 Indique à quelle fraction décimale (en centièmes) correspond chaque lettre.

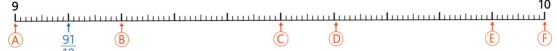

Désigner des fractions

4 Quelle fraction de chaque objet (en dixièmes) est colorée ?

a.    b.    c.

5 Écris ces fractions en chiffres.
a. deux dixièmes   b. vingt-six centièmes   c. dix-sept dixièmes   d. dix centièmes   e. cent dixièmes

6 Écris en lettres les performances du nageur Florent Manaudou pour la saison 2014-2015.

Lieu du championnat	Épreuve	Performance
Championnat de France	50 mètres dos	25 secondes et $\frac{6}{10}$
Meeting de Nancy	50 mètres brasse	27 secondes et $\frac{51}{100}$
Championnats du monde	50 mètres papillon	22 secondes et $\frac{97}{100}$

Identifier des égalités

7 Écris les fractions correspondant aux lettres en dixièmes puis en centièmes.
Ex. : A : $\frac{2}{10} = \frac{20}{100}$

8 Recopie et complète. Ex. : $3 = \frac{30}{10}$ Rappelle-toi : $1 = \frac{10}{10} = \frac{100}{100}$.

a. $5 = \frac{...}{10}$ b. $2 = \frac{...}{10}$ c. $\frac{200}{100} = ...$ d. $\frac{300}{100} = \frac{...}{10} = ...$

9 Recopie et complète avec <, > ou =.

a. $\frac{9}{10} ... \frac{9}{100}$ b. $1 ... \frac{100}{100}$ c. $\frac{80}{100} ... \frac{8}{100}$ d. $\frac{50}{100} ... \frac{5}{10}$

DÉFI MATHS

Vrai ou faux ?

| 1 centime = $\frac{1}{10}$ d'euro | 100 centimes = $\frac{1}{10}$ d'euro |
| 10 centimes = $\frac{10}{100}$ d'euro | 1 centime = $\frac{1}{100}$ d'euro |

Passer de l'écriture fractionnaire aux nombres décimaux

Cherchons

- Qui a gagné ?

Je retiens

- On peut écrire une **fraction décimale** sous la forme d'un nombre à virgule : c'est un **nombre décimal**.

$$\frac{13}{10} = \frac{10}{10} + \frac{3}{10} = 1,3$$

$$\frac{138}{100} = \frac{100}{100} + \frac{30}{100} + \frac{8}{100} = 1 + \frac{3}{10} + \frac{8}{100} = 1,38$$

- On utilise la **virgule** pour **repérer la partie entière de la partie décimale**.

Fraction décimale	Partie entière			Partie décimale		Écriture décimale
	centaines	dizaines	unités	dixièmes	centièmes	
$\frac{13}{10}$			1 ,	3		1,3
$\frac{138}{100}$			1 ,	3	8	1,38

Ex. : **1,3** c'est 13 dixièmes ou 1 unité + 3 dixièmes.
Ex. : **1,38** c'est 138 centièmes ou 1 unité, 3 dixièmes + 8 centièmes.

- On peut aussi écrire une fraction décimale à partir de l'écriture décimale.

Ex. : **8,37** $= 8 + \frac{3}{10} + \frac{7}{100} = \frac{800}{100} + \frac{30}{100} + \frac{7}{100} = \frac{\mathbf{837}}{\mathbf{100}}$

Placer des fractions décimales et des nombres décimaux sur une droite

1 * Écris à quel nombre correspond chaque lettre. Ex. : F $= 1 + \frac{8}{10} = 1,8$

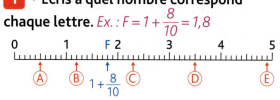

2 * Reproduis cette droite puis place les lettres.

A : $\frac{11}{10}$ B : $1 + \frac{9}{10}$ C : $3 + \frac{5}{10}$ D : $\frac{40}{10}$

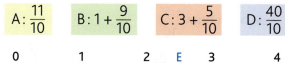
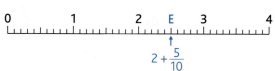

3 Reproduis cette droite puis écris la fraction décimale et le nombre décimal qui correspondent à chaque lettre.

Ex. : A : $1 + \frac{2}{10} + \frac{5}{100} = \frac{125}{100} = 1,25$

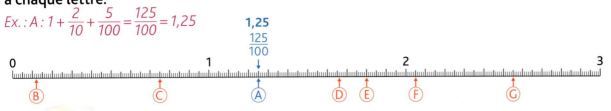

Passer de l'écriture fractionnaire à l'écriture décimale

4 Écris chaque somme sous la forme d'un nombre décimal.

Ex. : $3 + \frac{2}{10} + \frac{4}{100} = 3,24$

a. $1 + \frac{8}{10} + \frac{5}{100}$ d. $104 + \frac{2}{10}$

b. $25 + \frac{6}{10} + \frac{1}{100}$ e. $10 + \frac{1}{10}$

c. $41 + \frac{9}{100}$ f. $5 + \frac{45}{100}$

5 Décompose pour trouver le nombre décimal.

Ex. : $\frac{38}{10} = \frac{30}{10} + \frac{8}{10} = 3 + \frac{8}{10} = 3,8$

$\frac{21}{10}$ $\frac{34}{10}$ $\frac{6}{10}$ $\frac{147}{10}$ $\frac{250}{10}$ $\frac{400}{10}$

6 Donne l'écriture décimale de chaque fraction.

Ex. : $\frac{35}{10} = 3,5$ Ex. : $\frac{125}{100} = 1,25$

a. $\frac{54}{10}$ $\frac{3}{10}$ $\frac{109}{10}$ $\frac{45}{10}$ $\frac{2543}{10}$

b. $\frac{356}{100}$ $\frac{169}{100}$ $\frac{19}{100}$ $\frac{4}{100}$ $\frac{3784}{100}$

c. $\frac{2}{100}$ $\frac{87}{10}$ $\frac{75}{100}$ $\frac{209}{10}$ $\frac{175}{100}$

7 **PROBLÈME** Possible ou impossible ?

a. Un ver de terre de $\frac{160}{100}$ de mètre.

b. Une fourmi de $\frac{185}{10}$ de millimètre.

c. Une larme de $\frac{9}{10}$ de litre.

d. Un lapin de $\frac{25}{10}$ de kilo.

Établir des équivalences entre écriture fractionnaire et écriture décimale

8 Associe les nombres équivalents.

$\frac{145}{10}$ $\frac{11}{10}$ $\frac{2}{100}$ $\frac{4}{100}$ $\frac{1}{100}$ $\frac{20}{10}$

a. 0,04   c. 1,1   e. 14,5
b. 2   d. 0,02   f. 0,01

9 Recopie et complète.

a. $\frac{1}{10}$ de mètre c'est … m, c'est … dm.

b. $\frac{50}{100}$ de litre, c'est … L, c'est … cL.

c. $\frac{2}{100}$ d'euro, c'est … €, c'est … centimes.

10 Recopie ce tableau puis colorie d'une même couleur les nombres égaux.

2,7	$\frac{27}{10}$	$\frac{207}{100}$
$\frac{272}{10}$	$\frac{20}{10} + \frac{7}{100}$	27,2

DÉFI MATHS

La sorcière Strega est enrhumée. Elle se prépare ce breuvage :

$\frac{6}{100}$ de litre de jus de citron, $\frac{80}{100}$ de litre de lait, $\frac{5}{10}$ de litre de bave de limace, $\frac{22}{100}$ de litre de sang de reptile et $\frac{90}{100}$ de litre de jus d'ortie. Elle n'a pas de verre gradué pour doser sa potion.

Aide-la à trouver comment elle peut s'y prendre avec ces ustensiles.

Lire, écrire et décomposer les nombres décimaux

Cherchons

Voici quelques dimensions du navire de La Fayette.

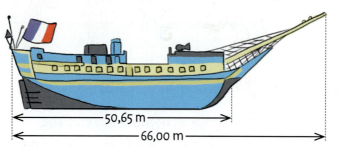

Plan de l'Hermione, frégate du marquis de La Fayette (1790).

- Pour chaque dimension, que désigne le chiffre 6 ?

Je retiens

- Un **nombre décimal** s'écrit en utilisant une **virgule** qui permet de **repérer la partie entière et la partie décimale** du nombre.
- Pour connaitre la **valeur des chiffres** dans le nombre, on utilise un **tableau de numération**.

Partie entière						Partie décimale	
Classe des milles			Classe des unités				
centaines	dizaines	unités	centaines	dizaines	unités	dixièmes	centièmes
				7	4 ,	2	5

Ex. : Le nombre 74,25 se lit « 74 virgule 25 » ou « 74 unités et 25 centièmes ».

$74,25 = 74 + \frac{2}{10} + \frac{5}{100} = 74 + \frac{25}{100}$

- Un nombre décimal reste inchangé si l'on écrit ou si l'on supprime des 0 à la fin de la partie décimale.

Ex. : $74,6 = \frac{746}{10} = \frac{7460}{100}$ donc 74 unités + 6 dixièmes + 0 centième → 74,6 = 74,60

Connaitre la valeur des chiffres d'un nombre décimal

1 ⭑ Reproduis le tableau de numération de la leçon et place les nombres :

16,7   1,04   29,1   40,01   107,63

Quel nombre a le chiffre 1 :
a. comme chiffre des dixièmes ?
b. comme chiffre des dizaines ?
c. comme chiffre des centaines ?
d. comme chiffre des centièmes ?
e. comme chiffre des unités ?

2 ⭑ Indique pour chaque nombre ce que désigne le chiffre 7.

1,27   7,42   74,51   0,07

47,89   709,25   0,75

3 ⭑ Complète avec le signe = ou ≠.

a. 12,50 ... 12,5
b. 14,2 ... 14,02
c. 12,05 ... 12,5
d. 15,02 ... 15,20
e. 14 ... 14,00
f. 12,05 ... 10,25
g. 1,8 ... 1,80
h. 3,45 ... 3,54

4 ✱ **PROBLÈME** En utilisant uniquement les pièces proposées, dessine chaque somme avec le moins de pièces possible.

a. 125 centièmes d'euro.
b. 5 euros et 25 centièmes d'euro.
c. 2 euros et 5 dixièmes d'euro.
d. 2 euros et 5 centièmes d'euro.

5 ✱ Recopie et complète les phrases avec les mots : chiffre, nombre, dixièmes, centièmes.

Ex. : 3,25 → 32 est le nombre de dixièmes.

a. 15,8 → 8 est le .... des dixièmes.
b. 0,12 → 12 est le .... de centièmes.
c. 1,2 → 12 est le nombre de ....
d. 8,51 → 1 est le chiffre des ....

6 ✱ **PROBLÈME** Quel nombre se cache derrière chaque devinette ?

Aide-toi du tableau de numération.

a. Mon nombre d'unités est le double de 4. Mon chiffre des centièmes est la moitié de 2 et la somme de mon chiffre des dixièmes et de mon chiffre des centièmes est 7.
b. Mon nombre de dixièmes est le double de 7. Mon chiffre des centièmes est le quart de 8.
c. Mon chiffre des centièmes est le même que celui de mes dizaines. Mon chiffre des dixièmes est 6, mon chiffre des unités est la moitié de mon chiffre des dixièmes. La somme de mon chiffre des dixièmes et de celui des unités est celui des dizaines.

Lire et écrire les nombres décimaux

7 ✱ Recopie et complète.

Ex. : 13,6 → treize unités et six dixièmes.

a. 7,59 → ... unité(s) et ... centième(s).
b. 8,4 → ... unité(s), ... dixième(s) et ... centième(s).
c. 0,52 → ... unité(s) et ... centième(s).
d. 21,01 → ... unité(s) et ... centième(s).
e. 1,09 → ... unité(s) et ... centième(s).
f. 6,12 → ... unité(s), ... dixième(s) et ... centième(s).
g. 52,17 → ... unité(s) et ... centièmes.

8 ✱ **PROBLÈME** Indique la taille de chaque enfant (en m).

Le centimètre est le centième du mètre.

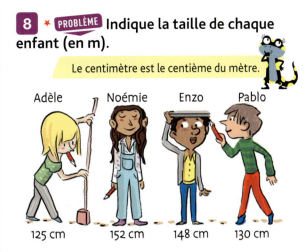

Adèle 125 cm, Noémie 152 cm, Enzo 148 cm, Pablo 130 cm

9 ✱ Écris ces nombres en chiffres.

a. Six unités et quarante-deux centièmes.
b. Douze unités et neuf dixièmes.
c. Trois dixièmes.
d. Vingt-et-une unités et neuf centièmes.
e. Cent-vingt-cinq unités et vingt-six centièmes.

10 ✱ Écris les nombres décimaux correspondant.

a. 2 unités et 5 dixièmes.
b. 3 dizaines et 3 centièmes.
c. 102 unités et 5 dixièmes.
d. 504 centièmes.
e. 91 dixièmes.
f. 8 centièmes.

11 ✱ **PROBLÈME** Écris les longueurs en mètres.

Un décimètre est un dixième de mètre et un centimètre est un centième de mètre.

La statue de la Liberté en chiffres
Ville : New York
Hauteur : 46 m et 50 cm
Longueur du bras droit : 12 m et 8 dm
Longueur de la tête : 5 m 2 dm 6 cm
Largeur de la bouche : 91 cm.

12 ✱ Écris les contenances en litre.

a. Un verre de 25 cL.
b. Une bouteille de 175 cL.
c. Un flacon de 3 dL.
d. Un seau de 120 dL.

DÉFI MATHS

Écris, en chiffres, tous les nombres décimaux que tu peux former avec : 0 – 4 – 5. N'utilise les chiffres qu'une seule fois par nombre.

Placer, intercaler et encadrer des nombres décimaux sur une demi-droite graduée

Cherchons

Chaque année, le prix du timbre augmente.

1er janvier 2015	0,76 €
1er janvier 2014	0,66 €
1er janvier 2013	0,63 €
1er juillet 2012	0,60 €
1er juillet 2011	0,58 €

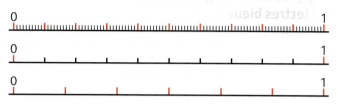

- Parmi ces trois demi-droites graduées, laquelle convient pour placer les prix du tableau ?

Je retiens

- On peut **placer** les nombres décimaux **sur une demi-droite graduée**.
  Selon les nombres décimaux que l'on veut placer, on choisit une graduation :
  – **en dixièmes**
  – **ou en centièmes**

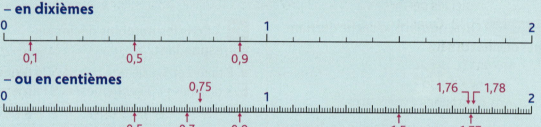

- On peut **intercaler** un nombre décimal entre deux nombres décimaux ou deux entiers.
  Ex. : 0,6 s'intercale entre 0 et 1   0,75 → entre 0,7 et 0,8   1,77 → entre 1,76 et 1,78

- On peut **encadrer** un nombre décimal :

au centième près	au dixième près	à l'unité près
1,76 < 1,77 < 1,78	0,7 < 0,8 < 0,9	0 < 0,5 < 1

Repérer et placer des nombres décimaux sur une demi-droite graduée

1 ★ Observe comment la demi-droite est graduée.
a. Écris les nombres correspondant aux lettres rouges.
b. Associe chaque nombre à une lettre verte : 4,2   2,5   1,3   0,3   5,7

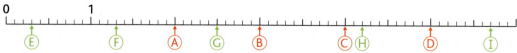

2 ★★ Reproduis cette demi-droite graduée et place les nombres.

0,5   0,9   1,5   0,2   1,1   1,7   0,1

3 Reproduis cette demi-droite graduée sur du papier millimétré et place les nombres.

4,5   4,63   5,1   5,27   5,92   4,82   4,1   4,16

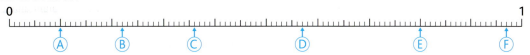

4 Observe les graduations de la droite et indique à quels nombres correspondent les lettres bleues.

Intercaler et encadrer des nombres décimaux

5 * Observe les nombres.

Aide-toi d'une droite graduée sur du papier millimétré.

2,97   0,92   4,05   2,04   5,01   4,5   4,51   1,01   0,4   3,96   4,1   6,5

a. Quels nombres s'intercalent entre 4 et 5 ?   **b.** entre 2 et 3 ?   **c.** entre 0 et 1 ?

6 PROBLÈME Voici les performances des 8 premiers athlètes en saut en longueur aux JO de Londres en 2012. **Quel athlète se situe :**

a. entre Michel Torneus et Mitchell Watt ?
b. entre Godfrey Khotso Mokoena et Christopher Tomlinson ?
c. entre Sebastien Bayer et Will Claye ?

Athlètes	Performances	Athlètes	Performances
G. Khotso Mokoena	7,93 m	Will Claye	8,12 m
Michel Torneus	8,11 m	C. Tomlinson	8,07 m
Mitchell Watt	8,16 m	Sebastien Bayer	8,1 m
M. Vinicius Da Silva	8,01 m	Greg Rutherford	8,31 m

7 Encadre les nombres à l'unité près, au dixième près, au centième près.

5,3   9,9   20,04   0,09   7,61   1,56   2,44   3,98

Aide-toi d'une droite graduée si besoin.

8 PROBLÈME Reproduis cette droite graduée et réponds aux questions.
a. Retrouve les nombres décimaux des devinettes et place-les sur la droite graduée.

A : Mon nombre de dixièmes est 110 et mon chiffre des centièmes est 5.

B : J'ai une unité de plus que 998 centièmes.

C : Mon nombre de dixièmes est la moitié de 210 et mon chiffre des centièmes est le double de 4.

b. Parmi les nombres trouvés, lequel est encadré par 10 et 11 ?

DÉFI MATHS

Avec un camarade, construisez chacun une droite identique en centièmes graduée de 0 à 1.
Placez-y chacun 5 nombres décimaux de votre choix (sans les montrer).
Chacun votre tour, placez les nombres de l'un ou de l'autre.
Si vous obtenez deux droites identiques avec les 10 mêmes nombres, vous avez gagné !

Comparer et ranger des nombres décimaux

Cherchons

Sur cette statue de zouave, placée sous le pont de l'Alma à Paris, on peut lire la hauteur de la Seine selon ses crues.

- En quelle année la Seine a-t-elle atteint son plus haut niveau ?
- Comment peux-tu ranger ces mesures dans l'ordre croissant ?

Année	Hauteur de la Seine
2001	5,21 m
1999	5,19 m
1995	4,94 m
1988	5,35 m
1982	6,13 m
1955	7,10 m
1945	6,85 m
1910	8,62 m

Je retiens

- Pour **comparer des nombres décimaux**, on compare d'abord la **partie entière**.
  Ex. : **7**,4 > **5**,47   car 7 > 5

- S'ils ont la **même partie entière**, on **compare la partie décimale**, **chiffre par chiffre** : d'abord les dixièmes, puis les centièmes.
  Ex. : 23,**6**7 < 23,**8**7   car 6 dixièmes < 8 dixièmes
  Attention lorsque je compare des nombres décimaux qui n'ont pas le même nombre de chiffres après la virgule !
  Ex. : 12,65 < 12,7 car 12 unités + $\frac{65}{100}$ < 12 unités + $\frac{70}{100}$

- Pour **ranger des nombres décimaux**, on doit d'abord les comparer un à un puis les ordonner en utilisant les signes <, > ou =.

Comparer des nombres décimaux

1 ★ **PROBLÈME** Yoan a un paquet à envoyer. Son colis pèse 6,5 kg. **Quelle boite doit-il acheter ?**

2 ★ **PROBLÈME** Abdel, Zoé, Pedro, Sophie et Léna ont chacun un panier identique pour aller cueillir des champignons. Au retour, chacun pèse son panier.
Abdel : 3,85 kg   **Sophie :** 5,09 kg   **Zoé :** 3,26 kg
Léna : 4,28 kg   **Pedro :** 4,7 kg
a. Quel enfant a le panier le plus lourd ?
b. Quel enfant a le panier le moins lourd ?

3 ★ Recopie et complète avec <, > ou =.
a. 3,2 ... 3,5
b. 10,5 ... 10,02
c. 9,70 ... 9,07
d. 0,2 ... 0,20
e. 17,5 ... 18,5
f. 4,3 ... 2,34
g. 1,1 ... 0,11
h. 0,39 ... 0,7

4 ★★ **PROBLÈME** Les quatre meilleurs athlètes de la classe au lancer de poids s'affrontent pour savoir lequel ira en compétition. Chacun a droit à trois essais.

Tino	2,01 m	1,98 m	2,1 m
Lisa	2,20 m	2,14 m	2,05 m
Mario	1,9 m	1,99 m	2,23 m
Anna	2,15 m	2,3 m	2,09 m

Qui a fait la meilleure performance et ira en compétition ?

5 ✱ Vrai ou faux ?

a. 3,4 < 3,04
b. 6,81 > 6,8
c. 0,7 < 0,65
d. 2,7 ≠ 2,70
e. 14,21 > 14,2
f. 3,4 = 3,04
g. 5,0 = 5,00
h. 10,2 > 10,12

Ranger des nombres décimaux

6 ✱ Observe et complète chaque série de nombres.

3,1		3,3			3,6	
0,2	0,21		0,23	0,24		
6,8	6,9			7,2		7,4
10,01			10,04			10,07
1,9				2,3		
4,6	4,7		4,9			

7 ✱ PROBLÈME Voici ce que paye M. Blabla pour son téléphone portable.

1er trimestre	35,15 €
2e trimestre	36,15 €
3e trimestre	35,20 €
4e trimestre	35,75 €

a. Quel trimestre a-t-il dépensé le plus ?
b. Quel trimestre a-t-il dépensé le moins ?
c. Range ces sommes dans l'ordre décroissant.

8 ✱ PROBLÈME Pose un calque sur cet exercice, puis, avec une règle, relie les étoiles en suivant les nombres dans l'ordre croissant. Termine en reliant les deux étoiles jaunes.

9 ✱ Range dans l'ordre croissant :

| 5,75 | 5,07 | 7,5 | 0,75 | 5,57 |

10 ✱ Range dans l'ordre décroissant :

| 2,45 | 4,25 | 5,42 | 4,5 | 5,24 |

11 ✱ Complète les nombres pour qu'ils soient correctement rangés.

Il y a plusieurs possibilités.

a. 6,71 > 6,.1 > .,51 > 6,. > 6,.2
b. 2,1. < 2,.2 < .,12 < 3,1. < 3,.7

12 ✱ PROBLÈME Observe le tableau du prix moyen d'un litre d'essence dans quelques pays européens.

Pays	Prix/L en €	Pays	Prix/L en €
Autriche	1,43	Italie	1,67
Belgique	1,56	Luxembourg	1,32
Bulgarie	1,32	Pays-Bas	1,79
Croatie	1,45	Pologne	1,28
Finlande	1,62	Portugal	1,58
France	1,48	Suède	1,53
Allemagne	1,57	Suisse	1,52
Grande-Bretagne	1,77	Ukraine	0,91

a. Dans quel pays l'essence est-elle la moins chère ?
b. Dans quel pays l'essence est-elle la plus chère ?
c. Classe, dans l'ordre croissant, les six pays où l'essence est la plus chère.

13 ✱ PROBLÈME Complète les nombres avec l'un des chiffres proposés pour qu'ils soient correctement rangés.

| 0 | 1 | 3 | 4 | 5 | 9 |

5,2. > 5,.2 > 5,.8 > .,91 > 4,.7

DÉFI MATHS

Retrouve quelle somme possède chaque enfant.
Eliette a plus d'argent que Gaby mais moins que Line qui en a moins que Clara.

Je révise

Découvrir les fractions décimales

1 * Indique quelle fraction décimale est représentée.

a.
c.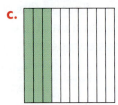
b.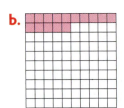
d.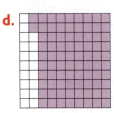

2 Quelle fraction décimale est représentée sur chaque droite ?

3 Écris ces fractions en chiffres.
a. douze dixièmes
b. quatre centièmes
c. cent dixièmes
d. dix dixièmes
e. deux-cents dixièmes
f. cent-quatre centièmes

4 Représente ces fractions.

$\frac{5}{10}$ $\frac{12}{10}$ $\frac{3}{10}$ $\frac{24}{100}$ $\frac{99}{100}$

5 Associe les fractions à leur écriture.

$\frac{8}{100}$ $\frac{30}{100}$ $\frac{5}{10}$ $\frac{1}{10}$ $\frac{300}{100}$ $\frac{30}{10}$

a. cinq dixièmes
b. huit centièmes
c. un dixième
d. trente dixièmes
e. trois-cents centièmes
f. trente centièmes

Passer de l'écriture fractionnaire aux nombres décimaux

6 * Écris les nombres décimaux correspondant à chaque fraction décimale.

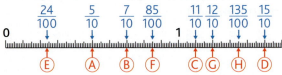

7 Écris chaque fraction décimale sous la forme d'un nombre décimal.

$\frac{4}{10}$ $\frac{1}{100}$ $\frac{5}{100}$ $\frac{15}{10}$ $\frac{157}{10}$ $\frac{324}{100}$

8 Recopie et écris chaque somme sous la forme d'un nombre décimal.

a. $3 + \frac{3}{10} + \frac{1}{100}$ d. $10 + \frac{3}{100}$

b. $6 + \frac{5}{10} + \frac{9}{100}$ e. $7 + \frac{8}{10}$

c. $2 + \frac{2}{100}$ f. $\frac{6}{10} + \frac{5}{100}$

9 Associe les fractions décimales aux nombres décimaux équivalents.

Attention, certaines fractions ou nombres décimaux n'ont pas d'équivalent.

$\frac{3}{10}$	$\frac{15}{100}$	$\frac{88}{10}$	$\frac{4}{10}$	$\frac{4}{100}$	$\frac{50}{100}$
8,80	4	0,04	0,03	0,4	0,5	0,15

Lire, écrire et décomposer les nombres décimaux

10 * Vrai ou faux ?
a. 1,7   c'est   1 unité et 7 dixièmes
b. 3,85   c'est   38 unités et 5 centièmes
c. 0,9   c'est   9 dixièmes
d. 2,53   c'est   2 unités et 53 centièmes

11 * Recopie et colorie en bleu la partie entière de chaque nombre.

13,5 – 6,8 – 200,1 – 5,55 – 0,09 – 90,05

12 ★ Recopie et colorie en rouge le chiffre des dixièmes de chaque nombre.
3,75 – 12,45 – 0,07 – 6,94 – 10,10 – 85,18

13 ★ Recopie et colorie en rouge le chiffre des centièmes de chaque nombre.
2,51 – 0,807 – 92,11 – 6,66 – 7,20 – 100,32

14 ★ Indique pour chaque nombre ce que désigne le chiffre 0.
10,45 – 8,02 – 104,51 – 7,40 – 56,01 – 1 061,85

15 ✱ Recopie et complète.
3,02 → … unité(s) et … centième(s)
0,5 → … unité(s) … dixième(s) … centième(s)
6,15 → … unité(s) et … centième(s)
35,4 → … unité(s) et … centième(s)
1,5 → … dixième(s)

16 ✱ Écris les nombres en chiffres.
a. trente unités + deux dixièmes
b. dix unités + $\frac{9}{100}$
c. cinq centièmes
d. une unité + $\frac{4}{10}$
e. trente-sept centièmes

17 ✱ PROBLÈME Qui suis-je ?
a. Mon nombre de dixièmes est le triple de 11. Mon chiffre des dizaines est la somme de mon chiffre des unités et de celui des dixièmes. Mon chiffre des centièmes est la moitié de 10.
b. Mon nombre d'unités est le tiers de 120. Mon chiffre des centièmes est la moitié de mon chiffre des dixièmes. Mon chiffre des dixièmes est le quart de 8.

Placer, encadrer et intercaler les nombres décimaux sur une demi-droite graduée

18 ★ Écris les nombres décimaux désignés par les lettres.

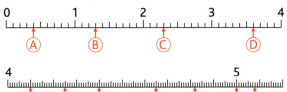

19 ✱ Observe ces nombres.
6,97   0,76   3,09   2,4   5,06   6,6
4,27   1,07   0,2   3,39   4,8   6,05

a. Quel nombre s'intercale entre 5 et 6 ?
b. Quels nombres s'intercalent entre 0 et 1 ?
c. Quels nombres s'intercalent entre 3 et 4 ?

20 ✱ Encadre les nombres :
a. à l'unité près.
7,5   13,89   6,37   27,1   2,6   9,9
b. au dixième près.
3,74   0,43   9,31   40,8   5,11   8,13
c. au centième près.
0,06   3,17   10,67   5,55   1,78   9,03

Comparer et ranger des nombres décimaux

21 ★ Recopie et complète avec <, > ou =.
a. 3,41 … 31,4
b. 5,15 … 6,15
c. 0,2 … 0,20
d. 8,2 … 8,02
e. 3,25 … 3,26
f. 7,65 … 7,7
g. 6,01 … 6,2
h. 1,01 … 1,10
i. 12,50 … 12,5
j. 6,7 … 6,70

22 ✱ Complète avec un chiffre pour que la comparaison soit juste.
a. 4,56 < 4,.6
b. .3,39 > 53,39
c. 0,5 ≠ .,5
d. 8,1 = 8,1.
e. 25,36 > 25,3.
f. 6,12 > 6,.2
g. 9,. < 9,25
h. 12,7 ≠ 12,.0

23 ✱ Range les nombres :
a. dans l'ordre croissant.
0,34   0,44   0,04   0,14   1,04   0,4
b. dans l'ordre décroissant.
5,22   5,3   5,12   4,02   5,02   4,2

24 ✱ PROBLÈME Dans l'équipe de basket de Parkerville, les cinq joueurs passent la visite médicale : John mesure 2,10 m, Brian 1,69 m, James 1,82 m, Richie 2,03 m et Sonny 1,7 m.
a. Quel est le joueur le plus grand ?
b. Quel est le joueur le plus petit ?
c. Classe les joueurs dans l'ordre décroissant de taille.

Je résous des problèmes

1 ★ Trace un segment [AB] de 10 cm. Partage-le en 10 parts égales. Trace un segment [DE] dont la mesure est égale à $\frac{6}{10}$ du segment [AB].

2 ★ Le collecteur d'eau de pluie de Mme Écolo est plein. Elle utilise $\frac{2}{10}$ du collecteur pour laver sa voiture et $\frac{5}{10}$ pour arroser son jardin.

Choisis, parmi les propositions, à quelle quantité d'eau correspond :
a. Le lavage de la voiture.
20 m³ — 2 m³ — 0,2 m³ — 0,02 m³
b. L'arrosage du jardin.
0,5 m³ — 5 m³ — 50 m³ — 500 m³

3 ★ Lucas fabrique un cocktail de jus de fruits.
Dessine les récipients comme le modèle et colorie les quantités.
Il met $\frac{2}{10}$ de sirop de grenadine et $\frac{5}{10}$ de jus d'ananas.

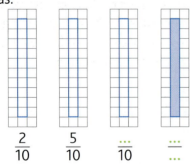

$\frac{2}{10}$ $\frac{5}{10}$ $\frac{...}{10}$ $\frac{...}{...}$

a. Indique sous la forme d'une fraction décimale, quelle quantité de lait il doit rajouter pour que son récipient soit plein.
b. À quelle fraction décimale correspond le verre plein ?

4 ★ Yanis a plié un ruban en parts égales pour en couper les $\frac{3}{10}$.
a. En combien de morceaux a-t-il partagé le ruban ?
b. Quelle fraction du ruban lui reste-t-il ?

5 ★ Trouve le nombre décimal qui correspond à chaque devinette.
a. Je suis un nombre compris entre 7 et 8. Mon nombre de dixièmes est 72 et je n'ai pas de centièmes.
b. Je suis un nombre compris entre 0 et 1. Mon chiffre des dixièmes est 4 et mon chiffre des centièmes est le double de celui de mes dixièmes.
c. Je suis 12,46. Change mon chiffre des unités pour que je sois plus grand que 15 mais plus petit que 17. Divise mon chiffre des centièmes par 2. Double mon chiffre des dixièmes.
Que suis-je devenu ?

6 ★ Amir a réalisé trois essais de lancer de poids pour se qualifier aux compétitions.
1ᵉʳ essai : 2,5 m **2ᵉ essai** : 2,46 m **3ᵉ essai** : 3 m
a. Lequel de ses essais a été le meilleur ?
b. Classe ses performances dans l'ordre croissant.

7 ★ Voilà les populations de quelques pays d'Europe (en millions d'habitants).

Irlande : 4,6 M	Pologne : 3,8 M
Finlande : 5,4 M	Lituanie : 2,9 M
Estonie : 1,3 M	Chypre : 0,8 M
Danemark : 5,6 M	

Recopie cette demi-droite graduée et place les populations.

0 0,5 1   2   3   4   5   6
└ Luxembourg

8 ✿ a. Exprime (en mètres) la taille de chaque animal sous la forme d'un nombre décimal.

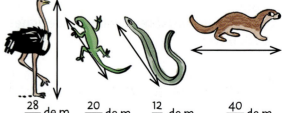

$\frac{28}{10}$ de m $\frac{20}{100}$ de m $\frac{12}{10}$ de m $\frac{40}{100}$ de m

b. Convertis chacun de tes résultats en centimètres.

9 Cinq enfants d'une même classe se mesurent. Elléa : 1,32 m ; Sam : 1,29 m ; Tony : 1,4 m ; Bob : 1,25 m et Aby : 1,51 m.
Reproduis la demi-droite graduée sur du papier millimétré et place la taille de chacun sur la demi-droite.

0   1   2

10 Sur les 200 élèves de l'école, $\frac{1}{10}$ ne restent pas à la cantine.
a. Combien d'élèves ne restent pas à la cantine ?
b. Combien d'élèves déjeunent à la cantine ?

11 Les cinq nièces de l'oncle Radin comparent leurs économies.
Clio a 12,75 € ; Cléa a 11,90 € ; Cléo a 12 € ; Clia a 12,85 € et Cliu a plus d'argent que Clio mais moins que Clia.
a. Classe les économies des cinq nièces dans l'ordre décroissant.
b. Qui est la moins riche ?
c. Indique la place de Cliu dans le classement.

12 **Observe les balances.**
a. Indique sous la forme d'un nombre décimal, le poids du colis sur la balance A

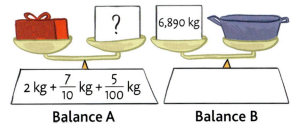

Balance A   Balance B

b. Décompose le poids de la bassine à confiture posée sur la balance B.
c. Indique quelles masses marquées tu utiliserais pour peser chacun des deux objets.

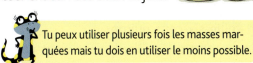
Tu peux utiliser plusieurs fois les masses marquées mais tu dois en utiliser le moins possible.

13 Nils dépense $\frac{1}{10}$ des 150 € qu'il possède pour acheter une BD.
a. Combien coute la BD ?
b. Combien lui reste-t-il ?

14 En 1789, la société française était très inégalitaire. Sur 100 personnes, 97 étaient des gens du tiers état, 2 étaient des nobles et 1 appartenait au clergé.
a. Reproduis ce quadrillage et colorie :
– en jaune, la population du tiers état ;
– en bleu, la population de nobles ;
– en vert, la population du clergé.

b. Écris à quelle fraction décimale (en centièmes) correspond chaque catégorie de la population.
c. En 1789, la population était de 26 000 000 d'habitants. Indique le nombre de personnes qui appartenaient au clergé.

15 Quelle quantité d'eau (en L) manque-t-il pour remplir une citerne de 500 L qui n'est pleine qu'aux $\frac{4}{10}$?

16 0 1 2 3 4 5 6 7 8 9
Avec ces chiffres, écris un nombre : dont le chiffre des unités est le triple de celui des dizaines et dont le chiffre des centièmes est égal à la somme de mon chiffre des dizaines et de mon chiffre des dixièmes.

Il y a plusieurs possibilités.

17 Cinq sportives se pèsent avant la compétition.
Anna est plus lourde que A mais moins lourde que D. Lisa est moins lourde que A et moins lourde que B. Inès est moins lourde que A et que D. Elsa pèse moins de 33 kg. Sonia est plus lourde que E.

32,5 kg	32,45 kg	32,05 kg	35,2 kg	34,25 kg
A	B	C	D	E

a. Classe leur poids dans l'ordre croissant.
b. Retrouve le poids de chacune.

Vers le CM2 : Découvrir les milliards

Cherchons

Voici la répartition de la population mondiale au 1er juillet 2015.

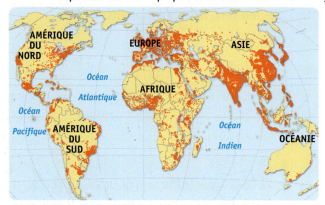

Continent	Population
Asie	4 393 296 000
Afrique	1 186 178 000
Europe	738 442 000
Amérique	992 225 000
Océanie	39 331 000
Antarctique	1 500
Monde	**7 349 472 000**

- **Comment vas-tu lire ces nombres ?**

Je retiens

- Après la classe des millions, il y a la **classe des milliards**.

Classe des milliards			Classe des millions			Classe des mille			Classe des unités		
c	d	u	c	d	u	c	d	u	c	d	u
4	2	5	7	0	8	1	3	0	5	1	9

- Ce nombre s'écrit en chiffres : 425 708 130 519.
  Rappel : on laisse un espace entre les classes.

- Ce nombre s'écrit en lettres : quatre-cent-vingt-cinq-**milliards**-sept-cent-huit-**millions**-cent-trente-**mille**-cinq-cent-dix-neuf.
  Rappel : mille est **invariable**, million(s) et milliard(s) prennent la marque du **pluriel**.

- On peut **décomposer un nombre** :
  425 708 130 519 = 425 milliards 708 millions 130 milliers 519 unités
  425 708 130 519 = (425 × 1 000 000 000) + (708 × 1 000 000) + (130 × 1 000) + (519 × 1)

Lire et écrire des grands nombres

1 ★ **Recopie les nombres en respectant les espaces entre les classes.**

25426578   450125689   7539514682
319764852165   547892   5820310561

2 ★ **Écris les nombres en lettres.**
a. 12 500 360 400   c. 3 600 430 200
b. 480 000 500 800   d. 80 080 080 080

3 ★ **Écris les nombres en chiffres.**
a. douze-milliards-trois-cent-millions-cent-vingt-mille-six-cent-quinze
b. cinquante-trois-milliards-cent-vingt-cinq-mille-deux-cent-soixante
c. cent-milliards-douze-millions-cinq-cents
d. huit-cent-six-milliards-un-million-soixante-treize-mille-vingt-cinq
e. cent-quatre-milliards-seize-millions-huit-cent-cinq-mille-quatre-vingt-douze

4 Continue les suites de nombres en écrivant les six nombres qui suivent.
a. 1 050 000 000 – 1 100 000 000 – …
b. 99 800 000 000 – 99 900 000 000 – …
c. 109 000 800 000 – 109 000 900 000 – …

5 Observe le nombre : 12 196 534 278
a. Quel est le chiffre des unités de milliards ?
b. Quel est le chiffre des dizaines de millions ?
c. Quel est le nombre de millions ?
d. Quel est le chiffre des dizaines de mille ?
e. Quel est le nombre de milliers ?

Décomposer des nombres

6 Décompose comme dans l'exemple.
Ex. : 32 250 500 000 = (32 × 1 000 000 000) + (250 × 1 000 000) + (500 × 1 000)
a. 6 254 650 000
b. 85 875 000 000
c. 120 000 000 800
d. 980 000 950 000

7 Calcule sans poser l'opération.
a. 3 000 000 000 + 50 000 000 + 180 000
b. 15 000 000 000 + 500 + 9 000 000
c. 900 + 800 000 + 700 000 000 + 1 000

8 PROBLÈME Écris en chiffres les nombres de ce texte.

Les deux pays les plus peuplés sont la Chine avec :
(1 × 1 000 000 000) + (373 × 1 000 000) + (505 × 1 000) habitants
et l'Inde avec :
(1 × 1 000 000 000) + (250 662 × 1 000) + 500 habitants.
Ces deux pays sont aussi les principaux producteurs de riz avec une production annuelle de (196 680 × 1 000 000) kg pour la Chine et (1 337 × 100 000 000) kg pour l'Inde.

Ranger des nombres

9 PROBLÈME Voici la distance qui sépare la Terre de certaines planètes.

Planètes	Distance à la Terre (en km)
Saturne	1 425 000 000
Neptune	4 500 000 000
Uranus	2 875 000 000
Pluton	5 900 000 000

Range-les de la plus proche à la plus éloignée de la Terre.

10 Range ces nombres dans l'ordre décroissant.
a. 2 000 000 000 – 2 000 000 – 20 000 000 – 20 000 000 000 – 200 000 000 000
b. 6 500 000 000 – 6 000 500 000 – 6 500 000 500 – 6 000 000 500 – 6 000 500 500

Encadrer des nombres

11 Encadre les nombres au milliard près.
a. 12 524 364 258
b. 29 253 600 400
c. 6 907 258 300
d. 5 200 300 400

12 Encadre les nombres de l'exercice n° 8 au milliard près, puis à la centaine de millions près.

DÉFI MATHS

Certains entomologistes, spécialistes des insectes, considèrent qu'il y a dix millions de milliards de fourmis qui vivent sur Terre.
Combien faut-il de 0 pour écrire ce nombre en chiffres ?

J'utilise les maths en histoire et en sciences

HISTOIRE

Élaborer des frises chronologiques
Connaitre les repères historiques pour se situer dans le temps

La frise chronologique

Une frise chronologique permet d'**établir une chronologie**, de situer dans le temps les évènements les uns par rapport aux autres. C'est un outil indispensable à l'historien.

Rappelle-toi, on indique les dates en partant de la gauche.

❶ **Dessine une frise chronologique.**
  • Prends une grande feuille de classeur à carreaux.
  • Trace une bande de 3 carreaux de haut sur toute la largeur de la feuille (y compris la marge).
  • Place l'année 500 sur la marge, puis gradue ta frise de 100 en 100 (1 siècle = 2 carreaux).

❷ **Colorie chaque dynastie de rois.**
  • En bleu : de 481 à 751, les rois mérovingiens. Colorie de 500 à 750.
  • En jaune : de 751 à 987, les rois carolingiens. Colorie de 750 à 1000.
  • En vert : à partir de 987, les rois capétiens. Colorie à partir de 1000.

❸ **Combien de temps a duré chaque dynastie ?**

❹ **Quelle dynastie de rois a régné le plus longtemps ?**

❺ **Cherche les images de ces rois sur Internet, imprime-les et place-les sur la frise en les collant.**

Clovis — Charlemagne — Hugues Capet — Philippe Auguste — Charles VII

❻ **Indique par une flèche sous la frise les dates qui correspondent à ces évènements :**
  • 496 : Clovis se convertit au catholicisme.
  • 511 : Mort de Clovis.
  • 732 : Charles Martel repousse les Sarrasins à la bataille de Poitiers.
  • 1163 : Début de la construction de la cathédrale Notre-Dame de Paris
  • 1214 : Philippe Auguste gagne la bataille de Bouvines.
  • 1429 : Jeanne d'Arc aide Charles VII à reconquérir son royaume.

Expliquer les besoins variables en aliments de l'être humain

La production de céréales en France

Les **céréales** représentent un des aliments de **base de l'alimentation** des êtres humains. Le maïs, par exemple, est la céréale la plus cultivée dans le monde, avec 972 millions de tonnes produites par an.

Céréales en milliers de tonnes (hors riz)						
Blé tendre	Blé dur	Orge	Avoine	Seigle	Maïs	Sorgho
37 527	1494	11 563	457	129	16 374	387

La production de céréales en France en 2014 (source AGPB).

Épis de Sorgho

❶ Quelle est la céréale la plus produite en France ? la moins produite ?

❷ Classe-les par ordre décroissant de production.

Équilibrer son alimentation

Pour bien grandir et être en bonne santé, il faut avoir une **alimentation équilibrée**, en **quantité** et en **qualité**, en variant ce que nous mangeons, et en nous alimentant en fonction de nos besoins, qui varient avec l'âge et les activités.

Filet de Cabillaud Protides : 18 g Glucides : 0 g Lipides : 0,7 g	**Pain (de seigle)** Protides : 8 g Glucides : 41 g Lipides : 4 g Fibres : 1,3 g Vitamines	**Lait demi-écrémé** Protides : 3,15 g Glucides : 5 g Lipides : 1,55 g Calcium : 0,12 g	**Jus d'orange** Protides : 0,7 g Sucre* : 9 g Fibres* : 0,5 g Vitamine C
Haricots verts Protides : 1,5 g Lipides : 0,4 g Fibres* : 3,5 g	**Steak haché** Protides : 16 g Glucides : 1 g Lipides : 15 g	**Pâtes (de blé)** Protides : 12,5 g Glucides : 55,2 g Matières grasses : 2,5 g	**Huile** Matières grasses : 100 g * Les fibres et le sucre font partie des glucides.

Composition de certains aliments pour 100 g.

❶ Quel aliment apporte le plus de protides ? le moins de protides ?

❷ Quel aliment apporte le plus de glucides ? le moins de glucides ?

❸ Quel aliment apporte le plus de lipides ? le moins de lipides ?

Apport de 12 000 kJ | Dépense de 12 000 kJ | Apport de 16 000 kJ | Dépense de 8 000 kJ | Apport de 8 000 kJ | Dépense de 12 000 kJ

❹ Qui a l'alimentation la plus équilibrée ? Explique pourquoi.

Le kJ est une unité de mesure qui nous permet de dire combien d'énergie un aliment contient et combien d'énergie est brûlée pendant l'exercice physique.

Utiliser la calculatrice

lienmini.fr/nopmcm1

Cherchons

Omar veut vérifier ses deux calculs : 2 789 + 5 788 = 8 587 et 6 709 − 4 782 = 1 927.
Voici ce qu'il tape sur sa calculatrice.

| ON | 2 | 7 | 8 | 9 | + | 5 | 7 | 8 | 8 | = |

| ON | 6 | 7 | 0 | 9 | − | 4 | 7 | 8 | 2 | = |

- A-t-il trouvé les bons résultats ?

Je retiens

- La **calculatrice** permet de **vérifier un résultat** ou de trouver **un calcul difficile**. Il faut bien connaitre les touches de sa calculatrice.

- On peut faire **des erreurs de frappe** sur une calculatrice : il faut donc toujours **évaluer son résultat**. Pour cela, on évalue un ordre de grandeur.
  Ex. : 587 × 51, c'est proche de 600 × 50 = 30 000.

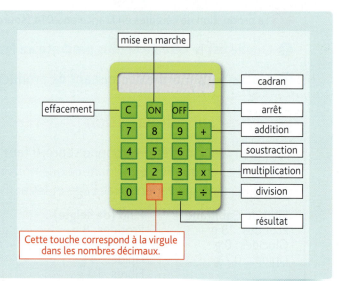

Cette touche correspond à la virgule dans les nombres décimaux.

Connaitre les touches de la calculatrice

1 ★ Associe les lettres des touches à leur fonction.

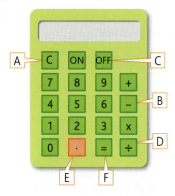

- Soustraire
- Éteindre
- Utiliser une virgule
- Effacer
- Diviser
- Afficher le résultat

2 ★ Dans quel ordre Laurie a-t-elle tapé sur les touches pour calculer 45 × 78 ?

| 5 | × | 4 | 8 | ON | = | 7 |

3 ★★ Comment afficher 888 sur l'écran sans taper sur la touche 8 ? Trouve deux solutions.

Utiliser la calculatrice pour vérifier un résultat

4 ★ Calcule mentalement. Écris les résultats et vérifie-les avec la calculatrice.

50	+	200	−	40	=	
5	×	4	+	130	=	
1000	×	7	−	2 000	=	
45	:	5	×	10	=	

5 ★ Vérifie les résultats des opérations avec la calculatrice et corrige les erreurs.
a. 567 × 9 = 5 103
b. 12 080 − 4 532 = 6 548
c. 789 + 65 + 3 897 = 4 573
d. 4 599 : 3 = 1 533

6 **PROBLÈME** Farida a résolu ces problèmes. **Indique quelles opérations elle a effectuées.** Vérifie et corrige ses calculs avec la calculatrice.

a. Henri IV est né en 1553 et mort en 1610. Combien de temps a-t-il vécu ?   67 ans

b. Un éléphant boit environ 150 L d'eau par jour : combien de litres boit-il en 30 jours ?   4 500 L

c. Une famille de 5 personnes va payer 26 euros par personne pour un voyage aller en train. À combien va revenir le voyage aller-retour pour toute la famille ?   270 €

d. Si on partage ce sachet de 120 billes en 8 parts égales, combien cela représente-t-il de billes par personne ?
14 billes

7 **PROBLÈME** Mme Têtenlair a trouvé ces résultats mais elle ne sait plus comment. Peux-tu l'aider ?
Recopie et complète le tableau.

| 7 | | 60 | = | 420 | × | | = | 840 |
| 1000 | − | | = | 700 | | | = | 7 |

Utiliser la calculatrice pour calculer

8 * **Calcule les opérations avec la calculatrice.**
a. 568 + 43 + 678 + 64 =
b. 56 × 890 × 4 =
c. (457 × 9) − 768 =
d. 6 500 − 453 =
e. 4 260 : 6 =
f. 54 657 : 9 =

9 * **En utilisant la calculatrice, trouve les nombres manquants.**
a. 5 698 + ... = 7 896
b. 57 × ... = 513
c. 9 456 − ... = 3 999
d. ... + 5 492 = 10 000
e. 552 : ... = 69
f. ... − 459 = 4 378
g. 129 × ... = 387
h. 2 088 : ... = 58
i. 129 × ... = 4 386
j. 2 088 : ... = 87

10 * Depuis le 1er janvier 2016, la France compte 13 régions qui sont chacune composées de départements. Les régions ont pour objectif de développer l'économie et l'aménagement du territoire.

a. Calcule le nombre total d'habitants de chacune des régions.

Bretagne	Population
Côtes-d'Armor	616 013
Finistère	932 896
Ille-et-Vilaine	1 036 181
Morbihan	756 098

Normandie	Population
Manche	517 998
Calvados	704 567
Orne	299 461
Eure	609 226
Seine-Maritime	1 279 955

b. Calcule la différence d'habitants entre les deux régions.

11 **PROBLÈME** Une classe de 26 élèves veut partir à la mer avec son professeur et deux animateurs. Le prix pour une semaine est de 234 € par enfant et 278 € par adulte. Les billets de train coutent 117 € pour chaque participant.
Pour les aider, l'école a organisé des ventes de gâteaux qui ont rapporté 1 286 € et la mairie a donné une subvention de 2 500 €.
a. Combien coute le voyage pour les 26 élèves ?
b. Combien coute le voyage pour les adultes ?
c. À combien reviendra le voyage à la classe en comptant l'aide de l'école et de la mairie ?
d. Si on partage les frais équitablement entre tous les participants, combien chacun paiera-t-il ?

DÉFI MATHS

Même avec cette calculatrice en mauvais état, tu dois pouvoir afficher : 560.
Trouve deux solutions.

CALCULS

Additionner des nombres entiers

Cherchons

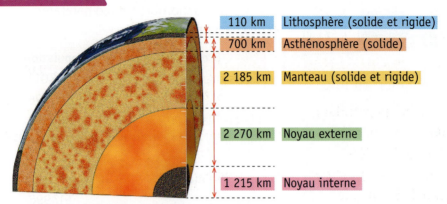

- Cherche la longueur en kilomètres du rayon de la Terre.
- Quelle opération dois-tu faire pour connaitre le résultat ?
- Comment peux-tu évaluer ton résultat ?

Je retiens

- L'**addition** est une opération qui permet de **calculer la somme** de plusieurs nombres.

- On peut **changer l'ordre de ses termes** sans que cela modifie le résultat.
  Ex. : 9 + 2 897 + 321 = 2 897 + 321 + 9 = 3 227

- On peut évaluer un **ordre de grandeur** du résultat avant de calculer.
  Ex. : 2 897 + 321 + 9 c'est proche de 3 000 + 300 = 3 300

- Quand on **pose** une addition, on **aligne** les chiffres des **unités**, ceux des **dizaines**, etc.
  Rappel : Il ne faut pas oublier les retenues !

	m	c	d	u
	¹2	⁸8	¹9	7
+		3	2	1
+				9
	3	2	2	7

Additionner en ligne

1 ★ Calcule les additions en ligne.
a. 450 + 20 + 9
b. 1 200 + 300 + 85 + 3
c. 5 000 + 200 + 6 500 + 80 + 14
d. 2 000 + 500 + 3 000 + 40 + 15
e. 3 150 + 4 250 + 320 + 8
f. 5 200 + 540 + 120 + 6

2 ★ Écris les compléments à 100 de ces nombres.
a. 35   d. 21   g. 15   j. 49
b. 54   e. 85   h. 42   k. 63
c. 75   f. 58   i. 32   l. 86

3 ★ Recopie et associe les nombres 2 à 2 pour que leur somme soit égale à 1 000.

a. | 130 | 380 | 540 | 870 | 620 | 460 |
b. | 90 | 740 | 260 | 490 | 510 | 910 |
c. | 240 | 370 | 590 | 760 | 630 | 410 |

4 ★ Calcule les additions en ligne.
Ex. : 27 + 450 + 33 = (33 + 27) + 450 = 510
a. 120 + 97 + 80   e. 48 + 258 + 52 + 42
b. 742 + 9 + 41   f. 56 + 344 + 275 + 325
c. 630 + 47 + 70   g. 260 + 95 + 40
d. 1 540 + 54 + 60 + 16 h. 1 025 + 75 + 240

Évaluer un résultat

5 ★ Choisis le nombre qui se rapproche le plus du résultat.

a. 511 + 879 — 140 | 1400 | 1300
b. 866 + 789 — 1400 | 1500 | 1600
c. 985 + 1980 — 2000 | 3000 | 4000
d. 1301 + 489 — 1800 | 1900 | 2000

6 ★ **PROBLÈME** Évalue un ordre de grandeur, puis complète la phrase.

Ex. : 5 021 + 623 → 5 000 + 600 = 5 600

a. Le premier étage de la tour Eiffel est d'une hauteur de 57 m, le second de 58 m et le troisième de 61 m. Le troisième étage est à environ … m de hauteur.

b. Une famille s'équipe avec un ordinateur à 1199 € et une imprimante à 189 €. Sa dépense est d'environ … €.

c. Nolan avait atteint le score de 1936 points à un jeu vidéo. Aujourd'hui, il a amélioré son score de 504 points. Son nouveau score est de … points environ.

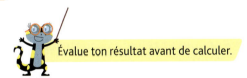

Poser l'opération

7 ★ Recopie et calcule les additions.

Évalue ton résultat avant de calculer.

```
   4 5 6 8        1 5 6 7 8
 + 3 6 7 6      +   3 8 2 6
 +   5 2 4      +     2 7 2
```

```
   8 5 4 7        3 4 9 7
 + 1 6 5 8      +   6 7 8
 + 2 7 0 2      +     9 4
```

8 ★ Reprends les énoncés de l'exercice n° 6 et calcule les résultats exacts.

9 ★ **PROBLÈME** Voici le trajet de Polo, le pigeon voyageur.

Combien de kilomètres a-t-il parcourus ?

10 ★ Recopie et complète les additions.

```
   7 4 2 2          • • • •
 +   • • •        + 2 6 4 8
 +     5 4          7 3 8 2
   8 2 9 8
```

11 ★ **PROBLÈME** La cathédrale Notre-Dame de Paris possède 4 cloches et 1 bourdon de 13 tonnes.

Nom des cloches	Masse en kg
Angélique	1915
Antoinette	1335
Hyacinthe	925
Denise	767

Quelle est la masse totale des cloches et du bourdon (en kg) ?

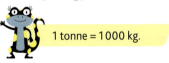

1 tonne = 1000 kg.

12 ★ **PROBLÈME** Réponds à la devinette.
Si on me retire 1246 et qu'on m'ajoute 4, je deviens 5 630. Qui suis-je ?

DÉFI MATHS

Complète le carré magique.
Chaque ligne, diagonale et colonne doivent faire la même somme.

		5
6	1	8

CALCULS

Soustraire des nombres entiers

Cherchons

Voici les œuvres de deux peintres espagnols célèbres.

Francisco de Goya (1746-1828)
Dos de Mayo, 1814

Diego Velasquez (1599-1660)
Les Ménines, 1656

- Que peut-on calculer avec ces dates ?

Je retiens

- La **soustraction** est une opération qui permet de **calculer un écart ou une différence** entre deux nombres.

- Avant de calculer, on évalue toujours **un ordre de grandeur du résultat**.
  Ex. : 1 840 – 287, c'est proche de 2 000 – 300 = 1 700.

- Pour **effectuer une soustraction**, on peut :
  – calculer à l'aide d'un schéma   – poser la soustraction

  ```
        + 13     + 700    + 840
   287 ─────> 300 ─────> 1 000 ─────> 1 840
  ```
  287 + 1 553 = 1 840 donc 1 840 – 287 = 1 553

  ```
      4 7 8 3
    – 2 4 8 9
      2 2 9 4
  ```

  Attention ! On pose toujours le plus grand nombre en premier.

Soustraire en ligne

1 * Calcule les soustractions en ligne.

> Pour enlever 9, on peut enlever 10, puis ajouter 1.
> Pour enlever 19, on peut enlever 20, puis ajouter 1.

a. 54 – 9   d. 806 – 9   g. 243 – 19
b. 215 – 9   e. 76 – 19   h. 156 – 19
c. 72 – 9   f. 88 – 19   i. 408 – 19

2 * Calcule les soustractions en ligne.

a. 254 – 132   e. 897 – 535
b. 685 – 243   f. 4 369 – 2 144
c. 932 – 601   g. 5 854 – 3 243
d. 6 856 – 2 632   h. 9 789 – 6 543

3 * Recopie et relie les soustractions à leur résultat.

1 000 – 250	•	•	380
1 000 – 450	•	•	760
1 000 – 620	•	•	750
1 000 – 240	•	•	550

4 * **PROBLÈME** Calcule en ligne.

a. Quelle différence de hauteur existe-t-il entre la tour Montparnasse (210 m) et la tour Eiffel (324 m) ?

b. Quelle est la distance entre Lyon et Marseille ?

Évaluer un résultat

5 ★ Choisis le nombre qui se rapproche le plus de chaque résultat.

a. 712 − 297 | 40 | 400 | 500
b. 596 − 288 | 300 | 200 | 100
c. 6 012 − 2 879 | 4 000 | 2 000 | 3 000
d. 2 769 − 889 | 1 000 | 2 000 | 4 000

6 ★ **PROBLÈME** Évalue un ordre de grandeur, puis complète la phrase.

a. Monsieur Gripsou a gagné 3 956 € au loto. Il décide de s'acheter un scooter coutant 2 799 €. Il lui restera environ … €.
b. Lundi dernier, le compteur kilométrique du camion de Yoan indiquait 7 965 km. Ce lundi, il indique 10 897 km.
En une semaine, il a parcouru environ … km.

7 ★ Évalue un ordre de grandeur et trouve les résultats avec la calculatrice.

Ex. : 1 789 − 495 → 1 800 − 500 → 1 300

a. 8 025 − 2 867
b. 7 982 − 3 102
c. 7 005 − 599
d. 30 996 − 19 775
e. 28 030 − 22 989
f. 10 020 − 5 878

Calculer un écart ou une différence à l'aide d'un schéma

8 ★ Complète les schémas puis calcule.

Tu peux utiliser autant de flèches que tu veux.

a. 4 512 − 1 765 =

1765 … … … 4 512

b. 11 145 − 8 759 =

8 759 … … … 11 145

9 ★ **PROBLÈME** À l'aide d'un schéma, calcule la diminution du nombre de loups entre 1800 et 1900, puis entre 1900 et 2000.

Dates	Loups
1800	5 000
1900	500
2000	80

Poser la soustraction

10 ★ Recopie et calcule les soustractions.

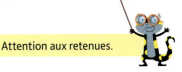

Attention aux retenues.

```
  5 2 1 3        1 2 6 0 4
− 1 4 5 8      −   8 5 2 6
```

11 ★ Évalue le résultat des soustractions, pose-les et calcule-les.

a. 1 456 − 843
b. 7 256 − 523
c. 25 631 − 18 465
d. 8 002 − 7 589
e. 14 356 − 12 367
f. 64 282 − 9 687

12 ★ Calcule les différences entre les nombres.

Fais attention à l'ordre des nombres en posant tes soustractions.

a. 589 / 3 658
b. 1 251 / 856
c. 5 634 / 3 587
d. 12 302 / 9 695
e. 3 258 / 32 585
f. 12 563 / 24 682

13 ★ **PROBLÈME** En 1950, deux alpinistes arrivent au sommet de l'Annapurna, d'une altitude de 8 078 m. En 1953, deux autres alpinistes parviennent au sommet de l'Everest, d'une altitude de 8 848 m.
Combien de mètres ces derniers ont-ils gravis en plus ?

14 ★ **PROBLÈME** Pierre Curie, physicien né en 1859, avait 8 ans de plus que sa femme Marie Curie.
En quelle année est née Marie Curie ?

DÉFI MATHS

Combien possède chaque Minion ?
A, B et C ont 34 €
A et B ont 28 €
A et C ont 24 €

Je révise

Utiliser la calculatrice

1 ★ Reproduis et complète les touches sur lesquelles tu dois appuyer pour calculer.
a. 457 + 98 =
☐ ☐ ☐ ☐ ☐ ☐
b. 159 × 27 =
☐ ☐ ☐ ☐ ☐ ☐

2 ★ Calcule le résultat en indiquant quel procédé tu as utilisé.

Calcul mental	Calcul avec la calculatrice
a. 456 + 74	c. 964 − 60
b. 8 423 + 200	d. 8 009 − 4 562

3 ★ Vérifie les résultats avec la calculatrice et indique s'ils sont justes ou faux.
a. 4 248 + 486 + 2 368 = 7 132
b. 8 023 − 786 = 7 737
c. 56 × 124 = 6 954
d. 560 : 4 = 140
e. 547 × 326 = 178 322

4 ✦ Évalue un ordre de grandeur puis calcule avec la calculatrice.
a. 456 + 678 + 1 345 =   d. 1 678 + 4 567 + 34 =
b. 3 456 − 789 =   e. 10 845 − 1 456 =
c. 28 941 − 5 893 =   f. 8 748 + 996 + 804 =

Additionner et soustraire en ligne

5 ★ Calcule rapidement en ligne.
a. 5 + 7 + 3 + 5 + 7 + 2 =
b. 50 + 40 + 50 + 60 + 20 =
c. 450 + 520 + 20 =
d. 1 300 + 5 000 + 2 500 =
e. 5 600 + 350 + 42 =

6 ★ Complète chaque nombre pour obtenir 100.
70 – 80 – 5 – 30 – 60 – 40 – 50 – 20 – 10

7 ★ Combien manque-t-il à chaque fois pour acheter cet ordinateur ?
a. 450 €
b. 650 €
c. 750 €
d. 230 €
e. 390 €
f. 820 €

8 ✦ Calcule les additions en ligne.
Regroupe les multiples de 10.
a. 150 + 650 + 45   c. 78 + 440 + 160
b. 750 + 12 + 350   d. 620 + 67 + 80

9 ✦ Calcule les soustractions en ligne.
a. 345 − 35   c. 895 − 261
b. 456 − 142   d. 1 345 − 243

10 ✦ Ajoute 9 à ces nombres.
5 – 13 – 16 – 26 – 62 – 58 – 77 – 89

11 ✦ Retranche 9 à ces nombres.
17 – 24 – 35 – 61 – 47 – 128 – 171

12 ✦ **PROBLÈME** Lana a déjà lu 143 pages de son livre la semaine dernière. Cette semaine, elle en a lu 324 de plus. Son livre contient 698 pages.
a. Combien de pages a-t-elle déjà lues ?
b. Combien lui en reste-t-il à lire ?

13 ✦ **PROBLÈME** Calcule toutes les différences entre les deux métros.

Le métro parisien en chiffres
Nombre de stations : 301
Nombre de km de voies : 220
Nombre de lignes : 16

Le métro new-yorkais en chiffres
Nombre de stations : 468
Nombre de km de voies : 273
Nombre de lignes : 24

14 ✱ **Depuis combien de temps ces inventions existent-elles ?**

Aide-toi d'un schéma pour calculer.

1994 1826 1876

1966 1973

Évaluer un résultat

15 ✱ **Évalue le résultat des additions.**
a. 768 + 95
b. 1 004 + 896 + 103
c. 90 + 312 + 420
d. 5 203 + 120 + 599

16 ✱ **Évalue le résultat des soustractions.**
a. 7 689 – 399
b. 6 978 – 3 887
c. 576 – 289
d. 8 032 – 781

Poser l'opération

17 ✱ **Évalue le résultat des additions, puis pose-les et calcule-les.**
a. 67 + 846 + 2 678
b. 7 936 + 6 569
c. 765 + 5 546 + 1 672
d. 8 764 + 363 + 2 412

18 ✱ **Évalue le résultat des soustractions, puis pose-les et calcule-les.**

Vérifie tes résultats avec l'addition.

a. 1 567 – 309
b. 10 568 – 1 673
c. 3 000 – 2 567
d. 12 356 – 7 652

19 ✱ **PROBLÈME** Le zoo de Berlin est le zoo le plus visité au monde. On peut y voir :
– 1 327 mammifères ;
– 2 636 oiseaux ;
– 332 reptiles ;
– 591 amphibiens ;
– 4 132 poissons ;
– 4 703 invertébrés.
Calcule le nombre d'animaux qu'il compte en tout.

20 ✱ **PROBLÈME** M. et Mme Vonloin comparent des prix d'agence de voyage.

Agence Beau Temps		
Train	Location	Voiture
615 €	1 301 €	358 €

Agence Bel Air		
Avion	Location	Voiture
756 €	1 238 €	337 €

a. Calcule le total pour chaque agence.
b. Calcule la différence de prix entre les deux agences.

21 ✱ **Complète les opérations à trous.**

```
  3 2 ● 8        4 6 9 0
+   5 8 ●      + ● ● ● ●
  ● ● 9 0        8 7 8 6

    4 ● 5 ●      1 ● 5 ● 0
  +   ● 2 ● 3  −   8 ● 5 4
    5 3 1 5        2 3 3 6
```

22 ✱ **PROBLÈME** James Cook est un célèbre navigateur anglais. Né en 1728, il a exploré des terres nouvelles dans l'océan Pacifique. Il est mort en 1779. Voici les dates de ses expéditions :

1re expédition : 1768-1771
2e expédition : 1772-1775
3e expédition : 1776-1779

a. Combien de temps a-t-il vécu ?
b. Quel âge a-t-il lorsqu'il débute sa première expédition ?
c. Combien de temps a-t-il passé à voyager ?

23 ✱ **Qui suis-je ?**
Si on m'ajoute 3 674 et qu'on me retire 2 674, je suis 6 700.

24 ✱ J'ai 12 ans de moins que mon cousin qui a 59 ans d'écart avec mon grand-père de 86 ans. **Quel est mon âge ?**

Je résous des problèmes

1 ★ Thamid achète un ordinateur à 489 € et une imprimante à 129 €.
Calcule le montant de ses achats.

2 ★ Le chien de Nina pèse 51 kg. Le vétérinaire lui conseille de le mettre au régime. Son poids de forme est de 45 kg.
Combien de kg doit-il perdre ?

3 ★ Une pizzeria, ouverte le midi et le soir, a servi 146 pizzas dans la journée. Le midi, elle en a servi 78.
Combien de pizzas a-t-elle servies le soir ?

4 ★ Le mont Everest dans l'Himalaya culmine à 8 848 m.

Le mont Kilimandjaro en Afrique culmine à 5 895 m.
Calcule la différence d'altitude entre les deux sommets.

5 ★ Le terrain de M. Campo mesure 1 250 m². C'est 450 m² de plus que celui de M. Vergne.
Quelle est la superficie du terrain de M. Vergne ?

6 ★ La plus petite frontière terrestre du monde se trouve entre l'Espagne et Gibraltar. Sa longueur est inférieure de 941 m à celle du pont de Normandie qui mesure 2 141 m.
Calcule la longueur de cette frontière.

7 ★ Le compteur kilométrique de la voiture de Karen affichait 109 152 km quand elle a pris sa voiture. Maintenant, il affiche 110 429 km.
Combien de kilomètres a-t-elle parcourus ?

8 ★ Voici les différentes étapes d'un rallye automobile :

Quelle distance totale les pilotes vont-ils parcourir ?

9 ★ Vendredi soir, l'émission *The Voice* a enregistré 7 105 230 téléspectateurs et l'émission *Thalassa* en a enregistré 2 935 125.
Combien de téléspectateurs l'émission *The Voice* a-t-elle eus en plus ?

10 ★ La famille Pedo a payé 456 € pour sa consommation d'eau pour l'année 2014.

Périodes	1er trimestre	2e trimestre	3e trimestre	4e trimestre
Montant (€)	...	102	116	120

a. Combien ont-ils dépensé pour les 3 derniers trimestres ?
b. Quel est le montant de sa consommation au 1er trimestre ?

11 ★ À la cantine, 162 repas ont été servis le mardi. C'est 35 repas de moins que le lundi mais 78 repas de plus que le mercredi.
a. Combien de repas ont été servis le lundi ?
b. Et le mercredi ?

12 ★ Le Rhin mesure 1 233 km. C'est 5 467 km de moins que le Nil, plus long fleuve du monde, mais 221 km de plus que la Loire.
Calcule la longueur du Nil et de la Loire.

13 Observe le tableau de la population de ces pays européens.

Pays	Population en 1957	Population en 2015
France	44 058 683	66 663 766
Belgique	9 189 741	11 323 973
Luxembourg	216 364	570 252

Calcule l'augmentation de la population entre 1957 et 2015 pour ces trois pays.

14 Les élèves de la classe sont mesurés : Maya mesure 12 cm de plus que Théo qui mesure 105 cm. Jo mesure 6 cm de moins qu'Ayoub qui mesure 112 cm. Cindy, qui mesure 122 cm, a 8 cm de plus que Max.
Quelle est la taille :
a. de Maya ? **b.** de Jo ? **c.** de Max ?

15 Lequel de ces rois de France a vécu le plus longtemps ?

François Ier
(1494-1547)

Saint Louis
(1214-1270)

Henri IV
(1553-1610)

16 Victor Hugo est né en 1802 et mort en 1885. Il a publié *Notre-Dame de Paris* en 1831 et *Les Misérables* en 1862.

a. Quel âge avait-il lorsqu'il est mort ?
b. Quel âge avait-il lorsqu'il a publié ces deux romans ?

17 Qui sommes-nous ?
a. Nous sommes deux nombres. Notre somme est égale à 20 et notre différence est égale à 14.
b. Nous sommes deux nombres. Notre somme est égale à 540 et notre différence est égale à 120.

18 Au cours de l'année 2015, une commune de 12 546 habitants a enregistré 138 décès et 269 naissances.
Combien d'habitants résident maintenant dans cette commune ?

19 Dans un magasin, la maman de Julie achète un canapé à 679 €, une table basse à 99 € et un lampadaire à 79 €. Le vendeur lui fait une remise et elle paie 729 €.
Quel est le montant de la remise faite par le vendeur ?

20 Le train Paris-Brest est parti de Paris avec 321 voyageurs.
Au Mans, 98 voyageurs sont descendus et 124 sont montés.
À Rennes, 105 voyageurs sont descendus et 67 sont montés.
Combien de voyageurs sont descendus du train à Brest ?

21 Barbara dispose de 100 € pour acheter deux cadeaux pour Noël à ses frères.

a. Calcule le montant des différents achats possibles.
b. Combien lui restera-t-il à chaque fois ?

22 Recopie et complète le carré magique. Chaque ligne, chaque colonne et chaque diagonale doivent faire un total de 100.

3		26		19
	9	18	7	
22	6			8
	23	12	21	5
		4	13	27

Multiplier par un nombre à un chiffre

Cherchons

9 boites de conserve → 1 boule de pétanque

629 canettes → 1 chaise de jardin

• **Combien de boites de conserve et de canettes ont été recyclées pour fabriquer le set de pétanque et les 4 chaises de jardin ?**

Je retiens

• La **multiplication** est une opération qui **simplifie le calcul de l'addition d'un même nombre**. Son résultat s'appelle un **produit**.
Ex. : 42 + 42 + 42 + 42 + 42 = 42 × 5 = 210

• Pour multiplier deux nombres, on peut :

– **décomposer** la multiplication en ligne :
Ex. : 124 × 8 = (100 × 8) + (20 × 8) + (4 × 8) = 800 + 160 + 32 = 992

– **poser** l'opération :
On commence par multiplier les **unités**, puis les **dizaines**, puis les **centaines**, etc.

```
  1 2 0 9
×       7
---------
  8 4 6 3
```

7 × 9 = 63 → J'écris 3 et je retiens 6.
7 × 0 = 0 → 0 plus la retenue « 6 » égale 6.
7 × 2 = 14 → J'écris 4 et je retiens 1.
7 × 1 = 7 → 7 plus la retenue « 1 » égale 8.

Reconnaitre des situations de multiplication

1 ★ Transforme les additions en multiplications, quand c'est possible.
a. 257 + 257 + 257 + 257 + 257
b. 702 + 702 + 72 + 702 + 702
c. 63 + 63 + 63 + 63 + 63 + 63 + 63
d. 458 + 458 + 458 + 458
e. 146 + 145 + 145 + 145

2 ★ Résous uniquement les problèmes qui utilisent la multiplication.
a. *L'Hermione*, une frégate de guerre française, a servi de 1779 à 1793. Combien d'années a-t-elle été en service ?
b. Elle est équipée de canons qui tirent des boulets pesant 12 livres. Quelle est la masse, en livres, de 8 boulets ?
c. Elle utilise 8 km de cordage pour les mâts et 16 km pour les voiles. Quelle est la longueur totale de cordage utilisée sur ce navire ?
d. Elle peut embarquer 316 marins par traversée. Combien de marins auront embarqué lors de 8 traversées ?

Multiplier sans poser l'opération

3 ★ Complète les décompositions puis calcule.
a. 465 × 4 = (... × 4) + (... × 4) + (... × 4)
b. 826 × 8 = (800 × ...) + (20 × ...) + (6 × ...)
c. (... × 9) + (... × 9) + (... × 9) = 736 × 9
d. (400 × 8) + (50 × 8) + (5 × 8) = ... × 8

4 ★ PROBLÈME Quelle quantité d'eau est nécessaire par jour pour les 5 éléphants du zoo qui boivent 140 L d'eau chacun ?

Ne pose pas les opérations pour les exercices 5 à 10.

5 ★ Recopie et complète.
a. ... × 6 = 36
b. 7 × ... = 21
c. 8 × ... = 32
d. ... × 4 = 16
e. ... × 3 = 27
f. 2 × ... = 12
g. ... × 5 = 35
h. ... × 6 = 24
i. 9 × ... = 36
j. 5 × ... = 40

6 ★ PROBLÈME Le médecin a prescrit à Paola un médicament à prendre trois fois par jour pendant sept jours. **Combien de comprimés doit-elle prendre en tout ?**

7 ✶ PROBLÈME La *lieue* est une ancienne mesure de longueur : elle correspond à 4 km. La *poste*, elle, vaut 2 lieues. **Combien de kilomètres aurait parcouru un messager au Moyen Âge s'il avait chevauché 6 postes et 2 lieues ?**

8 ✶ Calcule en décomposant.
Ex : 452 × 3 = (400 × 3) + (50 × 3) + (2 × 3)
             = 1 200 + 150 + 6 = 1 356
a. 72 × 4
b. 621 × 5
c. 108 × 9
d. 824 × 3
e. 470 × 7
f. 275 × 6

9 ✶ PROBLÈME Fabio a trois fois plus de points que Dorian qui en a deux fois plus que Farid qui a 10 110 points. **Combien de points ont Fabio et Dorian ?**

Poser la multiplication

10 ★ Pose et calcule les multiplications.

N'oublie pas les retenues.

a. 452 × 3
b. 723 × 4
c. 806 × 8
d. 724 × 6
e. 296 × 5
f. 178 × 7

11 ★ Pose les multiplications et calcule-les.

Vérifie les résultats à l'aide de la calculatrice.

a. 4 587 × 4
b. 5 243 × 7
c. 9 463 × 8
d. 8 654 × 9

12 ✶ Recopie et complète les multiplications.

```
    2 5 7         • 8 •         • 5 •
×       •       ×   9         ×     6
-------       -------       -------
1 0 2 8       3 4 • 2       3 9 2 4
```

13 ✶ PROBLÈME Une lapine peut avoir 12 lapereaux par portée et cela tous les mois. **Calcule le nombre de petits que peuvent mettre au monde 3 lapines :**
a. au bout d'un mois
b. au bout de neuf mois

14 ✶ PROBLÈME Un moustique peut parcourir 8 km en une heure. **Quelle distance parcourt-il :**
a. en 12 heures ?
b. en une journée ?
c. en une semaine ?

DÉFI MATHS

Combien de morceaux de sucre peut contenir cette boite une fois pleine ?

Multiplier par 10, 100, ... 20, 300...

Cherchons

Une personne perd en moyenne 40 à 50 cheveux par jour.

- **Combien de cheveux perd-on en moyenne en 10 jours ? en un mois de 30 jours ? en un an ?**

Je retiens

- **Multiplier** un nombre **par 10, 100, 1 000**... revient à le rendre **10, 100, 1000 fois plus grand**.
  Ex. : 42 × 10 = 42 dizaines = 420
  42 × 100 = 42 centaines = 4 200
  42 × 1 000 = 42 milliers = 42 000

- Quand on **multiplie** un nombre **par 20**, on multiplie d'abord ce nombre **par 2**, puis **par 10**.
  Ex. : 21 × 20 = (21 × 2) × 10 = 42 × 10 = 420

- Quand on **multiplie** un nombre **par 300**, on multiplie d'abord ce nombre **par 3**, **puis par 100**.
  Ex. : 13 × 300 → (13 × 3) × 100 = 39 × 100 = 3 900

- Multiplier par 10 est très utile pour évaluer un ordre de grandeur du résultat.
  Ex : 39 × 81, c'est proche de 40 × 80 = 3 200

Multiplier par 10, 100, 1 000

1 ★ Recopie et complète avec la bonne proposition.
a. 40 × 1 000 = ...
| 40 000 | 4 000 | 400 |

b. 500 × 10 = ...
| 500 000 | 50 000 | 5 000 |

c. 100 × 100 = ...
| 100 000 | 10 000 | 1 000 |

d. 6 800 × 10 = ...
| 680 000 | 68 000 | 680 000 000 |

2 ★ Recopie et calcule en ligne.
a. 6 × 10
b. 5 × 100
c. 35 × 10
d. 81 × 100
e. 7 × 1 000
f. 8 × 100
g. 96 × 10
h. 75 × 100
i. 124 × 10
j. 37 × 100
k. 30 × 10
l. 415 × 100
m. 102 × 10
n. 25 × 1 000
o. 330 × 100

3 ★ **PROBLÈME** Les poissons-clowns peuvent pondre tous les 10 jours. Chaque ponte est d'environ 500 œufs.
Combien d'œufs pond un poisson-clown en un mois ? en dix mois ?

4 ★ Recopie et complète.
a. 56 × ... = 5 600
b. 190 × ... = 19 000
c. 1 258 × ... = 12 580
d. 70 × ... = 7 000
e. 2 × ... = 20 000
f. 20 × ... = 200 000

5 ★ Recopie et complète ces multiplications.
a. (3 × 6) × 10 = ...
b. (5 × 7) × 100 = ...
c. (... × 4) × 10 = 160
d. (5 × 50) × 100 = ...
e. 100 × ... = 6 000
f. (... × 6) × 10 = 6 000
g. (6 × ...) × 10 = 360
h. (5 × 80) × 10 = ...
i. (8 × 4) × 1 000 = ...
j. (4 × ...) × 100 = 800

6 **PROBLÈME** Voici le nombre de litres d'eau utilisés pour obtenir :

1 kg de salade   1 kg de fromage
25 L   1 100 L

a. Combien de litres d'eau faut-il pour obtenir 10 kg de salade ? 100 kg de salade ? 1 tonne de salade ?
b. Combien de litres d'eau faut-il pour obtenir 20 kg de fromage ? 300 kg de fromage ?

Multiplier par 20, 300…

7 ★ Calcule pour connaitre le résultat.
a. $3 \times 50 \times 10$ → nombre de volcans en activité sur la Terre.
b. $2 \times 60 \times 10$ → température en degrés de la lave sortant d'un volcan en éruption.
c. 30×110 → altitude de l'Etna.

L'Etna, volcan d'Italie.

8 ★ Recopie et calcule en ligne.
a. 4×30 **d.** 9×300
b. 5×60 **e.** 80×20
c. 3×400 **f.** $7 \times 5\,000$

9 ✶ Décompose les multiplications pour les calculer.
Ex. : $32 \times 20 = (32 \times 2) \times 10 = 640$
a. 25×40 **c.** 123×200
b. 12×30 **d.** 206×300

10 ✶ **PROBLÈME** La longueur d'un tour de piste de stade est de 400 m. **Quelle distance, en mètres, parcourt un coureur qui effectue 5 tours de piste ? 12 tours de piste ? 20 tours de piste ?**

11 ✶ **PROBLÈME**
Cet oiseau-mouche peut battre des ailes jusqu'à 80 fois par seconde lors d'un déplacement régulier.

Ce battement peut atteindre le nombre de 200 par seconde pour un vol en plongée.
Calcule le nombre de battements d'ailes en une minute, puis en une heure :
a. pour un déplacement régulier
b. pour un vol en plongée

12 ✶ Complète le tableau.

Nombre donné	× 20	× 300
12		
	80	
		1 500
25		
	600	

13 ✶ Recopie et complète les multiplications.
a. $40 \times \ldots = 800$ **e.** $12 \times \ldots = 4\,800$
b. $30 \times \ldots = 1\,200$ **f.** $15 \times \ldots = 900$
c. $80 \times \ldots = 720$ **g.** $25 \times \ldots = 20\,000$
d. $50 \times \ldots = 2\,500$ **h.** $21 \times \ldots = 10\,500$

14 ✶✶ Calcule les multiplications de deux façons différentes : en décomposant le premier nombre puis le deuxième nombre.
a. 245×364
b. 186×529

DÉFI MATHS

Quel nombre vas-tu écrire en haut de la pyramide ?

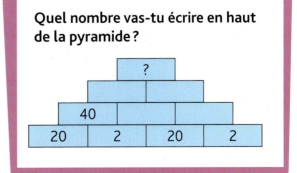

CALCULS

Multiplier par un nombre à plusieurs chiffres

Cherchons

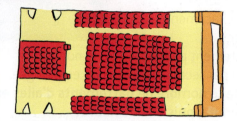

La salle de cinéma La Pléiade comporte 18 rangées de 14 sièges.
Celle du cinéma Ciné'File comporte 17 rangées de 16 sièges.
• Quelle salle va choisir le directeur d'une école s'il emmène ses 260 élèves au cinéma ?

Je retiens

• Pour effectuer une **multiplication en ligne** à plusieurs chiffres, on **décompose son multiplicateur**.
Ex. : 713 × **62** = (713 × **60**) + (713 × **2**)

• Quand on **pose l'opération**, on multiplie avec les **unités**, puis avec les **dizaines**, puis avec les **centaines**, etc.

❶ On multiplie 753 par 5 unités. → 3 7 6 5 ← 753 × 5
❷ On multiplie par 6 dizaines : 753 × 6d = 45180. → 4 5 1 8 0 ← 753 × 60
❸ On additionne. → 4 8 9 4 5 ← 753 × 65

On évalue un ordre de grandeur du résultat avant de calculer.
Ex. : 753 × 62 → 700 × 60 → résultat proche de 42 000

Utiliser la décomposition du multiplicateur

1 ⭐ **Décompose pour calculer.**
Ex : 132 × 12 = (132 × 10) + (132 × 2)
     = 1320 + 264 = 1584
a. 85 × 11   d. 62 × 51   g. 316 × 15
b. 78 × 15   e. 105 × 11 h. 512 × 22
c. 46 × 12   f. 204 × 12 i. 67 × 15

2 ⭐ **Les décompositions sont-elles correctes ? Recalcule-les.**
a. 214 × 12 = (214 × 10) + (214 × 2)
            = 2140 + 428 = 2568
b. 302 × 35 = (302 × 30) + (302 × 5)
            = 9600 + 1500 = 11100
c. 123 × 34 = (123 × 30) + (123 × 4)
            = 3690 + 492 = 4092

3 ⭐ **Décompose pour calculer.**
a. Le plus long sandwich du monde mesurerait 49 × 15 m.
b. Le plus haut pont suspendu est à 16 × 31 m de hauteur au-dessus de la vallée.
c. On estime la longueur de la Grande Muraille de Chine à 268 × 25 km.

4 ⭐⭐ **Décompose et calcule.**
a. 1025 × 213   d. 5036 × 72
b. 231 × 312   e. 4256 × 586
c. 2103 × 105   f. 1956 × 89

5 ⭐⭐ **Décompose et calcule.**
a. 2375 × 38   d. 7589 × 53
b. 2094 × 12   e. 7869 × 102
c. 1456 × 37   f. 2789 × 123

Évaluer un résultat

6 ✶ Choisis un ordre de grandeur qui convient.

Arrondis chaque nombre à la dizaine ou centaine près.

		1200	12 000	120 000
a.	412 × 29			
b.	59 × 61	3600	36 000	360 000
c.	909 × 29	2700	27 000	270 000

7 ✶ Évalue un ordre de grandeur.

Ex. : 391 × 78 → 400 × 80 = 32 000

a. 31 × 78
b. 77 × 196
c. 482 × 31
d. 19 × 38
e. 212 × 39
f. 523 × 43

Poser la multiplication

8 ✶ Vérifie les multiplications et repose-les si elles comportent des erreurs.

```
    6 2 4
  ×   3 6
  3 7 4 4
  1 8 7 2
  5 6 1 6
```

```
    1 0 8 3
  ×     4 5
    5 4 1 5
  4 3 3 2 0
  4 8 7 3 5
```

```
      4 9 1 2
    ×   2 6 3
      1 4 7 3 6
    2 9 4 7 2 0
    3 0 9 4 5 6
```

```
      2 1 0 7
    ×   5 8 2
        4 2 1 4
      1 6 8 5 6 0
    1 0 5 3 5 0 0
    1 2 2 6 2 7 4
```

9 ✶ Pose et effectue.

Pour faciliter tes calculs, choisis le plus petit nombre comme multiplicateur.

a. 275 × 56
b. 36 × 367
c. 358 × 36
d. 258 × 75
e. 1258 × 93
f. 52 × 2035

10 ✶ **PROBLÈME** La nouvelle bibliothèque municipale commande 345 romans à 18 €, 98 BD à 14 € et 178 livres documentaires à 27 €.
Calcule le prix total de la commande.

11 ✶ **PROBLÈME** Une boulangerie vend en moyenne 550 baguettes par jour. Elle est ouverte 320 jours par an. **Combien de baguettes vend-elle en un an ?**

12 ✶ **PROBLÈME** Un ostréiculteur a envoyé 18 bourriches de 24 huitres et 36 bourriches de 12 huitres à un restaurant. **Combien d'huitres ce restaurant a-t-il reçues ?**

13 ✶ **PROBLÈME** Une vache laitière produit en moyenne 28 L de lait par jour.
Quelle quantité de lait produit-elle en un an ?

14 ✶ **PROBLÈME** Un camion charge 26 palettes de 126 bouteilles de jus d'orange, 17 palettes de 92 bouteilles de jus de pomme et 13 palettes de 78 bouteilles de soda. **Combien de bouteilles sont transportées dans ce camion ?**

15 ✶ **PROBLÈME** Un bateau de croisière peut accueillir 3 114 passagers. Il propose une croisière pour 632 € par personne.
a. Quelle sera le prix total payé par les passagers si le bateau est complet ?
b. Ce navire se déplace à la vitesse de 22 nœuds marins (1 nœud = 1 852 m/h).
Quelle est sa vitesse en m/h ? en km/h ?

16 ✶ **PROBLÈME** Le vendredi, un restaurateur a servi 56 repas à 12 € le midi et 67 repas à 18 € le soir. Le samedi, il en a servi 47 à 12 € le midi et 96 à 18 € le soir. **Calcule de deux façons différentes le gain de ce restaurateur.**

DÉFI MATHS

11 × 25 × 25 × 40
Calcule cette multiplication.
Tu trouveras combien de dominos composent la plus grande chute du monde.

Connaitre les multiples et les diviseurs d'un nombre

Cherchons

Un jardinier doit planter 4 allées de cyprès dans un parc.

• **Comment peut-il les répartir pour avoir autant de cyprès dans chaque allée s'il dispose de 48 arbres ? S'il dispose de 60 arbres ?**

Je retiens

• **42** est un **multiple de 6**, car il est dans la table de multiplication de **6** : 42 = **6** × 7.
On dira aussi que 6 est un diviseur de 42.
42 est un **multiple de 7**, car il est dans la table de multiplication de **7** : 42 = **7** × 6.
On dira aussi que 7 est un diviseur de 42.
420 est aussi un multiple de 6 et de 7 car 420 = 6 × 70 et 420 = 7 × 60
6 et 7 sont aussi des diviseurs de 420.

> Les **multiples de 2** sont tous les nombres **pairs**. Ils sont divisibles **par 2**.
> Les **multiples de 3** s'appellent les **triples**. Ils sont divisibles **par 3**.
> Les **multiples de 5** se terminent toujours **par 0 ou 5**. Ils sont divisibles **par 5**.
> Les **multiples de 10** se terminent toujours **par 0**. Ils sont divisibles **par 10**.

Identifier les multiples et les diviseurs d'un nombre

1 ✶ **Réponds par vrai ou faux. Justifie ta réponse.**

a. 21 est un multiple de 3 car 3 × ... = 21.
b. 18 est un multiple de 4.
c. 40 est un multiple de 8.
d. 56 est un multiple de 6.

2 ✶ **Recopie et complète les phrases.**
Ex : 42 = 7 × 6
7 et 6 sont des diviseurs de 42
a. 36 = 4 × 9 → ...   c. 50 = 5 × 10 → ...
b. 72 = 8 × 9 → ...   d. 120 = 6 × 20 → ...

3 ✶ **Trouve tous les diviseurs de 24 et justifie ta réponse.**

4 ✶ **PROBLÈME** Marius compte l'argent qu'il a dans sa tirelire : « J'ai moins de 100 € et la somme que j'ai est un multiple de 2, de 3, de 4, de 5 et de 10 ». **Combien possède Marius ?**

5 ✶ **PROBLÈME** Flora a invité six amies pour son anniversaire. Sa mère prépare des crêpes pour les recevoir. **Combien de crêpes doit-elle préparer pour en donner autant à chaque enfant ? Justifie ta réponse.**

25 crêpes   28 crêpes   32 crêpes

6 ✶ **Trouve tous les diviseurs de 48.**

Identifier des multiples communs

7 ✶ Écris les multiples de 5 compris entre 20 et 60.
a. Entoure en rouge ceux qui sont aussi multiples de 4.
b. Entoure en bleu ceux qui sont aussi multiples de 10.
c. Quel(s) nombre(s) as-tu entouré deux fois ?

8 ✶ Observe ces nombres.

| 2 250 | 1 054 | 9 105 | 6 422 | 7 050 |
| 2 145 | 1 025 | 5 531 | 4 722 | 470 |

a. Recopie ceux qui sont multiples de 2.
b. Recopie ceux qui sont multiples de 5.
c. Recopie ceux qui sont multiples de 10.

9 ✶ Parmi ces nombres, trouve ceux qui sont à la fois multiples de 2, 3 et 5.

| 150 | 325 | 2 036 | 3 000 | 6 660 |
| 3 141 | 1 025 | 2 700 | 3 009 | 6 000 |

10 ✶ **PROBLÈME** Un chocolatier a préparé 240 chocolats.
Combien de chocolats mettra-t-il dans chaque sachet s'il les répartit :
a. dans 10 sachets ?
b. dans 12 sachets ?
c. dans 20 sachets ?

11 ✶ **PROBLÈME** Un groupe d'amis veut louer une salle des fêtes qui coute 630 € la soirée.
Quelle somme dépenseront-ils chacun :
a. s'ils sont dix ?
b. s'ils sont sept ?
c. s'ils sont cinq ?

12 ✶ **PROBLÈME** Anaïs a deux fois plus de cousins que de cousines. Quand ils se retrouvent tous ensemble, ses 2 frères et elle, ils sont 30.
Combien Anaïs a-t-elle de cousins et de cousines ?

Encadrer un multiple entre deux nombres entiers

13 ✶ Réponds aux questions.
a. Quel nombre compris entre 24 et 30 est un multiple de 7 ? … car … × … = … .
b. Quel nombre compris entre 54 et 60 est un multiple de 8 ? … car … × … = … .
c. Quel nombre compris entre 31 et 35 est un multiple de 4 ? … car … × … = … .

14 ✶ a. Quel multiple de 5 est le plus proche de 29 ? de 51 ? de 18 ? de 46 ?
b. Quel multiple de 10 est le plus proche de 48 ? de 32 ? de 131 ? de 211 ?

15 ✶ Recopie et complète.
a. 6 × … < 61 < 6 × …
b. 7 × … < 80 < 7 × …
c. 12 × … < 150 < 12 × …
d. 25 × … < 215 < 25 × …

16 ✶ Qui suis-je ?
a. Je suis un multiple de 2 compris entre 3 × 11 et 3 × 12. Je suis … .
b. Je suis un multiple de 3 compris entre 2 × 10 et 2 × 11. Je suis … .
c. Je suis un multiple de 7 compris entre 6 × 10 et 6 × 11. Je suis … .
d. Je suis un multiple de 4 compris entre 3 × 10 et 3 × 11. Je suis … .

17 ✶ Trouve tous les multiples de 4 compris entre 0 et 60. Fais la même chose pour les multiples de 3. **Quels multiples sont communs aux deux nombres ?**

DÉFI MATHS

Dans la basse-cour, il y a des poules et des lapins. J'ai compté 5 têtes et 16 pattes.
**Combien y a-t-il de poules ?
Combien y a-t-il de lapins ?**

Je révise

Multiplier par un nombre à un chiffre

1 ✻ **Recopie et calcule en ligne**
a. 7 × 3 = ...
b. ... × 6 = 24
c. 5 × 9 = ...
d. 3 × ... = 24
e. 4 × 8 = ...
f. 9 × ... = 54
g. ... × 7 = 28
h. 6 × ... = 36

2 ✻ **PROBLÈME** Résous les problèmes sans poser l'opération.
a. Yasmine a acheté 6 BD coutant chacune 15 €. Combien a-t-elle dépensé ?
b. Il y a 25 marches par étage dans l'escalier de l'immeuble de Clara. Combien de marches va-t-elle gravir pour arriver chez elle, au 3e étage ?
c. Une station de sports d'hiver loue des skis 35 € par semaine. Combien paiera une famille de 4 personnes pour cette location ?

3 ✻ **Décompose les multiplications puis calcule-les.**
Ex : 247 × 3 = (200 × 3) + (40 × 3) + (7 × 3)
= 600 + 120 + 21 = 741
a. 325 × 4
b. 413 × 5
c. 92 × 6
d. 225 × 4
e. 2 012 × 6
f. 532 × 4

4 ✻ **Pose et calcule les multiplications.**
a. 287 × 6
b. 1 356 × 9
c. 4 852 × 7
d. 1 058 × 8
e. 637 × 5
f. 9 274 × 4
g. 3 405 × 8
h. 12 027 × 7

5 ✻ **PROBLÈME** Un parcours cycliste a une longueur de 1 885 m. Quelle distance vont parcourir des cyclistes qui effectuent :
a. 5 fois ce parcours ?
b. 7 fois ce parcours ?
c. 9 fois ce parcours ?

6 ✻ **PROBLÈME** Un magasin d'électroménager a vendu 9 réfrigérateurs à 498 € dans la journée.
a. Combien cette vente lui rapporte-t-elle ?
b. Avec une remise de 30 € sur chaque article, combien cette vente lui aurait-elle rapportée ?

7 ✻ **Recopie et complète les multiplications.**

```
    4 2 3              2 8 5 9
  ×     •            ×       •
  • • • 9            • • • • 4

      3 • 8              1 • 2 5
    ×   4              ×       •
    1 4 7 2            9 0 • •
```

Multiplier par 10, 100...

8 ✻ **Recopie et calcule en ligne.**
a. 2 × ... = 20
b. ... × 7 = 700
c. 40 × ... = 400
d. ... × 80 = 8 000

9 ✻ **PROBLÈME** Résous sans poser l'opération.
a. Un commerçant a vendu 100 bouteilles de jus d'orange à 2 € l'unité. Combien lui a rapporté cette vente ?
b. Erwan a collé 12 timbres sur chacune des 20 pages que comporte son album. Combien de timbres a-t-il collés ?
c. Pour s'entrainer pour le marathon, un coureur parcourt chaque jour 11 km. Quelle distance a-t-il parcourue au bout de 10 jours ? au bout de 20 jours ? en avril ?

10 ✻ **PROBLÈME** Reproduis et complète le bon de commande.

Plants	Quantité	Prix à l'unité (€)	Montant (€)
Œillet	30	4	
Géranium	20	3	
Cyclamen	50	5	
		Total	

Multiplier par un nombre à plusieurs chiffres

11 ✶ **Choisis un ordre de grandeur et complète la phrase.**

a. Une association sportive achète 11 ballons à 19 € l'unité. Elle dépense environ ... €.

20   200   2 000

b. Un directeur de théâtre commande de nouveaux sièges pour sa salle de spectacle qui comprend 29 rangées de 31 sièges.
Il commande environ ... sièges.

60   600   900

12 ✶ **Évalue un ordre de grandeur des résultats.**

Ex : 289 × 61 → 300 × 60 → 18 000

a. 502 × 49
b. 712 × 91
c. 98 × 805
d. 203 × 41
e. 101 × 89
f. 396 × 29
g. 301 × 41
h. 897 × 29
i. 99 × 99
j. 398 × 21

13 ✶ PROBLÈME Un producteur de melons envoie 436 cagettes de 18 melons à une grande surface. **Combien de melons cette grande surface va-t-elle recevoir ?**

14 ✶ **Pose et calcule les multiplications.**

Évalue un ordre de grandeur du résultat.

a. 3 524 × 63
b. 895 × 14
c. 71 × 369
d. 2 147 × 26
e. 589 × 97
f. 514 × 92
g. 1 072 × 65
h. 321 × 406
i. 2 708 × 35
j. 1 021 × 61

15 ✶ PROBLÈME La production annuelle de déchets par habitant est de 374 kg.

Quelle est la production de déchets annuelle :
a. pour un hameau de 326 habitants ?
b. pour une commune de 1 620 habitants ?
c. pour une ville de 20 515 habitants ?

Connaitre les multiples et les diviseurs d'un nombre

16 ✶ **Recopie et complète les phrases.**

a. 72 est un multiple de 9 car ...
b. 55 est un multiple de 5 car ...
c. 48 est un multiple de 6 car ...
d. 63 est un multiple de 3 car ...
e. 225 est un multiple de 25 car ...
f. 1500 est un multiple de 5 car ...

17 ✶ **Encadre les nombres.**

*Ex : 6 × **7** < 44 < 6 × **8***

a. 5 × ... < 36 < 5 × ...
b. 4 × ... < 27 < 4 × ...
c. 7 × ... < 55 < 7 × ...
d. 6 × ... < 25 < 6 × ...
e. 8 × ... < 33 < 8 × ...

18 ✶ PROBLÈME Katia a un ruban de 120 cm.
a. Peut-elle le couper en trois morceaux de même longueur ? Justifie ta réponse.
b. Peut-elle le couper en quatre morceaux de même longueur ? Justifie ta réponse.
c. Peut-elle le couper en six morceaux de même longueur ? Justifie ta réponse.

19 ✶ **Recopie uniquement les affirmations qui sont vraies.**

a. Tous les multiples de 10 se terminent par 0.
b. Tous les nombres pairs sont des multiples de 4.
c. Si un nombre est multiple de 2, il est aussi multiple de 10.
d. Tous les multiples de 5 se terminent par 0 ou 5.
e. Un multiple de 100 se termine par un zéro.
f. Tous les multiples de 8 sont aussi des multiples de 2.

20 ✶ PROBLÈME Une école a commandé 240 cahiers.
Combien de cahiers peut-elle donner à chaque classe :
a. s'il y a 4 classes dans l'école ?
b. s'il y a 6 classes dans l'école ?
c. s'il y a 8 classes dans l'école ?
d. s'il y a 10 classes dans l'école ?
e. s'il y a 12 classes dans l'école ?

Je résous des problèmes

1 ✶ Une famille de cinq personnes va au théâtre. La place est à 17 €.
Combien cette famille va-t-elle payer pour ce spectacle ?

2 ✶ Marius a dû changer les quatre pneus de sa voiture. Chaque pneu coûte 57 €.
Quel est le montant de sa facture ?

3 ✶ Iris a rempli les 28 pages de son album de timbres en collant 8 timbres par page.
Combien a-t-elle de timbres ?

4 ✶ Un agriculteur a installé six récupérateurs d'eau de pluie qui peuvent contenir chacun 420 L d'eau.
Combien de litres d'eau peut-il récupérer si les six réservoirs sont pleins ?

5 ✶ Obélix avait vraiment très soif ! Il a bu 5 tonneaux et 46 chopes d'eau. **Combien de litres d'eau a-t-il avalés ?**

152 L   2 L

6 ✶ Malika est payée 8 € de l'heure pour faire du babysitting.
a. Recopie et complète ce tableau.

Nombre d'heures	1	8	10	15	20	25
Gain (en €)	8	…	…	…	…	…

b. En t'aidant du tableau, calcule de deux façons différentes combien elle va gagner en faisant 40 heures de babysitting par mois.

7 ✶ Au cinéma Mondo, qui dispose de 156 places, l'entrée coûte 9 €.
a. Quelle est la recette de ce cinéma si 106 personnes assistent à une séance ?
b. Quelle est la recette de ce cinéma si toutes les places sont occupées ?

8 ✶ Chaque régime de bananes peut comporter jusqu'à 200 fruits.
a. Combien de bananes y a-t-il sur 20 régimes ?
b. Combien de régimes faut-il récolter pour obtenir 1 400 bananes ?

9 ✶ Une coureuse s'entraine tous les jours en faisant ce parcours.

Distance du parcours
épreuves ❶ à ❺ = 500 m
épreuves ❻ à ❿ = 1 000 m
épreuves ⓫ à ⓯ = 500 m

❾ Épreuves
❶ Épreuves adaptées aux personnes à mobilité réduite

Combien de km aura-t-elle parcouru :
a. en une semaine ?
b. au mois de septembre ?
c. en un an ?

10 ✶ La France métropolitaine s'étend sur 551 500 km². **Calcule :**
a. la superficie de la Colombie qui est environ le double de celle de la France.
b. la superficie de l'Argentine qui est environ cinq fois celle de la France.

11 ✶ Un bateau transporte 65 conteneurs de 3 740 kg de marchandises.
Quelle quantité de marchandises est transportée par ce bateau ?

12 ✶ Une famille paie 856 € de loyer par mois.
Quel est le montant annuel de son loyer ?

13 ✶ 1 895 voitures ont emprunté l'autoroute A13 et ont payé 12 € de péage.
Quelle somme cela a-t-il rapportée ?

14 Le Zénith de Strasbourg est une salle de spectacle qui a une capacité de 12 079 places. Pour un concert, on a déjà vendu 8 574 places au prix unitaire de 39 €.
a. Combien cette vente a-t-elle rapportée ?
b. Si toutes les places sont vendues, combien cette vente rapportera-t-elle ?

15 Un poirier donne environ 110 fruits par an. **Combien de poires va-t-on récolter par an dans un verger de 85 poiriers ?**

16 Un fleuriste a acheté aux Halles de Rungis 160 roses.
a. Combien de bouquets de 8 roses peut-il faire ? 20
b. Combien de bouquets de 10 roses peut-il faire ? 16
c. Combien de bouquets de 16 roses peut-il faire ? 10
d. Combien de bouquets de 20 roses peut-il faire ? 8

17 M. Kazo achète une voiture qui coute 14 400 €.
a. À combien lui revient sa voiture s'il effectue 24 versements de 700 € ? 16,800
b. Combien aurait-il économisé s'il l'avait payée comptant (en une seule fois) ? 16,100

18 Une ruche produit en moyenne 28 kg de miel en Bourgogne alors qu'elle n'en produit que 16 kg en Pays de la Loire.
Calcule la production d'un rucher de 36 ruches dans chacune de ces régions.

19 Le boulanger vend des paquets de 12 bonbons à 4 € l'un. Ramy a 24 €.
a. Combien de paquets peut-il acheter ?
b. Combien de bonbons aura-t-il en tout ?

20 La reine termite peut pondre jusqu'à 30 000 œufs par jour. **Combien d'œufs pond-elle en 1 mois de 31 jours ? En 1 an (365 jours) ?**
930,000
10,950,000

21 Pour une sortie de fin d'année, des élèves partent assister à un spectacle médiéval à Provins. Le spectacle coute 4 € par enfant et la location d'un car pour s'y rendre revient à 685 €.
L'école Jean Moulin doit louer 4 cars pour transporter ses 186 élèves et l'école Rosa Bonheur 5 cars pour transporter ses 245 élèves.
À combien revient cette sortie pour chacune de ces écoles ?

22 Pour un mariage, on a préparé 125 sachets de 8 dragées.
a. Combien de dragées ont été utilisées en tout ?
b. Si on avait mis 10 dragées par sachet, combien de sachets aurait-on fait ?

23 En 1900, un Français consommait en moyenne 328 kg

de pain par an. Cette consommation est passée à 58 kg aujourd'hui.
En utilisant la calculatrice, calcule la consommation annuelle de pain en 1900 pour une population de 38 000 000 habitants, et de nos jours pour une population de 66 000 000 habitants.
Explique comment tu as fait.

24 Une usine a produit 124 500 trottinettes dans l'année.
a. Quelle serait sa production si elle doublait ?
b. Quelle serait sa production si elle triplait ?
c. Quelle est sa production moyenne sur six ans ?

25 On passe d'une case à l'autre, horizontalement ou verticalement, en multipliant les nombres.
a. Quel chemin permet d'obtenir le plus grand résultat ? et le plus petit ?
b. Écris ces deux nombres.

2 →×	6↓	3	1	4
4	5	6	8	5
2	3	9	2	3
6	7	1	4	1
4	8	2	2	3

Comprendre le sens de la division

Cherchons

Un serveur doit empiler les 38 verres à eau du restaurant sur une étagère.

- **Combien de piles faut-il s'il met 4 verres par pile ? s'il met 6 verres par pile ? s'il met 8 verres par pile ?**
- **Quel problème rencontre-t-il à chaque fois ?**

Je retiens

- La **division** permet de **grouper en parts égales**.
  Ex. : Marie veut ranger 24 biscuits dans des boites de 4.

- La **division** permet de **partager en parts égales**.
  Ex. : On peut partager 24 biscuits entre 4 enfants.

- Pour diviser 24 par 4, on cherche **combien de fois 4 est contenu dans 24**.

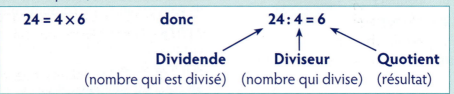

- **On trouve un reste** quand le dividende n'est pas un multiple du diviseur. On cherche alors le multiple inférieur le plus proche. Ex. : 44 divisé par 6

40	41	42	43	44	45	46	47	48	49	50	51
		6×7		< 44 <				6×8			

44 est compris entre 42 et 48 → 6 × 7 < **44** < 6 × 8
44 divisé par 6 → 7 et il reste 2 car **44 = (6 × 7) + 2**
Le reste est toujours **plus petit** que le diviseur.

- On vérifie la division : (quotient × diviseur) + reste = dividende

---

Reconnaitre une situation de partage ou de groupement

1 ★ **PROBLÈME** Résous uniquement ceux qui sont des situations de partage.

a. Quatre amis ont gagné 2 000 € au loto. Quelle somme revient à chacun ?
b. Quel est l'âge de Thomas qui a huit ans de plus que sa sœur de 11 ans ?
c. Julie range 36 photos dans un album contenant 4 photos par page. Combien de pages va-t-elle utiliser ?

2 ★ Recopie en corrigeant les affirmations qui sont fausses.

a. Si on partage 15 bonbons entre 3 enfants, chacun en aura 5.
b. Si on partage 36 scoubidous entre 6 enfants, chacun en aura 5.
c. Si on répartit un jeu de 32 cartes entre 4 joueurs, chacun en aura 8.
d. Si on partage une bouteille de 500 cL de jus de fruits entre 10 personnes, chacune aura un verre de 5 cL.

3 **PROBLÈME**

a. Si on partage équitablement ce sachet entre 6 enfants, combien de bonbons aura chaque enfant ?
b. Si on donne 3 bonbons à chaque enfant et qu'il n'en reste plus, combien y avait-il d'enfants ?
c. Peut-on partager équitablement ce sachet de bonbons entre 5 enfants sans qu'il en reste ? Justifie ta réponse.

Diviser sans reste

4 ★ Recopie et complète.
a. 99 = 9 × ... donc 99 : ... = ...
b. 60 = 5 × ... donc 60 : ... = ...
c. 42 = 3 × ... donc 42 : ... = ...

5 **PROBLÈME** Samuel a rapporté un paquet de 24 sablés pour le partager.
Quelle sera la part de chacun :
a. s'ils sont 2 ?   c. s'ils sont 6 ?
b. s'ils sont 4 ?   d. s'ils sont 8 ?

6 **PROBLÈME**
La maitresse a un lot de 300 gommettes. **Combien pourra-t-elle en donner à chaque élève :**
a. si elle a 30 élèves ?
b. si elle a 25 élèves ?

7 **PROBLÈME** Un producteur de jus de pomme répartit entièrement sa production de 240 L de jus dans des bouteilles de 2 L et des tonneaux de 50 L. **Trouve deux façons différentes de répartir sa production dans des bouteilles et des tonneaux.**

Encadrer un nombre entre deux multiplications

8 ★ Réponds par vrai ou faux.
a. 34 est compris entre 4 × 8 et 4 × 9.
b. 22 est compris entre 3 × 8 et 3 × 9.
c. 57 est compris entre 7 × 8 et 7 × 9.

9 Complète les encadrements comme dans l'exemple.
Ex : 25 = (4 × 6) + 1 donc 4 × 6 < 25 < 4 × 7
a. 31 = (3 × 10) + 1 donc ... < 31 < ...
b. 47 = (6 × 7) + 5 donc ... < 47 < ...
c. 65 = (7 × 9) + 2 donc ... < 65 < ...

Diviser avec un reste

10 ★ Recopie et complète.
Ex : 37 = (7 × 5) + 2 → 37 : 7 = 5 et il reste 2
a. 38 = (4 × 9) + 2 → 38 : 4 = ... et il reste ...
b. 50 = (7 × 7) + 1 → 50 : 7 = ... et il reste ...
c. 20 = (3 × 6) + 2 → 20 : 3 = ... et il reste ...

11 **PROBLÈME** Paul range sa collection de 46 figurines dans des boites.
a. Combien peut-il en ranger par boite s'il a trois boites ? En restera-t-il ?
b. Combien peut-il en ranger par boite s'il a quatre boites ? En restera-t-il ?
c. Combien peut-il en ranger par boite s'il a cinq boites ? En restera-t-il ?

12 **PROBLÈME** Des enfants jouent au jeu des sept familles (42 cartes).
Combien de cartes recevra chaque joueur et combien de cartes resteront dans la pioche :
a. s'ils sont quatre ?   c. s'ils sont six ?
b. s'ils sont cinq ?   d. s'ils sont huit ?

13 **PROBLÈME** Un traiteur japonais a préparé 130 sushis. **Indique combien de boites il pourra remplir et combien de sushis il lui restera :**
a. s'il en met 12 par boite ?
b. s'il en met 15 par boite ?
c. s'il en met 25 par boite ?

DÉFI MATHS

Comment partager ce jardin en quatre parties de même taille et de même forme comportant chacune un arbre ?

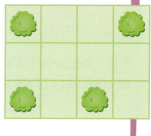

Diviser par un nombre à un chiffre

Cherchons

Six amis ont participé à une chasse aux œufs de Pâques dans le jardin du château de Bouthéon.
À eux six, ils en ont trouvé 76.

- Peuvent-ils se les partager équitablement ?

Je retiens

On cherche à diviser 97 par 8.

- Avant de poser la division, **on évalue le nombre de chiffres** du quotient. $8 \times \mathbf{10} < 97 < 8 \times \mathbf{100}$
  Le quotient sera compris entre 10 et 100 : il aura donc **deux chiffres**.

- Pour trouver **le nombre de dizaines du quotient**, on divise les dizaines du dividende par **8**.

  ❶ **On partage les dizaines :**
  Dans 9, combien de fois 8 ?
  $8 \times \mathbf{1} = 8$. Cela fait **1 dizaine** au quotient.
  $9 - 8 = 1$. Il reste 1 dizaine.

  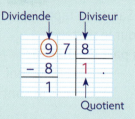

- Pour trouver le nombre d'**unités**, on abaisse les 7 unités du dividende. Avec la dizaine restante, cela fait 17 unités. On divise ce nombre par 8.

  ❷ **On partage les unités :**
  Dans 17, combien de fois 8 ?
  $8 \times \mathbf{2} = 16$. Cela fait **2 unités** au quotient.
  $17 - 16 = 1$. Il reste 1 unité.

  Attention ! Le reste est toujours inférieur au diviseur.

- On **vérifie** la division : $(12 \times 8) + 1 = 97$.

Évaluer le nombre de chiffres du quotient

1 ∗ Observe les encadrements et complète la phrase.

Ex : 74 : 4 → $4 \times \mathbf{10} < 74 < 4 \times \mathbf{100}$
Le quotient aura 2 chiffres.

a. 94 : 7 → $7 \times \mathbf{10} < 94 < 7 \times \mathbf{100}$
Le quotient aura ... chiffres.

b. 836 : 6 → $6 \times \mathbf{100} < 836 < 6 \times \mathbf{1000}$
Le quotient aura ... chiffres.

c. 914 : 8 → $8 \times \mathbf{100} < 914 < 8 \times \mathbf{1000}$
Le quotient aura ... chiffres.

d. 1256 : 9 → $9 \times \mathbf{100} < 1256 < 9 \times \mathbf{1000}$
Le quotient aura ... chiffres.

e. 85 : 3 → $3 \times \mathbf{10} < 85 < 3 \times \mathbf{100}$
Le quotient aura ... chiffres.

f. 7123 : 5 → $5 \times \mathbf{1000} < 7123 < 5 \times \mathbf{10\,000}$
Le quotient aura ... chiffres.

2 Parmi les quotients proposés, choisis celui qui convient. Justifie ta réponse.

Ex : 97 : 4   1   16   165
16 car le quotient a 2 chiffres.

a. 89 : 4	2	22	222
b. 76 : 3	205	25	2
c. 647 : 5	19	129	12
d. 914 : 7	13	34	130

3 PROBLÈME 656 colis sont répartis dans trois camions pour être envoyés. **Chaque camion va transporter : environ 20 colis ? 200 colis ? 2 000 colis ?**

Poser la division

4 Vérifie les divisions et repose celle(s) qui comporte(nt) des erreurs.

```
  8 4 | 7
  1 4 | 1 1
  1 4
    7
```

```
  9 9 | 6
  3 9 | 1 6
    3
```

```
  6 2 4 | 6
  0 2   | 1 4
    2 4
      0
```

```
  5 7 2 | 4
  1 7   | 1 4 3
    1 2
      0
```

5 PROBLÈME **Combien de cartons de 6 bouteilles peut-on remplir avec 94 bouteilles ? Restera-t-il des bouteilles ?**

6 PROBLÈME **Combien de bouquets de 7 roses peut-on faire avec 86 roses ? Restera-t-il des roses ?**

7 PROBLÈME Séréna coupe un ruban de 525 cm en quatre morceaux de même longueur. **Calcule la longueur en cm de chaque morceau. Restera-t-il du ruban ?**

8 PROBLÈME Un confiseur a préparé 680 macarons. **Combien de boites de 8 macarons peut-il vendre ? Lui en restera-t-il ?**

9 PROBLÈME Maya a fait des taches en écrivant ses divisions. **Recopie-les en écrivant les chiffres manquants.**

10 Pose les divisions puis calcule.
a. 544 : 3   **e.** 695 : 4
b. 925 : 4   **f.** 485 : 3
c. 807 : 6   **g.** 742 : 6
d. 734 : 5   **h.** 436 : 5

11 Reproduis et complète le tableau.

Dividende	Diviseur	Quotient	Reste
835	6		
	5	85	1
742	4		
	8	54	3

12 PROBLÈME L'école du Coteau organise une course de relais pour ses 72 élèves de CM1.

a. Combien d'équipes de 3 élèves peut-on faire ? de 4 élèves ? de 6 élèves ?
b. Peut-on faire des équipes de 5 élèves ? Pourquoi ?

13 PROBLÈME En 1973, un navigateur a fait le tour du monde à la voile en solitaire en 169 jours. Ce record a été battu en 1989 : 125 jours. **Calcule en combien de semaines ces deux records ont été effectués.**

DÉFI MATHS

65 536

Divise ce nombre par 2 jusqu'à obtenir un quotient égal à 1. Combien de divisions as-tu effectuées ?

Diviser par un nombre à deux chiffres

Cherchons

Nina vient de terminer une maquette de vaisseau spatial. Il lui a fallu 28 heures pour monter les 5 180 pièces !

- Cherche le nombre de pièces que Nina a assemblées en moyenne en une heure.

Je retiens

On cherche à diviser 978 par 23.

- On évalue le nombre de chiffres du quotient : 23 × **10** < 978 < 23 × **100**
  Le quotient sera compris entre 10 et 100 : il aura donc **deux chiffres**.

- On divise les dizaines du dividende par **23**.

  ❶ **On partage les dizaines :**
  On cherche le multiple de 23 le plus proche de 97.
  23 × **4** = 92. Cela fait **4 dizaines** au quotient.
  97 − 92 = 5. Il reste 5 dizaines.

- On abaisse les 8 unités. Avec les 5 dizaines restantes, cela fait 58 unités.
  On divise ce nombre par 23.

  ❷ **On partage les unités :**
  On cherche le multiple de 23 le plus proche de 58.
  23 × **2** = 46. Cela fait **2 unités** au quotient.
  58 − 46 = 12. Il reste 12 unités.

- On **vérifie** la division : (42 × 23) + 12 = 978.

Diviser sans poser l'opération

1 ★ Utilise les multiples de 15 pour calculer.

a. 60 : 15   quotient = ...   reste = ...
b. 90 : 15   quotient = ...   reste = ...
c. 120 : 15   quotient = ...   reste = ...
d. 32 : 15   quotient = ...   reste = ...

2 ★ Utilise les multiples de 25 pour calculer.

a. 100 : 25   quotient = ...   reste = ...
b. 60 : 25   quotient = ...   reste = ...
c. 120 : 25   quotient = ...   reste = ...

3 **PROBLÈME** Des enveloppes sont vendues par paquets de 50. **Combien de paquets fera-t-on avec :**

a. 200 enveloppes ?   c. 500 enveloppes ?
b. 300 enveloppes ?   d. 550 enveloppes ?

4 **PROBLÈME** a. Si Franck paye en 12 mois son canapé qui coute 480 €, combien paiera-t-il par mois ?

b. Et s'il paye en 24 mois, combien paiera-t-il par mois ?

Évaluer le nombre de chiffres du quotient

5 ★ Observe et complète la phrase.
Ex : 174 : 12 → 12 × **10** < 174 < 12 × **100**
Le quotient aura **2** chiffres.
a. 562 : 17 → 17 × **10** < 562 < 17 × **100**
Le quotient aura ... chiffres.
b. 3 745 : 26 → 26 × **100** < 3 745 < 26 × **1 000**
Le quotient aura ... chiffres.
c. 6 521 : 63 → 63 × **100** < 6 521 < 63 × **1 000**
Le quotient aura ... chiffres.

6 ★ PROBLÈME Quentin a divisé 14 586 par 28 et il a trouvé un quotient égal à 52.
A-t-il raison ? Justifie ta réponse.

Poser la division

7 ★ Recopie et complète les divisions.

```
  2 7 8 2 1 | 
- 2 1       | 1 •
  • • •     | 
- • • •     |
```

```
  4 7 6 1 9 | 
- 3 8       | 2 •
    • • •   |
  - • • •   |
```

8 ★ PROBLÈME Lucien a acheté un ordinateur à 954 €. Il veut le payer en 18 mensualités.
Combien va-t-il payer par mois ?

9 ★ PROBLÈME Les 22 facteurs de la ville se partagent équitablement les 4 642 lettres à distribuer.
Combien chaque facteur emporte-t-il de lettres à distribuer ?

10 ★ PROBLÈME Un avion a parcouru la distance de 9 711 km entre Paris et Tokyo en 13 h.
Calcule sa vitesse moyenne (nombre de km en 1 h).

11 ★ Reproduis et complète le tableau.

Dividende	Diviseur	Quotient	Reste
2 476	14		
	26	132	5
3 428	54		
	38	104	26

12 ★ Pose et effectue les divisions.
a. 945 divisé par 25
b. 3 426 divisé par 15
c. 1 625 divisé par 67
d. 2 356 divisé par 22
e. 3 740 divisé par 15
f. 6 432 divisé par 49
g. 6 432 divisé par 81
h. 9 538 divisé par 31

13 ★ PROBLÈME Un fleuriste a acheté 375 pots de géraniums vendus en barquettes de 15 et 240 pots de pensées vendues en barquettes de 12 pots.
Combien de barquettes a-t-il achetées en tout ?

14 ★ PROBLÈME La maitresse prépare des étiquettes de 12 cm de long en découpant un rouleau de papier adhésif de 16 m de long.

> 1 m = 100 cm.

a. Combien d'étiquettes pourra-t-elle découper ? Lui restera-t-il du papier adhésif ?
b. Combien d'étiquettes pourra-t-elle distribuer à chacun de ses 26 élèves ? Lui restera-t-il des étiquettes ?

15 ★ PROBLÈME Un film est projeté en 24 images par seconde. **Quelle est la durée (en heures) d'un film de 172 800 images ?**

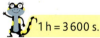

> 1 h = 3 600 s.

16 ★ PROBLÈME Chaque année, la forêt française augmente de taille car on plante de nouveaux arbres. En 2015, on en a planté 70 millions.
Combien d'arbres ont été plantés en moyenne chaque mois ?

DÉFI MATHS

Qui suis-je ?
Je suis un nombre compris entre 1 950 et 2 000. Si on me divise par 67, il reste 46.
Tu peux utiliser la calculatrice.

Je révise

Comprendre le sens de la division

1 ★ **PROBLÈME** Résous uniquement les situations de partage.

a. On a rempli les deux réservoirs d'un avion Canadair avec 3 000 L d'eau chacun. Combien de litres d'eau contient ce Canadair ?

b. En une semaine, une cuve de récupération d'eau de pluie s'est remplie de 850 L d'eau. Combien de litres d'eau a-t-on récupérés en moyenne par jour ?

c. Un coffret collector des 7 tomes de *Harry Potter* est vendu au prix de 98 €. Quel est le prix de revient d'un livre ?

d. On a partagé un paquet de bonbons entre 8 enfants. Chacun en a reçu 4. Combien de bonbons y avait-il dans le paquet ?

2 ★ Recopie et complète.

Ex : 15 = 5 × 3 → 15 : 5 = 3

a. 45 = 5 × … → 45 : … = …
b. 56 = 7 × … → 56 : … = …
c. 81 = 9 × … → 81 : … = …
d. 150 = 10 × … → 150 : … = …
e. 88 = 8 × … → 88 : … = …

3 ★ Complète les encadrements.

Ex : 4 × 5 < 21 < 4 × 6

a. 5 × … < 28 < 5 × …
b. 6 × … < 39 < 6 × …
c. 4 × … < 22 < 4 × …
d. 7 × … < 50 < 7 × …
e. 8 × … < 84 < 8 × …

4 ★ **PROBLÈME** Six amis se partagent un sac de 50 billes qu'ils viennent d'acheter. **Combien auront-ils de billes chacun ? Restera-t-il des billes ?**

5 ★ Recopie les nombres.

a. Entoure ceux qui sont divisibles par 4 et souligne ceux qui sont divisibles par 6.

12   18   24   28   30   32

b. Quels nombres as-tu soulignés et entourés ? Explique pourquoi.

6 ★ **PROBLÈME** Leïla range sa collection de timbres dans un album.
Combien de timbres mettra-t-elle par page :
a. si elle a 84 timbres à répartir équitablement sur 6 pages ?
b. si elle a 112 timbres à répartir équitablement sur 7 pages ?
Peut-elle répartir équitablement :
c. 96 timbres sur 8 pages ? Justifie ta réponse.
d. 93 timbres sur 9 pages ? Justifie ta réponse.

Diviser par un nombre à un chiffre

7 ★ Observe les encadrements et complète la phrase.

Ex : 74 : 4 → 4 × 10 < 74 < 4 × 100
Le quotient aura 2 chiffres.

a. 68 : 5 → 5 × 10 < 68 < 5 × 100
Le quotient aura … chiffres.
b. 52 : 4 → 4 × 10 < 52 < 4 × 100
Le quotient aura … chiffres.
c. 468 : 3 → 3 × 100 < 468 < 3 × 1000
Le quotient aura … chiffres.
d. 125 : 6 → 6 × 10 < 125 < 6 × 100
Le quotient aura … chiffres.

8 ★ Indique le nombre de chiffres du quotient et justifie ta réponse.

Ex : 85 divisé par 4 → *Le quotient aura 2 chiffres car 4 × 10 < 85 < 4 × 100*

a. 823 divisé par 5
b. 234 divisé par 6
c. 423 divisé par 4
d. 821 divisé par 9
e. 912 divisé par 8
f. 547 divisé par 3
g. 975 divisé par 6

9 Parmi les propositions, choisis la seule réponse possible.

a. 937 divisé par 8
   17   117   11
b. 542 divisé par 4
   15   35   135
c. 873 divisé par 9
   97   9   917
d. 775 divisé par 5
   15   155   55

10 Calcule sans poser l'opération.
a. 36 : 4
b. 81 : 9
c. 72 : 9
d. 45 : 5
e. 48 : 8
f. 64 : 8
g. 108 : 9
h. 490 : 7

11 PROBLÈME Résous sans poser l'opération.
a. On partage un paquet de 28 gâteaux entre 6 enfants. Combien de gâteaux auront-ils chacun ? En restera-t-il ?
b. À la cantine, les élèves sont répartis par table de huit. 86 élèves mangent à la cantine. Combien de tables sont complètes ? Combien d'élèves met-on sur la table incomplète ?

12 PROBLÈME
Steve fait du covoiturage pour se rendre à Lyon. Son trajet lui revient à 96 €, entre les frais d'essence et de péage.

À combien lui revient son voyage :
a. s'il prend un passager ?
b. s'il prend deux passagers ?
c. s'il prend trois passagers ?

13 PROBLÈME Une entreprise a fabriqué 45 720 chaussures de sport.
Combien de chaussures livrera-t-elle si elle fournit :
a. 4 magasins ?
b. 5 magasins ?
c. 8 magasins ?
d. 9 magasins ?

Diviser par un nombre à deux chiffres

14 Évalue le nombre de chiffres du quotient.
Ex : 714 : 14 → 14 × 10 < 714 < 14 × 100
Le quotient aura 2 chiffres.
a. 618 : 45 → 45 × 10 < 618 < 45 × 100
Le quotient aura ... chiffres.
b. 512 : 24 → 24 × 10 < 512 < 24 × 100
Le quotient aura ... chiffres.
c. 4 268 : 38 → 38 × 100 < 4 268 < 38 × 1 000
Le quotient aura ... chiffres.
d. 1 225 : 76 → 76 × 10 < 1 225 < 76 × 100
Le quotient aura ... chiffres.
e. 8 216 : 54 → 54 × 100 < 8 216 < 54 × 1 000
Le quotient aura ... chiffres.

15 PROBLÈME Résous sans poser l'opération.
a. Un abonnement à une revue est proposé au prix de 55 € pour 11 numéros. Quel est le prix de revient pour un numéro ?
b. Maëva imprime ses 120 photos de vacances sur des feuilles pouvant en contenir 15. De combien de feuilles a-t-elle besoin ?
c. Un professeur a commandé 125 cahiers pour l'année. Combien de cahiers pourra-t-il donner à chacun de ses 25 élèves ?

16 Pose et calcule les divisions.
a. 452 : 23
b. 573 : 14
c. 365 : 27
d. 528 : 14
e. 742 : 32
f. 658 : 42
g. 815 : 72
h. 936 : 54
i. 892 : 37
j. 498 : 26

17 PROBLÈME Une école a calculé qu'elle avait distribué 2 355 repas en 15 jours de classe. **Combien de repas sont servis chaque jour en moyenne ?**

18 PROBLÈME M. Coche décide de s'acheter une nouvelle voiture qui coute 10 368 €. **Combien paiera-t-il chaque mois :**
a. s'il paie en 12 mensualités ?
b. s'il paie en 18 mensualités ?
c. s'il paie en 24 mensualités ?
d. s'il paie en 32 mensualités ?
e. s'il paie en 36 mensualités ?
f. s'il paie en 48 mensualités ?

Je résous des problèmes

1 ✶ La commune de Brest a relevé 42 mm de pluie durant une semaine. **Quelle quantité de pluie est tombée en moyenne par jour (en mm) ?**

2 ✶ Un cycliste a parcouru 28 km en une heure. **Quelle distance a-t-il parcourue en moyenne :**
a. en une ½ heure ?
b. en un ¼ d'heure ?

3 ✶ Blanche-Neige a préparé 84 cookies pour les 7 nains. **Combien de cookies donnera-t-elle à chacun d'eux ?**

4 ✶ Six amis vont au restaurant et se partagent équitablement l'addition qui est de 126 €. **Combien chacun va-t-il payer ?**

5 ✶ Les 444 places de ce parking sont réparties équitablement sur 3 étages. **Combien de places de parking y a-t-il à chaque étage ?**

6 ✶ Pour l'anniversaire de mariage de leurs parents, des frères et sœurs se cotisent pour leur offrir un canapé en cuir coutant 1 200 €. **Combien chacun doit-il donner :**
a. s'ils sont 3 frères et sœurs ?
b. s'ils sont 4 frères et sœurs ?

7 ✶ Un imprimeur a livré 240 dictionnaires dans des cartons pouvant en contenir 12. **Combien de cartons a-t-il remplis ?**

8 ✵ Durant la « Semaine du cinéma », une salle a enregistré 7 525 entrées. **Combien de spectateurs se sont rendus, chaque jour, en moyenne, au cinéma ?**

9 ✵ Johanna s'achète une nouvelle voiture coutant 10 500 €. Elle la paie en 12 mensualités. **Quel est le montant de chaque mensualité ?**

10 ✵ **Quel est le lot de boites de rangement le plus intéressant ? Justifie ta réponse.**

6 boites à 54 €

3 boites à 24 €

11 ✵ Un boulanger a utilisé 4 kg de farine pour fabriquer 25 baguettes. **Quelle quantité de farine faut-il pour une baguette (en g) ?**

12 ✵ Les parents de Sofiane achètent un nouveau lave-vaisselle coutant 249 €. Ils paient 89 € à la commande et règlent le reste en quatre paiements. **Quel est le montant de chaque paiement ?**

13 ✵ Un oiseau migrateur a parcouru 34 400 km en 80 jours. **Quelle distance a-t-il parcourue en moyenne par jour ?**

14 ✵ Il faut 8 minutes pour faire un verre de jus d'oranges pressées. **Combien de verres peut-on servir en 2 h 40 ?**

15 ✵ Une famille de quatre personnes part en voyage. Elle dépense 1 626 € pour le transport, 1 750 € pour la location et 980 € pour les frais sur place. **À combien revient ce voyage par personne ?**

16 Une entreprise fabrique 30 000 scoubidous par jour.
a. Combien de sachets de 15 scoubidous pourra-t-elle préparer ?
b. Sur les 30 000 scoubidous fabriqués, 75 avaient des défauts et ne seront pas mis en sachets.
Combien de sachets seront alors préparés ?

17 Une maraichère envoie quotidiennement sa récolte de salades par cagettes de 15 salades.
Recopie et complète le tableau.

Jours de récolte	Nombre de salades	Nombre de cagettes
Lundi	150	
Mardi	180	
Mercredi		14
Jeudi	165	
vendredi	225	

18 14 375 boites de conserve ont été recyclées pour fabriquer 25 charriots de supermarché.
Combien de boites de conserve sont nécessaires pour fabriquer un charriot ?

19 M. Bosol a dépensé 546 € pour refaire le sol de sa cuisine et de sa salle de bains. Il a choisi un carrelage vendu à 26 € le m^2.
Quelle est la surface de ces deux pièces ?

20 Une représentation théâtrale a rapporté 9 996 € en une soirée. Sachant que les places étaient vendues 17 €, **combien de spectateurs y ont assisté ?**

21 *Les Restos Bébés du Cœur* sont des centres qui accueillent les parents et leur bébé jusqu'à 18 mois pour leur venir en aide. Chaque année, ce sont près de 40 000 bébés qui sont ainsi accueillis et aidés dans les 81 *Restos Bébés du Cœur*.
Combien de bébés sont accueillis en moyenne dans chaque centre ?

22 Un professeur veut donner 625 problèmes à résoudre à ses élèves. S'il donne 5 problèmes par jour à chacun de ses 25 élèves, **combien de jours mettront les élèves à résoudre tous les problèmes ?**

23 M. Pollo a eu besoin de 28 kg de graines pour nourrir ses 25 poules pondeuses pendant une semaine. **Quelle quantité de graines (en g) donne-t-il à chacune de ses poules par jour ?**

24 La densité de population d'une ville correspond au nombre d'habitants par km^2.
Calcule la densité de population de ces quatre villes.

Villes	Nombre d'habitants	Superficie (en km^2)
Montrouge	42 002	2
Torcy	21 594	6
Menton	28 798	17
Poitiers	89 208	42

25 Un chauffeur-livreur a parcouru 115 855 km pour son travail dans l'année.
a. Sachant qu'il a droit à cinq semaines de congés payés, combien de kilomètres parcourt-il en moyenne par semaine ?
b. Sachant qu'il travaille 5 jours par semaine, combien de kilomètres parcourt-il en moyenne par jour ?

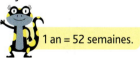
1 an = 52 semaines.

26 Un magazine hebdomadaire de programmes de télévision s'est vendu à 15 899 988 exemplaires en un an. **Combien de magazines ont été vendus en moyenne par semaine ?**

Additionner des nombres décimaux

Cherchons

Le triple saut est une épreuve d'athlétisme qui consiste à parcourir la plus grande distance possible en 3 sauts. Malik vient d'être qualifié pour les compétitions.

- Quelle performance a-t-il réalisée ?

Je retiens

- Pour poser une addition avec des nombres décimaux, on applique **les mêmes règles que pour les nombres entiers.**

> ❶ On cherche un **ordre de grandeur** du résultat avant de calculer.
> Ex. : 16,12 + 2,9 c'est proche de 16 + 3 = 19.
>
> ❷ **On aligne les chiffres de la partie entière :**
> les unités sous les unités, les dizaines sous les dizaines, etc.
>
> ❸ **On aligne les chiffres de la partie décimale** en alignant aussi **les virgules** : les dixièmes sous les dixièmes, les centièmes sous les centièmes, etc.
>
> ❹ On pense à **écrire la virgule au résultat** et on **vérifie son résultat** par rapport à l'ordre de grandeur.

partie entière	partie décimale
1¹6,	1 2
+ 2,	9
1 9,	0 2

Additionner en ligne

1 ★ Calcule les additions en ligne.
a. 20,7 + 4 = 24,7
b. 12,4 + 5 = 17,4
c. 2,8 + 18,2 = 21
d. 20,2 + 5,7 = 25,9
e. 12 + 8,8 = 20,8
f. 6,1 + 5,1 = 11,2
g. 10,5 + 10,5 = 21
h. 0,9 + 3,1 = 4

2 ★ Associe les nombres dont la somme est égale à 1.

| 0,2 | 0,3 | 0,5 | 0,6 | 0,1 |
| 0,7 | 0,4 | 0,5 | 0,9 | 0,8 |

3 ★ Associe les nombres dont la somme est égale à 5.

| 2,5 | 1,5 | 0,5 | 3,9 | 2,2 |
| 2,8 | 2,5 | 3,5 | 4,5 | 1,1 |

4 ★ Recopie et complète les égalités.
a. 0,6 + ... = 2
b. ... + 0,8 = 2
c. 0,5 + ... = 2
d. ... + 0,3 = 2
e. 2,5 + ... = 5
f. ... + 0,5 = 5
g. 3,5 + ... = 5
h. ... + 4,5 = 5

5 ★ Recopie et complète les égalités.
a. ... + 0,5 = 10
b. ... + 2,5 = 10
c. 5,5 + ... = 10
d. 3,5 + ... = 10
e. ... + 1,2 = 10
f. ... + 4,4 = 10
g. 7,1 + ... = 10
h. 9,1 + ... = 10

6 ★ Regroupe les nombres qui donnent des nombres entiers, puis calcule.
Ex. : 7,4 + 2 + 1,6 = (7,4 + 1,6) + 2 = 9 + 2 = 11
a. 2,5 + 4 + 2,5
b. 7 + 5,4 + 1,6 + 2
c. 0,7 + 9 + 0,3
d. 1,1 + 9 + 2,9 + 2,5

7 **PROBLÈME** Observe le tableau.

	5 cent	10 cent	20 cent	50 cent	1 €	2 €
	3,9 g	4,1 g	5,7 g	7,8 g	7,5 g	8,5 g

a. Combien pèsent ensemble :
– 1 pièce de 10 centimes et 1 pièce de 2 euros ?
– 1 pièce de 5 centimes et 1 pièce de 1 euro ?
b. Olivier a 35 centimes dans sa poche : quelle masse cela représente-t-il ? Trouve deux solutions.

Évaluer un résultat

8 ✶ Arrondis les nombres à l'unité la plus proche, puis évalue un ordre de grandeur.
Ex. : 51 + 8,9 → 51 + 9 = 60
a. 5,1 + 5
b. 3, 9 + 7,1
c. 2,7 + 20,9
d. 13 + 6,8
e. 1,9 + 8
f. 25,4 + 5,2
g. 33,7 + 10,1
h. 100,2 + 49,9

Poser l'addition

9 ✶ Évalue le résultat de chaque addition, puis calcule-les.

```
   3 6,0 5          3 2 0,3 5
 + 3 6,1 2        + 2 9 5,6 2
```

```
   1 0 1,8 7        2 5 0,3 9
 +   6 1,5 0      +   2 9,2 0
 +      9,8 5     +      4,0 5
```

10 ✶ Pose les additions et calcule-les.
a. 76,1 + 90,35 + 42,4
b. 841 + 76,09
c. 1271,5 + 35,87
d. 302,59 + 2,4 + 48,53
e. 30,8 + 25,81 + 33 + 158,10

11 ✶ **PROBLÈME** Pour faire de la compote pomme-poire, Mariette utilise 2 kg de pommes, 0,750 kg de poires, 0,50 kg de sucre et 0,02 kg de vanille. Elle verse le tout dans un saladier qui, vide, pèse 0,5 kg.
Combien pèse son saladier plein de compote ?

12 **PROBLÈME** Le car de ramassage scolaire fait le même trajet tous les matins et tous les soirs.

Mairie - Carrefour des 4 routes (10,3 Km)
Carrefour des 4 routes - Moulin de l'étang (8,75 Km)
Ferme du petit bois - École (6,5 Km)
Moulin de l'étang - Ferme du petit bois (4,10 Km)

a. Évalue la distance que le car effectue chaque matin (en km).
b. Calcule la distance qu'il parcourt le matin.
c. Calcule la distance qu'il parcourt dans la journée.

13 **PROBLÈME** Dans un saladier, Lucien verse :
– 1,75 L de jus d'orange ;
– 0,85 L de jus de cassis ;
– 0,25 L jus de jus de mangue ;
– 0,75 L d'eau pétillante.
Son saladier peut contenir 2,3 L.
Son super cocktail va-t-il déborder ?

14 **PROBLÈME** Alice a dépensé 50 € : elle a acheté quatre articles de cette vitrine.
Lesquels a-t-elle achetés ?

 13,25 €
 15,75 €
 18,70 €
 1,75 €
 16,30 €
 22,30 €

DÉFI MATHS

Yvan qui est très gourmand a décidé d'acheter le plus de gâteaux possible avec les 10 € de sa tirelire.
Que va-t-il choisir ?

1,50 € 2,10 € 2,20 € 3,20 €

Soustraire des nombres décimaux

Cherchons

• Quelle est la différence de taille et de poids entre un œuf de poule et un œuf d'autruche ?

Œuf de poule	Œuf d'autruche
4,25 cm	17,5 cm
0,150 kg	1,8 kg

Je retiens

• Pour poser une soustraction avec des nombres décimaux, on applique **les mêmes règles que pour les nombres entiers.**

❶ On cherche un **ordre de grandeur** du résultat avant de calculer.
Ex. : 45,63 – 29,75 c'est proche de 46 – 30 = 16.

❷ **On aligne les chiffres de la partie entière :**
les unités sous les unités, les dizaines sous les dizaines, etc.

❸ **On aligne les chiffres de la partie décimale**
en alignant aussi les virgules : les dixièmes sous les dixièmes, les centièmes sous les centièmes, etc.

❹ On peut compléter les parties décimales avec des zéros pour qu'elles aient le même nombre de chiffres.
Ex. : 408,3 peut s'écrire 408,3**0**.

partie entière	partie décimale
4 10 8, 3 10	
– 1 4 6, 2 7	
3 6 2, 0 3	

Soustraire en ligne

1 ★ Calcule les soustractions en ligne.

a. 4,5 – 1
b. 5,1 – 2
c. 3,6 – 3
d. 9,8 – 8
e. 6,7 – 1,7
f. 4,2 – 1,2
g. 6,6 – 2,6
h. 5,5 – 2,5
i. 0,9 – 0,2

2 ★ Associe les nombres dont la différence est égale à 5.

7,5   8,4   10,7   5,9   3,4
10,9   2,5   15,7   5,5   0,5

3 ★★ Calcule les soustractions en ligne.
Ex. : 1 – 0,6 = 0,4. On vérifie : 0,6 + 0,4 = 1.

a. 1 – 0,5
b. 1 – 0,2
c. 1 – 0,7
d. 1 – 0,8
e. 1 – 0,9
f. 10 – 5,5
g. 10 – 4,5
h. 10 – 3,5
i. 10 – 8,5

4 ★★ **PROBLÈME** Ce boa constrictor de Colombie qui mesure 1,65 m vient de changer de peau et sa mue mesure 1,35 m ! **Calcule sa croissance.**

5 ★★ **PROBLÈME** Arnold paye 13,75 € le matériel de peinture demandé par son club d'aquarelle. **Combien la vendeuse doit-elle lui rendre s'il donne :**

a. 1 billet de 10 € et 2 pièces de 2 euros ?
b. 1 billet de 10 € et 1 billet de 5 euros ?
c. 1 billet de 20 € ?

6 Calcule (en L) ce qu'il manque dans chaque récipient pour qu'il soit plein.

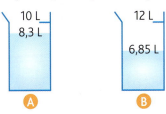

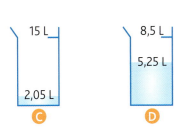

Évaluer un résultat

7 * Arrondis les nombres à l'unité la plus proche, puis calcule un ordre de grandeur des résultats.

Ex. : 42 − 8,7 → 42 − 9 = 33

a. 9 − 3,8   c. 50,2 − 6   e. 4,2 − 1
b. 6,9 − 5   d. 25 − 5,9   f. 90 − 11,1

8 * **PROBLÈME** Calculo fait ses comptes. Il possédait 68,10 € au début du mois de mai. Il a noté ses dépenses chaque semaine.

Du 1ᵉʳ au 7 mai	12,90 €
Du 8 au 15 mai	5 €
Du 16 au 23 mai	4,05 €
Du 24 au 31 mai	26,45 €

a. Évalue ses dépenses du mois de mai.
b. Évalue ce qu'il reste à Calculo à la fin du mois de mai.
c. Vérifie tes ordres de grandeurs en effectuant les calculs.

9 * Évalue les nouveaux prix après les réductions.

Ex. : 499 − 29,99 → 500 − 30 = 470 €

Article	Prix initial	Réduction
Vélo	399 €	19,90 €
Tablette numérique	550,80 €	82,60 €
Trottinette	118,25 €	11,82 €
Sac de sport	69 €	3,45 €

Poser la soustraction

10 * Évalue le résultat, puis calcule.

```
  3 3 2,7          4 1 2,9
−   1 1 2,4       −   7 2,7
```

```
  1 8 3,6 9        5 3 7,4 8
−     3 0,5 7    − 1 4 4,0 8
```

11 * Pose les soustractions puis calcule.

 Évalue l'ordre de grandeur de tes résultats et pense à replacer ta virgule au résultat.

a. 453,9 − 48,8   d. 709,92 − 126,21
b. 769,6 − 45,4   e. 150,48 − 15,25
c. 851,5 − 456,2 f. 497,84 − 124,32

12 * **PROBLÈME** Je mets 5,5 kg de fruits et du sucre dans une marmite qui, vide, pèse 1,2 kg. Je pèse la marmite et la balance affiche 8,8 kg. **Quelle quantité de sucre y a-t-il dans la marmite ?**

13 * Évalue le résultat, puis calcule.

```
  6 7 2,8 4        1 3 4,6 5
− 1 8 2,7 6      −   6 2,7 6
```

```
  9 5 3,6          4 1 5
−   7 2,5 7      − 2 0 2,3 4
```

14 ** Pose les soustractions puis calcule.

a. 317,7 − 214,9   d. 148,52 − 126,92
b. 607,8 − 254,32 e. 325,44 − 15,18
c. 769 − 45,6   f. 941 − 247,67

DÉFI MATHS

Aggie mesure 0,15 m de moins que Minny qui mesure 0,05 m de moins que Iona qui mesure 1,45 m. **Quelle différence de taille y a-t-il entre Aggie et Iona ? Combien mesurent Minny et Aggie ?**

Multiplier et diviser un nombre décimal par 10, 100, 1 000

Cherchons

- Quelle formule est la plus avantageuse pour nos supporters ? Combien paiera un groupe de 10 supporters ? de 90 supporters ? de 110 supporters ? de 200 supporters ?

Je retiens

- Quand on **multiplie un nombre décimal par 10, 100, 1 000,** il devient **10 fois, 100 fois, 1 000 fois plus grand.**

  – Si je **multiplie** 4,67 **par 10**, j'obtiens un nombre **10 fois plus grand**.
  4,67 × 10 = 46,7 → 46,7 est 10 fois plus grand que 4,67
  – Si je **multiplie** 4,67 **par 100**, j'obtiens un nombre **100 fois plus grand**.
  4,67 × 100 = 467 → 467 est 100 fois plus grand que 4,67

- Quand on **divise un nombre décimal par 10, 100, 1 000,** il devient **10, 100, 1000 fois plus petit.**

  – Si je **divise** 24,6 **par 10**, j'obtiens un nombre **10 fois plus petit**.
  24,6 : 10 = 2,46 → 2,46 est 10 fois plus petit que 24,6
  – Si je **divise** 24,6 **par 100**, j'obtiens un nombre **100 fois plus petit**.
  24,6 : 100 = 0,246 → 0,246 est 100 fois plus petit que 24,6

- Il est important de vérifier l'ordre de grandeur du résultat de son calcul.

Multiplier un nombre décimal par 10, 100, 1 000

1 ★ Associe chaque nombre avec celui :
a. qui est 10 fois plus grand.

| 71,2 | 455 | 4,5 | 0,45 | 45,5 |
| 25 | 2,5 | 7,12 | 2,5 | 0,25 |

b. qui est 100 fois plus grand.

| 122 | 0,1 | 10 | 0,02 | 2 |
| 1,2 | 12 | 0,12 | 120 | 1,22 |

2 ★ Multiplie par 10.

Multiplier un nombre décimal par 10, 100, etc. revient à décaler la virgule vers la droite.

a. 25,8
b. 11,62
c. 30,7
d. 9,2
e. 77,6
f. 10,3
g. 237,75
h. 1,5

3 ★ Multiplie par 100.
a. 6,72 – 6,79 – 45,3 – 34,89 – 13,02
b. 1,45 – 0,67 – 4,78 – 3,08 – 0,68

4 Recopie et complète.

Vérifie tes multiplications une fois complétées.

a. 100 × ... = 15
b. 100 × ... = 123
c. 100 × ... = 64
d. 10 × ... = 1,2
e. 10 × ... = 26,5
f. 100 × ... = 55,73

5 PROBLÈME Combien coutent :

a. 10 règles ?
b. 10 livres ?
c. 100 feuilles ?
d. 100 crayons ?
e. 10 tablettes ?

6 Recopie et calcule.

a. 6,3 × 100
b. 1,46 × 1000
c. 0,38 × 100
d. 7,42 × 100
e. 0,258 × 1000
f. 75,15 × 1000

7 Reproduis et complète le tableau.

Désignation	Quantité	Prix à l'unité	Prix du lot
1 L d'eau minérale	10	1,18 €	...
1 canette de soda	100	0,65 €	...
1 kg de pommes	1000	2,75 €	...

8 PROBLÈME Savais-tu qu'un château fort était actuellement en construction en France ? Voici l'aspect qu'aura le château de Guédelon une fois terminé. Ce schéma est 1 000 fois plus petit que la future taille du château. **Quelles seront ses dimensions réelles en mètres ?**

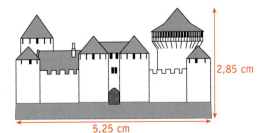

9 Recopie et complète.

a. ... × 10 = 28,4
b. 100 × ... = 219
c. 3,52 × ... = 35,2
d. ... × 7,07 = 707
e. 0,105 × ... = 10,5
f. 10 × ... = 847,2

Diviser un nombre décimal par 10, 100, 1000

10 Divise par 10.

Diviser un nombre décimal par 10, 100, etc. revient à décaler la virgule vers la gauche.

a. 41,2
b. 612,7
c. 293,5
d. 85,29
e. 30,4
f. 5,5
g. 73,23
h. 0,7

11 PROBLÈME Quel est le prix de :

Attention à l'ordre de grandeur du résultat.

a. 1 bobine de fil si 10 bobines coutent 15,10 € ?
b. 1 m de tissu si 100 mètres coutent 1 950,00 € ?
c. 1 bouton si 1 000 boutons coutent 120 € ?
d. 1 machine à coudre si 10 machines coutent 5678,50 € ?

12 Recopie et complète.

Ex. : 6,75 est 10 fois plus petit que 67,5

a. 16,5 : ... = 1,65
b. 108,7 : ... = 1,087
c. 0,5 : ... = 0,05
d. 37,5 : ... = 0,375
e. 46,4 : ... = 4,64
f. 1,9 : ... = 0,19

13 PROBLÈME

L'A330 a effectué son premier vol en 1995. Les dimensions de cet appareil sont les suivantes : longueur 58,8 m, envergure 60,3 m, hauteur 17,4 m. **Quelles seraient les dimensions d'une maquette 100 fois plus petite, en m puis en mm ?**

DÉFI MATHS

Je suis plus petit que 0,5 × 10 mais plus grand que 24,5 : 10.
Je suis plus grand que 322,7 : 100 mais plus petit que 0,04 × 100.
Je suis ?

| 2,03 | 2,50 | 3,2 | 3,6 | 4 | 4,25 |

Je révise

Additionner des nombres décimaux

1 ★ **Calcule les additions en ligne.**
a. 2,5 + 3
b. 4,5 + 7
c. 6,2 + 0,4
d. 2,7 + 5
e. 3 + 2,8
f. 5 + 1,9
g. 4,3 + 4
h. 14 + 2,8
i. 0,7 + 5

2 ★ **Complète pour obtenir 2.**
a. 1,5 + …
b. 1,3 + …
c. 1,8 + …
d. 0,5 + …
e. 0,4 + …
f. 0,9 + …

3 ★ **PROBLÈME** Pour se rendre au stade, Mohamed parcourt 0,7 km à pied puis il prend le bus pour parcourir les 3,2 km restants.
À quelle distance de chez lui est le stade ?

4 ★ **Calcule rapidement.**
a. 0,7 + 0,7
b. 0,8 + 0,8
c. 0,9 + 0,9
d. 0,3 + 0,5
e. 0,1 + 0,8
f. 0,4 + 0,3

5 ★ **Évalue un ordre de grandeur des résultats.**
Ex. : 8,9 + 4,1 → 9 + 4 = 13
a. 8,2 + 3
b. 1,9 + 7,8
c. 6,7 + 1,9
d. 7 + 3,9
e. 7,1 + 1,9
f. 8,9 + 3,2

6 ★ **Recopie et complète cette pyramide en additionnant les nombres de 2 cases voisines.**

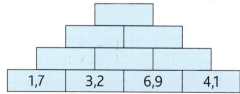

7 ★ **Recopie et complète cette pyramide en additionnant les nombres de 2 cases voisines.**

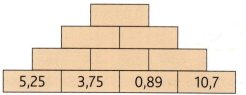

8 ★ **Pose les additions puis calcule.**
a. 76,6 + 21,53
b. 32,07 + 9,89
c. 79,02 + 7,52 + 2,5
d. 230,25 + 75 + 3,34

9 ★ **Additionne les nombres qui sont dans les cases de même couleur.**

3,4	6,37	4,34	7,8	9,12
0,02	8,1	2,5	4,9	3,7
0,45	0,87	9,51	5,55	6,95

10 ★ **PROBLÈME** L'ours Bernie a fini son hibernation. À l'automne il pesait 456 kg, voici ce qu'il a perdu :
– en novembre : 13,5 kg ;
– en décembre : 12,850 kg ;
– en janvier : 11,050 kg ;
– en février : 14,780 kg ;
– en mars : 13,7 kg.
Combien de kilos a-t-il perdus en 5 mois ?

Soustraire des nombres décimaux

11 ★ **Calcule.**
a. 5,6 − 2
b. 5,3 − 2,1
c. 6,7 − 4,3
d. 8,4 − 3,4

12 ★ **PROBLÈME** Chaque coureur avait une gourde de 1 L d'eau :
– le coureur A a bu 0,8 L de sa gourde ;
– le coureur B en a bu 0,5 L ;
– le coureur C en a bu 0,3 L ;
Calcule ce qu'il reste d'eau à chacun.

13 ★ **Calcule.**
a. 2 − 1,6
b. 6 − 2,7
c. 8 − 4,2
d. 8 − 1,5

14 ★ **Arrondis les nombres à l'unité la plus proche, puis évalue un ordre de grandeur des résultats.**
Ex. : 18,8 − 2,1 → 19 − 2 = 17
a. 5,8 − 2,8
b. 17,9 − 5,7
c. 12,1 − 2,8
d. 56 − 12,8

15 **PROBLÈME** Sonia a tracé ces 3 segments.

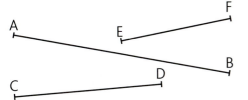

Elle doit gommer 2,3 cm sur chaque segment. **Trace les 3 segments qu'elle va obtenir et écris leur nouvelle longueur.**

16 Soustrais les nombres qui sont dans les cases de même couleur.

12,8	1,9	15,75	14,64
21,7	8,3	9,8	9,9
45,6	16,07	0,27	3,8

Le plus grand nombre est toujours le premier.

17 Pose les soustractions et calcule.
a. 65,23 − 12,6
b. 10,40 − 5,32
c. 77,6 − 9,05
d. 13,07 − 4,5
e. 346,03 − 180,45
f. 678 − 58,72

18 Recopie cette pyramide et retrouve les nombres manquants en effectuant les soustractions nécessaires.

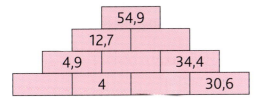

19 **PROBLÈME** Tous les mois la famille Pariche paye des charges pour sa maison :
– 645,78 € d'eau ;
– 79,34 € de gaz ;
– 236,7 € d'électricité ;
– 65,95 € de téléphone et Internet.
Leurs revenus sont de 3 500 € par mois.
Quelle somme les charges représentent-elles ? Combien leur reste-t-il par mois ?

20 **PROBLÈME** Mme Laroute a calculé qu'elle a parcouru 15 215,64 km dans l'année ; soit 984,71 km de plus que M. Hubert. **Quelle distance M. Hubert a-t-il parcourue ?**

Multiplier et diviser un nombre décimal par 10, 100, 1000

21 **PROBLÈME** Retrouve le prix d'un lot de :

a. 100 sucettes
b. 100 boules
c. 1 000 timbres
d. 10 manettes

22 Multiplie les nombres par 10, puis par 100.
a. 3,2 – 5,3 – 15,6 – 2,9 – 67,6 – 12,7
b. 5,45 – 3,74 – 7,48 – 36,93 – 612,34
c. 0,13 – 0,89 – 67,36 – 0,7 – 0,13 – 0,05

23 **PROBLÈME** a. Retrouve la masse d'une tablette de chocolat, d'un pot de confiture, d'un ordinateur, d'un ballon.

Le lot de 10 tablettes : 2,5 Kg
Le lot de 100 pots : 67,2 Kg
Le lot de 10 ordinateurs : 32,8 Kg
Le lot de 100 ballons : 50,5 Kg

b. Convertis tes résultats en grammes.

24 Divise les nombres par 10.
a. 25,7 – 74,4 – 19,1 – 148,3 – 51,4 – 35,9
b. 3,4 – 1,9 – 0,5 – 18,15 – 123,7 – 8,7

25 Divise les nombres par 100.
33,5 – 247,5 – 312,9 – 40,2 – 100,8

26 Recopie et complète.
a. 2,1 × 10 = …
b. 0,5 : … = 0,05
c. 3,59 × … = 35,9
d. … : 10 = 6,82
e. 0,07 × 10 = …
f. 4,78 × 100 = …
g. 31,8 : 10 = …
h. … × 10 = 70,2

27 Effectue les suites de calculs.
a. (250,4 : 10) + (3,42 × 10) + (687,5 : 100) − (20,1 : 10)
b. (74 − 6,32) + (0,66 × 10) + (57,2 : 10) − (0,5 × 100)
c. (54,3 + 100,25) − (15 − 7,89) − (1 + 0,66) : (100) + (0,67 × 10)

CALCULS

Je résous des problèmes

1 ✶ Sofian a constaté que depuis la dernière visite médicale où il mesurait 1,32 m, il a grandi de 0,05 m.
Combien mesure-t-il à présent ? (en m et en cm)

2 ✶ Gaspard participe à un marathon. Il a déjà parcouru 34,8 km sur les 42,3 km du trajet.
Combien lui reste-t-il à parcourir ?

3 ✶ **Combien coute 1 kg de pommes ?**

4 ✶ Le poids maximal autorisé dans le manège d'une fête foraine est de 100 kg. Anna pèse 44,2 kg, son frère Victor pèse 37,9 kg et leur ami Phil pèse 31 kg.
Pourront-ils monter tous ensemble ?

5 ✶ **Combien pèsent :**
10 boites de conserve ?
100 boites de conserve ?
1000 boites de conserve ?

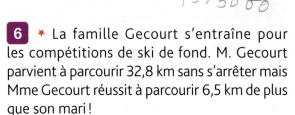

6 ✶ La famille Gecourt s'entraîne pour les compétitions de ski de fond. M. Gecourt parvient à parcourir 32,8 km sans s'arrêter mais Mme Gecourt réussit à parcourir 6,5 km de plus que son mari !
Combien Mme Gecourt réussit-elle à parcourir ?

7 ✶ Il y a 2 ans, un timbre coutait 0,56 €, c'est 0,15 € de moins que maintenant.
Combien coute un timbre ?

8 ✶ Lors de la livraison de 1200 L d'huile, un oléiculteur casse des bouteilles et perd 235,5 L de sa marchandise.
Quelle quantité d'huile lui reste-t-il à vendre ? (en litres)

9 ✶ Tom a récolté 15,75 kg de noix. Les coquilles représentent 5,9 kg. **Quelle quantité de cerneaux de noix a-t-il obtenue ?**

10 ✶ Jack veut acheter un vélo qui coute 230,50 €. Il a déjà économisé 158,80 €.
Combien lui manque-t-il pour acheter le vélo ?

11 ✶ Pour son anniversaire, Carla confectionne un gâteau. Elle a mis 0,250 kg de farine, 0,125 kg de beurre, 0,75 kg de chocolat, 0,5 kg de sucre et 0,155 kg de noix.
Combien pèse son gâteau ? (en kg et en g)

12 ✶✶ Les parents de Basile ont acheté une table de salle à manger et 10 chaises identiques. La table seule coute 350 €. Ils ont payé 1008 € pour l'ensemble. **Combien coute une chaise ?**

13 ✶✶ Une camionnette vide pèse 750 kg. Si on la charge avec un canapé de 155,5 kg, un réfrigérateur de 67,8 kg, un buffet de 90,4 kg, **pourra-t-elle passer sur un pont avec l'indication ci-contre ?**

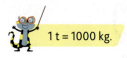

1 t = 1000 kg.

14 ✶✶ Milou a ramassé des châtaignes qu'il a réparties dans trois sacs. Le premier sac pèse 3,75 kg, le second pèse 4,5 kg et le dernier, qui est très lourd, pèse 0,800 kg de plus que les 2 autres réunis. **Quel poids de châtaignes Milou a-t-il ramassé ?**

15 ✶✶ Carole a 32,55 € dans sa tirelire. C'est 4,50 € de moins que Lydia.
Combien Lydia a-t-elle d'économies ?

16 ✶✶ Bob a acheté sa tablette 15,50 € de plus que sur Internet où elle coute 89,30 €.
Combien a-t-il acheté sa tablette ?

17 Dans ce panier, il y a 2,75 kg de bananes, 3,6 kg d'oranges et 2,05 kg de pommes. **Combien pèse le panier vide ?**

18 Bill économise pour acheter une console de jeux. Il a déjà 98,25 € mais il lui manque 30,50 € pour acheter la console. **Combien coute la console ?**

19 Sur la bobine de ruban cadeau de 5 m que Rita a acheté, elle en a déjà utilisé 0,45 m pour le cadeau de Gran'Ma, 1,15 m pour le cadeau de Joe et 2,5 m pour celui d'Achille.
Elle a besoin de 1,05 m pour celui de Gran'Pa. En aura-t-elle assez pour emballer le cadeau de Gran'Pa ?
**Si oui, quelle quantité de ruban lui restera-t-il ?
Si non, quelle quantité de ruban lui manquera-t-il ?**

20 **Combien pèse un camion de 1 550 kg chargé de 10 caisses contenant chacune 100 paquets de lessive pesant 1,75 kg ?**

21 Pour la fin de l'année, une école décide de consacrer un budget de 350 € aux décorations de Noël. Elle commande 1 sapin à 12,75 € pour chacune des 10 classes de l'école, un grand sapin à 45,50 € pour le préau et divers objets de décoration. **Quelle somme sera consacrée à la décoration ?**

22 La princesse Cassecou a réussi à s'échapper de son donjon en nouant des cordes ensemble. Elle a calculé qu'il lui fallait 0,80 m de corde pour faire un nœud.
De quelle longueur de corde avait-elle besoin ?

23 La famille Dubol a gagné 2 000 € au loto. Elle décide de s'offrir une croisière avec la somme gagnée et dépense 1 055,80 € pour la croisière, 180 € pour une valise, 426,50 € de vêtements et rapporte des souvenirs pour toute la famille. Quand ils reviennent, ils ont tout dépensé. **Quelle somme ont-ils consacré pour l'achat des souvenirs ?**

24 Lucie a décidé de revendre son 4×4. Elle fait faire quelques réparations pour 1 254,75 € puis le met en vente à 9 990 €. Elle calcule qu'elle revend sa voiture 3 755,25 € de moins que le prix qu'elle l'a payé. **Combien Lucie avait-elle payé son 4×4 ?**

25 L'entreprise Kiconte a calculé qu'elle avait réduit sa consommation de fuel de 312,45 L par rapport à sa facture de 2015 et que cela lui coutait 76,80 € de moins.

Année	Consommation	Prix à payer
2016	1255,8 L	879,55 €

a. Quelle était la consommation de fuel de cette entreprise en 2015 ?
b. Combien avait-elle payé en 2015 ?

26 Ce mois-ci, Hugo le fleuriste a acheté 100 œillets à 0,90 € l'un, 100 roses rouges à 1,12 € l'une, 100 roses blanches à 1,50 € l'une et 100 amaryllis à 2,75 € l'un.
a. Combien a-t-il dépensé en tout ?
Avec ces fleurs il confectionne 100 bouquets identiques qu'il revend pour 750 € en tout.
b. Combien a-t-il vendu un bouquet ?

27 Pour fabriquer des arbres en perles et fil de fer, le maitre a acheté 10 bobines de 3,5 m de fil de fer qu'il a payé 122 € et 10 sacs de perles multicolores à 5,75 € pièce.
a. Combien coute une bobine de fil de fer ?
b. Combien coutent les perles ?
c. Combien a-t-il payé en tout ?
Avec le fil de fer, le maitre coupe 100 baguettes identiques. **Combien mesure chaque baguette (en m et en cm) ?**

Lire et utiliser un graphique

Cherchons

Voici deux graphiques qui permettent d'étudier la consommation d'eau en France et dans le monde.

Consommation domestique journalière d'eau potable en France (en litre/hab/jour)

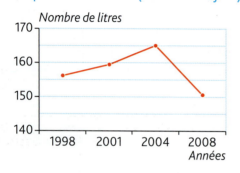

Consommation d'eau (litre/habitant)

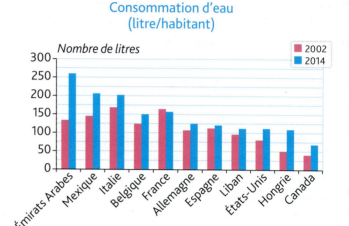

- Que peut-on dire de la consommation d'eau des Français ? de celle d'autres pays ?

Je retiens

- Les **graphiques** permettent de **présenter**, de **lire et de comparer des données** chiffrées de manière claire et lisible pour les analyser ou faire des calculs. Il existe des graphiques **en courbe(s)**, **en bâtons** ou **en secteurs** (camemberts).

- **Pour prélever une information** sur un graphique en courbe ou en bâtons, **il faut croiser une information de l'axe horizontal et une de l'axe vertical.** Les légendes de ces axes apportent les renseignements nécessaires à la lecture du graphique.

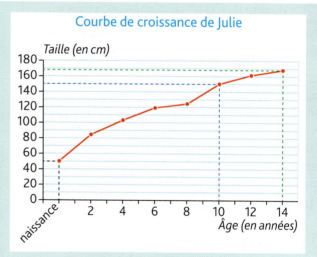

Ex. : Julie mesurait 150 cm à 10 ans. En regardant la taille qu'elle a à 14 ans, on calcule qu'elle a grandi de 18 cm en 4 ans.

Prélever des informations dans un graphique

1 ★ Observe le graphique et réponds.

a. Quelle classe a le plus d'élèves ?
b. Combien d'élèves y a-t-il en CE1 ? en CP ?

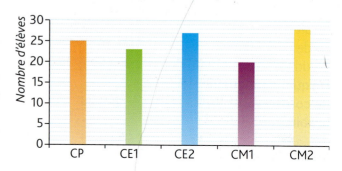

2 ★ **PROBLÈME** Nadia fait voter ses camarades pour connaitre leur sport préféré.

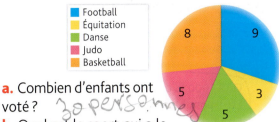

a. Combien d'enfants ont voté ?
b. Quel est le sport qui a le plus de succès ? le moins de succès ?

3 ★ Observe le graphique et réponds.

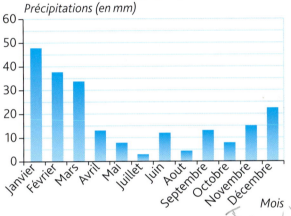

a. Quel est le mois où il pleut le plus ?
b. Quelle quantité de pluie tombe au mois de mars (en mm) ?
c. Quels sont les mois où il pleut plus qu'en mars ?

4 ★ Observe le graphique.

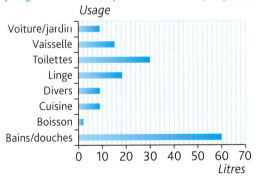

Source : *Syndicat intercommunal des eaux de Voirons.*

a. Quelle utilisation quotidienne consomme le plus d'eau ? le moins d'eau ?
b. Quels sont les trois usages de l'eau qui consomment autant ?
c. Quelle quantité d'eau est utilisée pour laver le linge ?

Utiliser un graphique pour calculer

5 ★ **PROBLÈME** Arthur est chauffeur routier.
Calcule :
a. La distance qu'il parcourt en une semaine.
b. La différence de kilométrage qu'il parcourt entre le jeudi et le samedi.

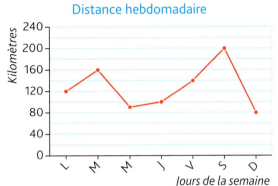

6 ★★ **PROBLÈME** Léo fait ses comptes. Pour les étrennes de janvier, il a reçu 50 €. Chaque début de mois, il inscrit la somme qui lui reste après ses dépenses.

a. Quels mois a-t-il reçu une nouvelle somme d'argent ? Quel mois n'a-t-il rien dépensé ?
b. Combien a-t-il reçu en juin ?
c. Combien a-t-il dépensé en tout ?

DÉFI MATHS

Sofia a 2 billes de plus que Cléo mais 6 billes de moins que Tania. Tania a 5 billes de moins qu'Alya. **Retrouve le nombre de billes de chaque enfant.**

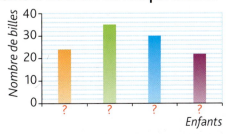

Lire et utiliser un tableau

Cherchons

On a 1 000 € dans la coopérative scolaire.
Est-il possible d'acheter tout cela ?
Si oui, combien restera-t-il d'euros ?
Si non, qu'est-ce que je vais pouvoir retirer ?

• Aide Stan à faire les comptes et à répondre à ses questions.

Je retiens

• Pour **lire une information dans un tableau**, il faut **croiser une ligne et une colonne**.

Catégorie	Neufs	En bon état	À réparer	À jeter	Livres disponibles
Romans	12	156	3	0	171
Dictionnaires	5	25	0	0	30
BD	0	**82**	7	1	88
Documentaires	0	50	0	0	50
Magazines	20	25	0	**6**	49
Mangas	15	35	10	2	58

Il y a 82 BD en bon état.

Il faut jeter 6 magazines.

• On peut prélever des informations dans un tableau pour faire des calculs et résoudre des problèmes.

Ex. : Le bibliothécaire a 35 mangas en bon état, il en répare 10, en achète 15 et il en jette 2.
(15 + 35 + 10) – 2 = 58

Prélever des informations dans un tableau

1 ★ Observe le tableau et réponds par vrai ou faux.

Année	1931	1936	1946	1954	1962	1968	1975	1982	1990	2013
Population (en millions)	41	41	40	42	46	49	52	54	56	66

a. La population n'a pas évolué entre 1931 et 1936.
b. La population a baissé de 1 million entre 1936 et 1946.
c. La population a augmenté régulièrement à partir de 1954.

2. Observe le tableau puis réponds aux questions.

Ateliers sportifs de l'école Germaine Tillion

Sports	Filles	Garçons
Judo	12	18
Gymnastique	24	15
Athlétisme	14	14
Escrime	6	17
Basket	8	10
Natation	12	11

a. Combien de filles pratiquent l'escrime ?
b. Combien de garçons pratiquent le basket ?
c. Quel est le sport qui est autant pratiqué par les filles que les garçons ?
d. Quel est le sport le plus pratiqué par les filles ?

Utiliser un tableau pour calculer

3. PROBLÈME
Chaque dimanche, Mme Oto relève le compteur de sa voiture puis elle marque chaque jour le nombre de kilomètres qu'elle parcourt jusqu'au dimanche suivant.

Nombre de kilomètres effectués par Mme Oto

Jour	D	L	M	M	J	V	S	D
Nombre de km	73409	125	89	148	156	191	25	?????

a. Quel jour a-t-elle le plus circulé ?
b. Combien de kilomètres a-t-elle parcourus dans la semaine ?
c. Combien marque son compteur le dimanche suivant ?

4. PROBLÈME
Voici le tableau des 8 premières nations classées aux JO de Londres de 2012.

a. Calcule les données qui ont été effacées.
b. Calcule le nombre de médailles d'or obtenues par ces 8 pays.
c. Calcule le nombre total de médailles obtenues par ces 8 pays.
d. Calcule la différence entre le nombre de médailles obtenues par les USA et l'Italie ?

Tableau des médailles aux JO de Londres 2012

	Or	Argent	Bronze	Total
États-Unis	46	28	29	A
République populaire de Chine	38	27	23	88
Grande-Bretagne	29	17	19	65
Russie	B	26	32	81
Corée du Sud	13	8	7	D
Allemagne	11	19	14	44
France	11	11	C	35
Italie	8	E	11	28

5. PROBLÈME
En 2015, un concessionnaire automobile a vendu 124 voitures, 27 remorques et 6 motos. En 2014, il a vendu 175 voitures et 8 motos. En 2013, il a vendu 98 voitures, 7 remorques et 14 motos.

a. Reproduis et complète le tableau.
b. Calcule le nombre de véhicules vendus chaque année.
c. Calcule le nombre de véhicules vendus par catégorie.

	Voitures	Remorques	Motos	Total
2013				
2014				
2015				
Total				

DÉFI MATHS

M. Radin est perdu dans ses comptes !
Comment peux-tu l'aider à calculer ses dépenses ?

Utiliser un tableur pour calculer

lienmini.fr/nopmcm1

Cherchons

Samir utilise un tableur pour calculer ses dépenses.

	A	B	C	D
1	Dépenses club de tennis de table			
2	Articles	Prix à l'unité	Quantité	Total
3	Pack de 50 balles	8	17	136
4	Raquettes	15	24	=B4*C4
5	Maillots	24	12	
6				

- Pourquoi a-t-il tapé : = B4*C4 ?
- Comment est-il arrivé au résultat 136 dans la cellule D3 ?

Je retiens

- Un **tableur** est un logiciel qui permet de **faire des calculs** et de **résoudre des problèmes** sous forme de **tableaux**.

- Les pages s'appellent des **feuilles de calcul**.
  – Dans une feuille de calcul, il y a des lignes, des colonnes et à leur croisement des **cellules**.
  – Dans une cellule, on peut écrire : du **texte**, des **nombres** ou des **formules pour calculer**.

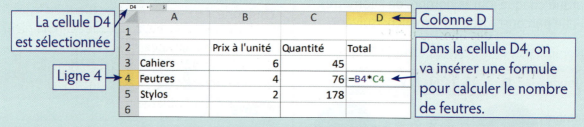

- Pour additionner (+) soustraire (-), multiplier (*) ou diviser(/), on commence toujours par taper le signe = dans la cellule où l'on souhaite avoir le résultat, puis on clique sur les cellules qui contiennent les nombres que l'on veut additionner, soustraire, multiplier ou diviser.

Se repérer dans une feuille de calcul

1 ★ Observe cette feuille de calcul.

	A	B
1	Filles	Garçons
2	12	13
3	13	14
4	16	12
5	11	15
6	10	17
7		

a. Quelle cellule est sélectionnée ?

b. Que va-t-on chercher à calculer dans la cellule A7 ? et dans la B7 ?

c. Choisis la formule qu'il faudra écrire dans la cellule A7 :

= A2+A3+A4+A5+A6   ENTREE

A2+A3+A4+A5+A6   ENTRÉE

= B2+B3+B4+B5+B6   ENTRÉE

d. Écris la formule que tu devras écrire dans la cellule B7.

2 ★ Ouvre une feuille de calcul sur un tableur et recopie ces données.

N'oublie pas de taper =.

	A	B	C	D
1				
2		45	12	
3		134	97	
4				

a. Dans la cellule B4, calcule B2 + B3.
b. Dans la cellule D2, calcule B2 × C2.
c. Dans la cellule D3, calcule B3 – C3.

3 ✶ Observe la feuille de calcul.

	A	B	C	D
1		Filles	Garçons	
2	2006	12	15	
3	2007	8	13	
4	2008	14	10	
5				

a. Dans quelle cellule trouves-tu : le nombre 2007 ? le mot « garçons » ? le nombre de filles nées en 2008 ?
b. À ton avis, qu'a-t-on représenté dans cette feuille ?
c. Écris le nom de la cellule où tu peux calculer : le total des filles, le total des garçons, le nombre d'enfants nés en 2006.
d. Que calcule-t-on si on tape :
= C2+C3+C4 ENTREE ?   = B3+C3 ENTREE ?

Utiliser une feuille de calcul pour résoudre un problème

4 ★ PROBLÈME Recopie ces données.

	A	B	C	D
1		Cantine	Étude	
2	CP	12	6	
3	CE1	10	10	
4	CE2	16	0	
5	CM1	14	2	
6	CM2	20	11	
7	Total			

a. Donne un nom à la feuille de calcul.
b. Tape la formule dans la cellule B7 pour calculer le nombre d'élèves qui restent à la cantine.
c. Tape la formule dans la cellule C7 pour calculer le nombre d'élèves qui restent à l'étude.

5 ✶✶ PROBLÈME Léa s'occupe des comptes de l'école. Elle fait un bilan.

	A	B	C	D
1		Entrées d'argent	Dépenses	Reste
2	CP	212	184	
3	CE1	145	95	
4	CE2	97	34	
5	CM1	167	129	
6	CM2	124	58	
7	Total			

a. Combien l'école a-t-elle collecté d'argent ?
b. Combien a-t-elle dépensé ?
c. Combien reste-t-il pour chaque classe ?
d. L'école pourra-t-elle acheter un vidéoprojecteur à 275 € ?

6 ✶✶ PROBLÈME Trois amis sont partis en vacances ensemble et ont payé les sommes suivantes. Ils font leurs comptes.

	A	B	C	D	E	F
1		Jean	Pierre	Marc	Total	
2	Nourriture	36	42	21		
3	Hébergement	27	51	33		
4	Transports	62	102	67		
5	Loisirs	14	9	0		
6						

a. Combien chacun a-t-il dépensé ?
b. Combien a couté l'hébergement au total ?
c. Dans la cellule rouge, calcule combien leur ont couté les vacances.
d. Dans la cellule verte, calcule combien le séjour a couté à chacun d'entre eux s'ils partagent équitablement les frais.

DÉFI MATHS

	A	B	C
1	8		
2	45		
3	567		
4	3 978		

Quelle formule faut-il taper pour calculer :

– le produit de 567 par 45 dans la cellule rose ?

– la différence entre 3 978 et 567 dans la cellule bleue ?

– le quotient de 3 978 divisé par 8 dans la cellule jaune ?

Aborder la proportionnalité

Cherchons

- La boulangère s'est-elle trompée dans l'étiquetage des prix des paquets de bonbons ? Pourquoi ?

Je retiens

- **Comment reconnaitre une situation de proportionnalité ?**

Si 5 livres identiques pèsent 9 kg alors 15 livres pèsent 27 kg car il y a 3 fois plus de livres (5 × 3 = 15).
Le poids des livres sera donc 3 fois plus grand (9 × 3 = 27).
Si on **multiplie le nombre de livres par 3** alors **on multiplie leur poids par 3**.
Le poids des livres **est proportionnel au nombre** de livres. **C'est une situation de proportionnalité**.
Attention : Si le lot de 3 stylos coute 5 € et que le lot de 12 stylos coute 10 €, alors le prix des stylos n'est pas proportionnel au nombre de stylos (il y a 4 fois plus de stylos mais le prix n'est pas 4 fois plus grand). **Ce n'est pas une situation de proportionnalité.**

Reconnaitre une situation de proportionnalité

1 ★ Quelles sont les situations de proportionnalité ?

a. Si 2 kg de cerises coutent 6 € alors 4 kg de cerises coutent 12 €.

b. Si j'utilise 4 L de jus d'orange pour 10 enfants alors j'utilise 8 L de jus d'orange pour 20 enfants.

c. Si 1 pas mesure 50 cm alors 3 pas mesurent 150 cm.

2 ★ **PROBLÈME** Pour chaque problème, indique s'il s'agit d'une situation de proportionnalité.

a. Charline utilise 25 cL de lait pour faire 12 crêpes et 50 cL pour en faire 30.

b. Un robinet qui fuit perd 12 L d'eau par heure. En 5 heures il a perdu 60 L d'eau.

3 ★ Indique pour chaque tableau s'il s'agit d'une situation de proportionnalité et justifie ta réponse.

a.

Nombre d'adultes	1	3	5	10
Prix en (€) de l'entrée au château	11	33	55	110

b.

Quantité d'eau par douche (en L)	80	160	240	320	400
Nombre de douches	2	4	6	8	10

c.

Nombre de roses	5	10	15	20	25
Prix en €	2	5	7	10	12

d.

Quantité d'essence (en L)	4	8	12	6	14
Distance (en km)	100	200	300	150	350

Compléter des tableaux de proportionnalité

4 ★ Reproduis et complète le tableau.

1 heure de conduite à l'auto-école coute 40 €.

Nombre d'heures de conduite	1	2	3	4	5	10
Tarif (en €)	40	...	...	...	...	...

5 ★ Reproduis et complète le tableau.

Mesures d'un côté d'un carré	2 cm	6 cm	10 cm	15 cm	...
Périmètre (en cm)	...	...	...	...	200 cm

a. Comment as-tu calculé le périmètre de chaque carré ?
b. Quel calcul as-tu fait pour compléter la case jaune ?

6 ✲ Reproduis et complète le tableau.

Nombre de personnes	4	8	12	16	40
Nombre d'œufs	6	12	...	...	...

Comment vas-tu calculer le nombre d'œufs pour 12 personnes ? pour 16 ? pour 40 ?

7 ✲ Reproduis et complète le tableau.

Nombre de seaux	15	30	75	150	225
Nombre de litres	165				
Nombre de citernes	1				

a. Combien de citernes peut-on remplir avec 150 seaux ?
b. Combien de litres d'eau permettent de remplir 5 citernes ?

8 ✲ **PROBLÈME** L'école commande des stylos. Les 3 classes de CM1 ont 88 élèves.

Nombre de boites	2	7	...	...	...
Nombre de stylos	50	...	...	600	1800
Prix	8 €	...	64 €	...	...

a. Reproduis et complète le tableau.
b. Combien de boites de stylos les maitres de CM1 doivent-ils commander ?
c. Combien l'école paiera-t-elle si elle commande 10 boites de stylos ?

9 ✲ **PROBLÈME** Pour faire une mousse au chocolat, Camille a trouvé une recette pour 4 personnes. Il lui faut 2 œufs, 100 g de chocolat, 30 g de sucre.
Reproduis et complète le tableau.

Nombre de personnes	4	8	16	24
Chocolat (en g)	100	...	...	...
Sucre (en g)	...	60	...	...
Nombre d'œufs	...	...	8	...

10 ✲ **PROBLÈME** Les élèves d'une classe construisent des jeux de cartes pour les revendre au profit de leur voyage de fin d'année.

Nombre de jeux de cartes	1	2	5	7	10
Nombre de cartes	32				
Nombre de jokers	2				
Nombre total de cartes à fabriquer					

a. Reproduis et complète le tableau.
b. De combien de cartes blanches ont-ils besoin pour fabriquer 15 jeux ?
c. Yohan fabrique les jokers. Combien de jokers fabriquera-t-il pour 15 jeux ?

11 ✲ Reproduis et complète le tableau.

Nombre de sachets	3	5	8	10	13
Poids	1500 g				
Prix	6 €				

a. Combien coutent 500 g de confettis ?
b. Quel est le poids d'un sachet de confettis ?
c. Combien de sachets de confettis puis-je acheter avec 120 € ?

12 ✲ **PROBLÈME** Un peu de spéléologie.

Nombre de nœuds	3	5	6	8	10	11	13
Longueur de corde nécessaire (en cm)	450	750	...	...	...	...	...

a. Recopie et complète le tableau.
b. Explicite ta démarche pour chaque calcul.

DÉFI MATHS

Il y a 200 g de sel dans 5 L d'eau de la mer Rouge. **Combien de litres d'eau de mer Noé doit-il faire évaporer pour récupérer 12 kg de sel ?**

Résoudre des problèmes de proportionnalité

Cherchons

Entrée PROMO
39 € pour 3 personnes
65 € pour 5 personnes

• Combien vont payer les 2 amis Mandy et Mike ?

Je retiens

• **Plusieurs procédures** permettent de résoudre un problème de proportionnalité :

❶ Utiliser le coefficient de proportionnalité (qui permet de passer d'une ligne à l'autre)

– **Quel est le prix de 13 kg de pommes ?**
On multiplie 13 par 2 → 13 × 2 = 26 €

– **Quelle est la quantité de pommes achetée pour 50 € ?**
On divise 50 par 2 → 50 : 2 = 25 kg

Quantité de pommes (en kg)	3	5	6	7	9	13	?
Prix (en €)	6	10	12	14	18	?	50

Le coefficient de proportionnalité de ce tableau est 2.

❷ Trouver un lien entre les nombres d'une même ligne (addition, multiplication, double, etc.)

– **Quel est le prix de 15 kg de pommes ?**
On additionne le prix de 9 kg et de 6 kg
→ 12 € + 18 € = 30 €
Ou on multiplie le prix de 5 kg par 3
→ 10 × 3 = 30 €

Quantité de pommes (en kg)	3	5	6	7	9
Prix (en €)	6	10	12	14	18

❸ Chercher la valeur de l'unité

3 kg de pommes coutent 6 €.

– **Quel est le prix de 17 kg de pommes ?**
On cherche le prix de 1 kg de pommes (6 : 3 = 2) → 1 kg de pommes coute 2 €.
On multiplie ce prix unitaire par 17 → 2 × 17 = 34 €

Chercher le coefficient de proportionnalité dans un tableau

1 ★ Recopie et complète les tableaux.

Nombre de roses	5	8	11	12	20
Prix (en €)	15	24	33		

Nombre d'enfants	6	8	10	20	25
Quantité de boisson (en L)	3	4	5		

2 ★ PROBLÈME Avec 12 briques, je peux construire un muret de 2 m de long. **De combien ai-je besoin de briques pour construire un mur de 6 m ? 10 m ? 15 m ? 25 m ?**

Nombre de briques	12				
Longueur (en m)	2				

3 ★ PROBLÈME En 2 enjambées, le Petit Poucet parcourt 14 lieues. **Quelle distance parcourt-il en 3 enjambées ? 5 enjambées ? 7 enjambées ? 10 enjambées ?**

Aide-toi de l'exercice 2 : construis un tableau et écris le coefficient de proportionnalité.

4 ★★ PROBLÈME 90 L d'eau sont nécessaires pour prendre 2 douches. Il faut 135 L pour 3 douches, 225 L pour 5 douches et 495 L pour 11 douches.
a. Construis le tableau de proportionnalité.
b. En regardant ce que tu as inscrit dans ton tableau, calcule la quantité d'eau nécessaire pour 7 douches, 10 douches, 13 douches.

Utiliser d'autres procédures

5 ★ PROBLÈME Le troupeau de 5 chèvres de M. Seguin donne 13 litres de lait par jour.

Nombre de chèvres	5	12	18	30	72
Quantité de lait (en L) / jour	13	52	78	130	312

a. Quelle quantité de lait donne un troupeau de 6 chèvres, de 15 chèvres, de 36 chèvres, de 42 chèvres ?
b. Indique le calcul que tu as fait pour chaque réponse.

6 ★★ PROBLÈME 20 kg de poires coutent 100 €. **Combien coutent 10 kg de poires ? 4 kg de poires ? 2 kg de poires ? 16 kg de poires ? 25 kg de poires ?**

7 ★★ PROBLÈME Maguy conduit un bus scolaire. Elle parcourt 100 km en 3 jours. **Quelle distance parcourt-elle en 30 jours ? 6 jours ? 5 jours ? 10 jours ?**

Résoudre en calculant la valeur de l'unité

8 ★ PROBLÈME Claire utilise 9 m de fil de nylon pour fabriquer 3 colliers. **Quelle longueur de fil utilise-t-elle pour 1 collier ? Pour 7 colliers ?**

9 ★ PROBLÈME Pour les élèves de sa classe, Isabelle a acheté 25 masques à décorer qu'elle a payés 75 €. **À combien lui revient 1 masque ? Combien la classe voisine paiera-t-elle si elle en achète 19 ?**

10 ★★ PROBLÈME Quatre tartelettes coutent 12 €. **Combien coutent 5 tartelettes ?**

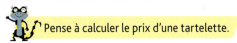
Pense à calculer le prix d'une tartelette.

11 ★★ PROBLÈME Un rouleau de 20 m de fil de fer coute 60 €. **Combien coute un rouleau de 50 m de fil de fer ?**

12 ★★ PROBLÈME **Quel paquet de croquettes est le plus avantageux ?**

13 ★★ PROBLÈME Mme Saroule calcule qu'elle parcourt environ 3 600 km par an et utilise 600 litres d'essence. **En 5 mois, quelle distance parcourt-elle et combien de litres d'essence utilise-t-elle ?**

DÉFI MATHS

Tirou le chat a dormi 504 heures au mois de février.
Combien de temps a-t-il passé à dormir en juillet et en aout ?

Je révise

Utiliser un graphique

1 ★ **PROBLÈME** Vrai ou faux.
Observe le graphique des articles à vendre en solde dans un magasin.

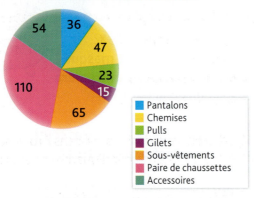

Inventaire avant les soldes
- Pantalons
- Chemises
- Pulls
- Gilets
- Sous-vêtements
- Paire de chaussettes
- Accessoires

a. Les chaussettes représentent la moitié du stock.
b. Il reste plus de sous-vêtements que d'accessoires.
c. Il faudrait vendre tous les pulls et les gilets pour avoir vendu ¼ du stock.
Calcule le nombre d'articles à vendre en solde.

2 ★★ **PROBLÈME** L'entreprise Vantoux fait le bilan de ses dépenses annuelles en carburant.

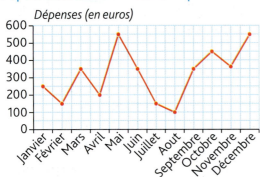

Dépenses en carburant de l'entreprise Vantoux

a. Calcule ses dépenses pour les 6 premiers mois de l'année.
b. Calcule ses dépenses sur toute l'année.
c. Calcule la différence entre ses dépenses du 1er semestre et celles du 2nd semestre.

3 ★★ **PROBLÈME** Observe le graphique.

Deuxième langue vivante au collège

a. Calcule le nombre de filles dans ce collège.
b. Calcule le nombre d'élèves qui apprennent l'italien.
c. Calcule le nombre de garçons qui apprennent le russe et l'allemand.

Utiliser un tableau (ou un tableur)

4 ★ **PROBLÈME** Observe le tableau des inscriptions aux ateliers de l'association.

Association culturelle de l'école Molière

	Théâtre	Lego	Jonglage	Échecs	Danse
CP/CE1	8	12	3	0	5
CE2	6	4	14	5	8
CM1/CM2	10	4	9	11	7

a. Combien d'élèves font du jonglage ?
b. Combien d'élèves de CE2 participent aux ateliers ?
c. Combien d'élèves sont membres de l'association ?

5 ★ **PROBLÈME** La famille Volt fait le récapitulatif de ses dépenses en électricité sur 3 ans. **Recopie et complète ce tableau puis réponds aux questions.**

Dépenses en électricité

	1er trimestre	2e trimestre	3e trimestre	4e trimestre	Total
2014	145 €	138 €	215 €	236 €	
2015	150 €	157 €	210 €	249 €	
2016	150 €	145 €	238 €	261 €	

a. Calcule le cout pour chaque année.
b. Pour chaque année, calcule la différence entre le 4ᵉ trimestre et le 1ᵉʳ trimestre ?
c. Pour chaque année, quel est le trimestre où la facture est la moins élevée ?

6 PROBLÈME Le club de sport *Que le meilleur gagne* fait ses comptes. **Recopie et complète ce tableau puis réponds aux questions.**

Comptes du club de sport

	2014			2015		
	nombre de licences	prix de la licence (€)	Total	nombre de licences	prix de la licence (€)	Total
Basket	145	15		139	16	
Badminton	161	13		165	14	
Tennis	98	20		103	22	
Total						

a. Quel est le nombre de licenciés en 2014 et en 2015 ?
b. De combien la recette du club a-t-elle augmenté entre 2014 et 2015 ?

Aborder la proportionnalité

7 Vrai ou faux.
a. Une place de cirque coute 8 €, 5 places coutent 40 €.
b. 10 stylos valent 20 €, 20 stylos valent 30 €.
c. 5 pains pèsent 3 kg, 10 pains pèsent 6 kg.
d. 1 bidon contient 75 L, 4 bidons contiennent 150 L.

8 Recopie et complète.

Oranges (en kg)	1	3	5	8	12
Prix (en €)	2	...	...	...	...

Nombre de pas	2	4	5	6	10
Distance (en cm)	70	...	...	...	...

9 Recopie et complète.

Nombre d'arrosoirs	3	5	10	15	20
Quantité d'eau (en L)	36	...	...	...	...

Mesure d'un côté du losange	2	3	1	5	9
Périmètre (en m)	8	...	...	...	...

Résoudre des problèmes de proportionnalité

10 PROBLÈME Recopie et complète le tableau.

Prix (en €)	26	65	104	39	130
Quantité d'huile (en L)	2	...	...	...	...

11 PROBLÈME Si 5 casseroles coutent 20 €, combien coute une casserole ? Combien coutent 12 casseroles ?

12 PROBLÈME Recopie et complète le tableau.

Longueur de fil de fer (en m)	75	...	50	100	...
Nombre de rouleaux	3	5	...	...	8

a. Combien de rouleaux faut-il pour 250 m de fil ?
b. Quelle longueur de fil y a-t-il dans 7 rouleaux ? Justifie tes réponses en indiquant tes calculs.

13 PROBLÈME Combien pèsent : 10 tartelettes ? 5 tartelettes ? une tartelette ?

780 g   520 g

14 PROBLÈME Un lot de 7 paires de chaussettes coute 28 €. Combien coutent 2 paires de chaussettes ?

15 PROBLÈME Recopie et complète le tableau.

Nombre de kg de citrons	3	6	30	15	18
Nombre de filets de citrons		1	...	...	...
Prix d'un filet de citrons (en €)		4	...	...	...

Vrai ou faux :
a. Il y a 15 kg de citrons dans 5 filets.
b. 2 filets de citrons valent 10 €.
c. Dans 7 filets, il y a 28 kg de citrons.
d. 8 filets de citrons valent 32 €.

16 PROBLÈME Un carton contenant 12 paquets de riz pèse 24 kg. Combien y a-t-il de paquets de riz dans 5 cartons ? **Combien pèsent les 5 cartons ? Combien pèsent 10 paquets de riz ?**

Je résous des problèmes

1 ★ À l'école, on relève chaque semaine le nombre de repas servis à la cantine.

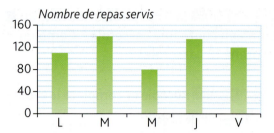

Nombre de repas servis

a. Combien de repas ont été servis le mercredi ?
b. Combien de repas ont été servis cette semaine ?

2 ★ Jean achète 4 bonbons pour 2 € : **quel est le prix de 8 bonbons ? de 16 bonbons ? de 32 bonbons ?**

3 ★ La maitresse de CM1 veut passer une commande pour compléter son matériel d'EPS. Elle achète un lot de 50 ballons, un vélo, une patinette et un lot de 10 planches à roulettes.
À combien s'élève sa commande ?

	Unité	Lot de 10	Lot de 50
Ballons	2 €	15 €	75 €
Vélos	50 €	450 €	1200 €
Patinettes	15 €	130 €	600 €
Planches à roulettes	20 €	180 €	700 €

4 ★ Un cageot de 5 kg de pommes coute 15 €. **Combien coute 1 kg de pommes ? 10 kg de pommes ? 15 kg de pommes ?**

5 ★ Pour le carnaval, le maitre achète du matériel pour déguiser les enfants.
Combien ont couté les masques ?
Quelle somme la classe a-t-elle dépensée ?

Articles	Prix (en €)	Quantité	Total
Masques à décorer	9	30	
Lots de peinture	5	6	
Bidons de colle	3	5	
Rouleaux d'élastiques	2	2	
		Total	

6 ★ Au cinéma La Toile on relève chaque mercredi le nombre d'entrées de la semaine.

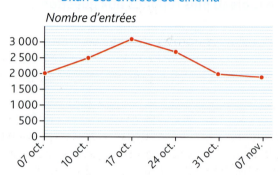

Bilan des entrées du cinéma

a. Réponds par vrai ou faux :
– la semaine du 17 octobre a enregistré le plus d'entrées ;
– la fréquentation du cinéma a augmenté à partir du 17 octobre.
b. Calcule le nombre total d'entrées entre le 7 octobre et le 7 novembre.

7 ★ Pour son anniversaire Micha, qui a un budget de 100 €, a invité 12 camarades.

	Gâteau pour 6 personnes	Paquet de sucettes	Jus de raisin	Soda	Boite de bonbons
Unité	30 €	2 €			6 €
Le lot de 12		18 €			50 €
La bouteille			1 €	2 €	
Le pack de 6 bouteilles			5 €	10 €	

Il veut commander 2 gâteaux, 12 paquets de sucettes, 3 bouteilles de jus de raisin, un pack de 6 bouteilles de soda et 10 boites de bonbons.
Aura-t-il assez d'argent ?
Si oui, combien lui restera-t-il ?
Si non, combien lui manquera-t-il ?

8 ★ Deux gommes sont vendues 3 €.
Quel sera le prix de 4 gommes ? de 10 gommes ? de 5 gommes ? de 7 gommes ?

9 À l'école, chaque élève doit s'inscrire pour pratiquer un sport.

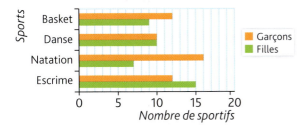

a. Calcule le nombre de filles dans l'école.
b. Calcule le nombre d'élèves dans cette école.
c. Combien d'élèves pratiquent la natation ?

10 Une voiture consomme 6 litres d'essence pour 100 km parcourus : **quelle quantité d'essence sera consommée pour parcourir : 200 km ? 300 km ? 400 km ? 450 km ?**

11 Calcule le nombre de chats et de chiens en France. Calcule le nombre d'animaux de compagnie en France.

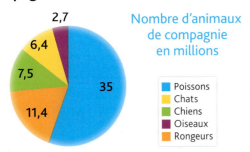

12 Pour la fête du village, la mairie a passé une commande d'articles de fêtes.

Articles	Prix (en €)	Quantité	Total
Lot de serpentins	1,55	10	
Lot de confettis	2	20	
Lot de sarbacanes	3	24	
Lot de cotillons	5,5	10	
Lot de tiges à ballons	0,9	100	
Lot de ballons à gonfler	1,15	100	
Gonfleur à ballons	8,75	10	
Set de piñata	18	18	
		Total	

a. Qu'est-ce qui a coûté le plus cher ?
b. Calcule le total de la facture.

13 M et Mme Gepar et leurs 2 enfants vont passer 7 jours à la montagne. Ils dormiront 6 jours à l'hôtel. Les enfants feront du ski mais pas les adultes qui préfèrent les promenades en raquettes. Toute la famille prendra le petit déjeuner et le repas du soir. **Calcule le prix de revient du séjour pour toute la famille.**

Prestations	Prix
Forfait ski adulte/jour/personne	20 €
Forfait ski enfant/personne	10 €
Location skis/jour/personne	8 €
Location raquettes/jour/personne	10 €
Nuitée/personne	35 €
Petit déjeuner	9 €
Repas	15 €
Transport aller-retour/personne	150 €

14 a. Calcule le nombre de passagers à l'aéroport de Lyon et à l'aéroport de Toulouse en 2014.

b. Lequel de ces 2 aéroports a la fréquentation la plus importante ? Calcule la différence entre les deux.

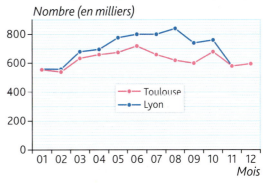

15 En 5 minutes, l'imprimante « Vavite » imprime 65 pages en noir et 100 pages en couleur. En 2 minutes, l'imprimante « Superfacile » imprime 32 pages en noir et 24 pages en couleur. **Pour chaque imprimante, cherche :**
a. Le nombre de pages imprimées en 1 minute en noir, puis en couleur.
b. Le nombre de pages imprimées en 10 minutes, en noir, puis en couleur.

Vers le CM2 : Calculer un quotient décimal

Cherchons

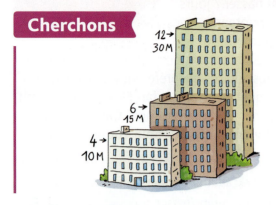

- Calcule pour chaque immeuble la hauteur d'un étage.
- Quelle règle d'architecture peux-tu en déduire sur la hauteur des étages ?

Je retiens

Lorsque l'on divise un nombre et qu'il y a un reste, on peut continuer la division : on calcule alors un **quotient décimal**.

❶ On divise la partie entière du dividende : 72 divisé par 5 = 14. Il reste 2.
❷ On divise le reste de la division en convertissant ce reste en dixièmes.
  72 = 72,0 → 72,0 : 5 = 14 et il reste 2
  (2 unités donc 20 dixièmes)
  On abaisse le 0 (des dixièmes).
  20 (dixièmes) divisé par 5 = 4
  Cela fait 4 dixièmes au quotient.
❸ On trouve alors un quotient décimal : 72 divisé par 5 = 14,4

- On peut calculer un quotient décimal au dixième près, au centième près, etc.
  Attention ! Pour certaines divisions, le reste n'est jamais égal à 0. On dit qu'elles n'ont pas de **quotient exact**.
  Ex. : 10 divisé par 3 → 3,3333…

Les moitiés et quarts à connaitre :
1 divisé par 2 = 0,5   3 divisé par 2 = 1,5
1 divisé par 4 = 0,25   2 divisé par 4 = 0,5

Calculer un quotient décimal sans poser l'opération

1 ★ **Divise les nombres par deux.**
1 – 3 – 5 – 7 – 9 – 11 – 17 – 21 – 41

2 ★ PROBLÈME Luc et Pierre ont 7 euros pour eux deux. **Que peuvent-ils s'acheter ?**
a. gâteau à 3,75 €   **c.** glace à 4 €
b. crêpe à 3,50 €   **d.** milk shake à 3,65 €

3 ★ **Écris vrai ou faux.**
a. La moitié de 3 c'est 1,25.
b. La moitié de 1 c'est 0,75.
c. La moitié de 5 c'est 2,5.
d. Le quart de 2 c'est 0,5.

4 ★ **Recopie et complète.**
a. La moitié de 1 L : … L.
b. La moitié de 3 kg : … kg.
c. Le quart de 1 m : … m.

5 Calcule rapidement.
a. 5 : 2 =
b. 25 : 2 =
c. 55 : 2 =
d. 6 : 4 =
e. 9 : 4 =
f. 13 : 4 =

6 Quatre pirates se partagent ce repas. Écris la bonne réponse.

Bouteille de rhum de 1 L   *3 kg de jambon*   *2 m de saucisse*

Chacun aura :
a. 1,5 kg de jambon – 1, 25 kg – 0,75 kg
b. 0,25 L de rhum – 0,75 L – 0, 65 L
c. 1,5 m de saucisse – 0,5 m – 0, 25 m

Poser la division

7 Recopie les divisions et complète-les pour trouver leur quotient décimal.

58 : 4   et   34 : 5

8 Recopie les divisions puis continue-les pour trouver leur quotient décimal au dixième près.

C'est-à-dire 1 chiffre après la virgule.

9 Pose les divisions et calcule le quotient au dixième près.
a. 14 : 3
b. 21 : 5
c. 78 : 8
d. 124 : 5
e. 514 : 5
f. 213 : 2
g. 147 : 6
h. 318 : 4
i. 604 : 8

10 PROBLÈME La maman de Zoé achète 5 agendas identiques pour ses enfants. Elle paie 21 €. **Combien coûte un agenda ?**

11 Recopie la division et complète-la pour trouver son quotient décimal.

42 : 8

12 Pose les divisions et calcule le quotient au centième près.
a. 10 : 8
b. 25 : 4
c. 30 : 8
d. 154 : 8
e. 434 : 8
f. 213 : 4
g. 147 : 4
h. 174 : 8
i. 2605 : 4

13 PROBLÈME Les 28 élèves de la classe de CM1 ont payé 231 € pour entrer au musée. **Quel est le prix de l'entrée par élève ?**

14 PROBLÈME L'école a acheté 72 tickets qu'elle a payés 126 €.
a. Combien coute un ticket ?
b. Si elle revend tous les tickets à 3 € l'unité, combien l'école gagnera-t-elle pour la coopérative ?

15 PROBLÈME Pour le gouter de fin d'année, la maitresse répartit équitablement les 6 litres de jus d'ananas entre ses 24 élèves. **Quelle quantité de boisson aura chaque élève (en L) ?**

DÉFI MATHS

Blanche-Neige veut partager son gâteau en 7 parts égales, une pour chaque nain. C'est l'anniversaire de Simplet et elle veut lui réserver une part double.
Comment va-t-elle s'y prendre ? Combien pèse la part de chacun ?

J'utilise les maths en géographie et en sciences

GÉOGRAPHIE

Identifier les caractéristiques d'un lieu de vie

Les départements français

La France est découpée en plusieurs territoires administratifs. D'abord, il y a les **régions**, à l'intérieur desquelles on trouve les **départements**, qui eux-mêmes sont divisés en **communes**.

La création des départements remonte à l'époque de la Révolution française, et leur existence prit effet le 4 mars 1790.

Le nombre de départements a évolué au cours de l'histoire de France. De nos jours, on compte 96 départements en France métropolitaine et 5 dans les territoires d'outre-mer.

Chaque département est identifié par un nom et un numéro.

■ Les régions et les départements français

Départements	Population (hab.)	Superficie (km²)	Densité (hab./km²)
Bouches-du-Rhône (13)	1 984 784	5 087	
Finistère (29)	901 293	6 773	
Gironde (33)	1 483 712	10 725	
Ille-et-Vilaine (35)	1 007 901	6 775	
Morbihan (56)	732 372	6 823	
Côtes-d'Armor	595 531	6 878	

■ Tableau détaillé de six départements français

❶ Quelle est la différence de superficie entre le plus grand et le plus petit département du tableau ?

❷ Quelle est la différence de population entre le département le plus peuplé et le moins peuplé ?

❸ Quelle est la population et la superficie de la région de Bretagne qui comprend les départements du Finistère, des Côtes-d'Armor, du Morbihan et d'Ille-et-Vilaine ?

❹ Complète le tableau avec ta calculatrice ou ton tableur.

Pour savoir si un département est peuplé ou non, on calcule la **densité de population** : on divise le nombre d'habitants par sa superficie. La densité de population s'exprime en habitants par km² (hab./km²).

Ex. : Le Jura (39) compte 260 932 habitants pour une superficie de 4 999 km². Sa densité de population est de : 260 932 : 4 999 ≈ 52 hab./km².

Sciences

Connaitre le fonctionnement du vivant et ses relations avec l'environnement

Le comportement des animaux face à l'environnement

Pendant l'hiver, certains animaux **adaptent leur mode de vie** pour supporter le manque de chaleur. On dit qu'ils **hibernent**. Ils vont diminuer la température de leur corps pendant plusieurs jours ou plusieurs semaines, en puisant dans les réserves de graisse qu'ils ont emmagasinées pendant les mois actifs.

Espèces animales	Espérance de vie	Temps d'hibernation
Blaireau	15 ans	6 mois
Chauvesouris	30 ans	6 mois
Tortue Hermann	100 ans	6 mois
Marmotte	18 ans	6 mois
Hérisson	8 ans	6 mois
Lézard	10 ans	6 mois
Loir	7 ans	7 mois

Quelques animaux hibernants

❶ Quel animal hiberne le plus longtemps ? Quelle expression utilise-t-on en français avec le nom de cet animal ?

❷ Quelle est la différence d'espérance de vie entre l'animal qui vit le plus longtemps et celui qui vit le moins longtemps ?

❸ Combien de temps chacun de ces animaux hiberne-t-il au cours de sa vie ?

Chaque année, quand l'hiver approche, certaines espèces d'oiseaux rejoignent des pays plus chauds pour se nourrir. C'est ce qu'on appelle **la migration**.
Certains oiseaux sont capables de faire des milliers de kilomètres sans s'arrêter. Ils peuvent se nourrir en vol et même dormir en planant.

Un nombre record d'oiseaux migrateurs a été recensé le 4 octobre 2014 au-dessus de la Belgique. 280 221 oiseaux ont été observés, répartis en 143 espèces. On comptait deux espèces principales : 101 000 pinsons et 43 300 grives musiciennes. Au cours des recensements des années précédentes, on comptabilisait 23 000 oiseaux (en 2012) et 92 000 oiseaux (en 2013).

Oiseaux migrateurs recensés en Belgique, octobre 2014

❶ Calcule la différence entre le recensement du samedi 4 octobre 2014 et les précédents recensements.

❷ À part les pinsons et les grives musiciennes, combien d'oiseaux représentent les autres espèces ?

❸ Utilise ta calculatrice pour trouver, en moyenne, le nombre d'oiseaux par espèce, sans compter les pinsons et les grives musiciennes.

Lire l'heure

Cherchons

Tous les matins, Robin prend le bus qui passe devant chez lui. Il arrive à l'école 15 minutes après.

Horaires de bus
7 h 35
7 h 45
8 h 10
8 h 20

- Quel bus Robin pourra-t-il prendre pour être à l'école à 8 h 30 ?
- À quelle heure arrivera-t-il à l'école ?

Je retiens

- Pour **lire l'heure**, on regarde les aiguilles :
  – la petite aiguille indique les heures ;
  – la grande aiguille indique les minutes ;
  – la trotteuse indique les secondes.

  1 heure = 60 minutes   1 h = 60 min
  1 minute = 60 secondes   1 min = 60 s

  10 h 15 se lit aussi 10 heures et quart.
  10 h 30 se lit aussi 10 heures et demie.
  10 h 45 se lit aussi 11 heures moins le quart.

Il est 3 h 05 du matin ou 15 h 05 de l'après-midi.

- La journée commence à minuit (00 h 00) et dure 24 heures.
  De **minuit à midi**, on lit les heures de **0 à 12 h**. De **midi à minuit**, on lit les heures de **12 à 24 h**.

Lire l'heure

1 ★ Associe l'heure du matin avec celle de l'après-midi.

Matin		Après-midi
8 h 30	• •	15 h 10
3 h 10	• •	23 h 05
11 h 05	• •	20 h 30

2 ★ Associe chaque horloge à un réveil.

3 ★ Associe chaque horloge à un réveil digital.

4 ✶ Combien de minutes manque-t-il pour arriver à l'heure pile ?

Ex. : 13 h 45 min + 15 min = 14 h

a. 18 h 50 min + ... min = 19 h
b. 8 h 40 min + ... min = 9 h
c. 16 h 25 min + ... min = 17 h
d. 4 h 30 min + ... min = 5 h

5 Associe les heures identiques.

3 h 15 •	• trois heures et demie
3 h 45 •	• trois heures et quart
3 h 30 •	• quatre heures moins le quart

6 Comment lit-on l'heure affichée sur ce réveil digital ? `8:45`

a. huit heures et quart
b. huit heures moins le quart
c. huit heures et demie
d. neuf heures moins le quart
e. neuf heures et quart

7 Quelle heure indique chaque horloge, le matin et l'après-midi ?

❶ ❷ ❸

8 Associe les heures identiques.
Ex. : 13 h 15 → une heure et quart

12 h 45 •	• midi et quart
12 h 15 •	• une heure moins vingt
12 h 40 •	• une heure moins le quart

9 Reproduis quatre fois l'horloge et place les aiguilles aux bons endroits.

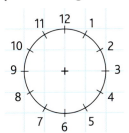

a. 3 h 45
b. 20 h 25
c. 16 h 00
d. 7 h 30

10 PROBLÈME Dessine les horloges indiquant les horaires du musée.

OUVERTURE DU MUSÉE D'ORSAY
– de 9 h 30 à 12 h et de 13 h 45 à 19 h 15 le mardi, le mercredi, le vendredi, le samedi et le dimanche.
– de 9 h 30 à 21 h le jeudi.

Déterminer un instant

11 PROBLÈME Brice a rendez-vous avec ses copains à 13 h 35 à la piscine.
Choisis l'horloge qui correspond.

Ⓐ Ⓑ Ⓒ

12 PROBLÈME Oscar habite à Bordeaux. Il a rendez-vous à 15 h 00 chez sa grand-mère qui habite à Dax. Voici les horaires des trains qui l'y amènent.

train A	11h51	BORDEAUX SAINT-JEAN
	12h59	DAX GARE
train B	12h47	BORDEAUX SAINT-JEAN
	14h05	DAX GARE
train C	13h51	BORDEAUX SAINT-JEAN
	15h02	DAX GARE
train D	14h44	BORDEAUX SAINT-JEAN
	15h58	DAX GARE

Observe l'horloge.
a. Oscar peut-il encore prendre le train D ?
b. S'il veut arriver avant 15 h 00, quel train doit-il prendre ?

13 PROBLÈME Recopie et complète.

Quand il est 15 h à Paris, il est :
– 7 heures de moins à Mexico. Il est …
– 6 heures de plus à Pékin. Il est …
– 1 heure de moins à Alger. Il est …
– 9 heures de plus à Nouméa. Il est …

DÉFI MATHS

Aby a raté le début du film de 15 minutes, pourtant sa montre avance de 10 minutes. **Quelle heure indique sa montre ?**

Séance à 11 h 00

Connaitre les unités de mesure de durées

Cherchons

- Exprime cette durée de toutes les façons possibles.

Je retiens

- Voici les principales **unités de mesure de durées** et leurs équivalences :
  - 1 millénaire = 1 000 ans
  - 1 siècle = 100 ans
  - 1 an = 365 (ou 366) jours
  - 1 trimestre = 3 mois
  - 1 semestre = 6 mois
  - 1 mois = 31, 30, 29 ou 28 jours
  - 1 semaine = 7 jours
  - 1 jour = 24 heures (h)
  - 1 heure = 60 minutes (min)
  - 1 minute = 60 secondes (s)

- Pour **se repérer dans le temps** ou **mesurer des durées**, on peut utiliser une frise, un calendrier, une horloge, un chronomètre, un sablier, un minuteur.

- Pour **savoir à quel siècle correspond une année**, il faut ajouter 1 au nombre de centaines de l'année.
  Ex. : 1492 = 15^e siècle   2016 = 21^e siècle

Utiliser des instruments de mesure de durées

1 ★ PROBLÈME Observe l'extrait de calendrier et réponds.

a. Si Gran'Ma part en Italie un vendredi et revient 18 jours plus tard, quel jour rentrera-t-elle ?
b. Si elle part le 20 mars au matin et que son voyage dure 9 jours, quel jour rentrera-t-elle ?
c. Quel jour doit-elle partir pour rentrer le 30 mars si elle a 14 jours de vacances ?

MARS
01 M
02 M
03 J
04 V
05 S
06 D
07 L
08 M
09 M
10 J
11 V
12 S Vacances scolaires
13 D Zone A
14 L
15 M
16 M
17 J
18 V
19 S
20 D
21 L
22 M
23 M
24 J
25 V
26 S
27 D Pâques
28 L Lundi de Pâques
29 M
30 M
31 J

2 ★ Quel instrument utiliseras-tu pour mesurer :
a. la durée d'un film au cinéma ?
b. la durée du Moyen Âge ?
c. le délai d'une réponse de calcul mental ?
d. la durée des vacances d'été ?
e. la durée de cuisson d'un œuf à la coque ?
f. la durée d'une journée de classe ?
g. la durée du règne des Mérovingiens ?

3 ✦ Observe l'extrait de calendrier de l'exercice 1 et réponds.
a. Quels jours sont les 4, 11, 18 et 25 mars ?
b. Combien y a-t-il de jours dans ce mois ?
c. Combien de temps durent les vacances ?

4 PROBLÈME Voici les dates de naissance de femmes célèbres :

> Jeanne d'Arc : 1412
> Louise Michel : 1830
> Marquise de Pompadour : 1721
> Blanche de Castille : 1188
> Diane de Poitiers : 1499
> Marie Curie : 1867
> Marie-Antoinette : 1755

Indique le siècle de l'année de naissance de chacune.

Connaitre les unités de mesure de durées

5 * **Choisis la durée qui convient parmi les propositions.**
a. Une publicité :
   20 s   20 min   2 h
b. La rotation de la Lune autour de la Terre :
   29 min   29 h   29 jours
c. La durée du Moyen Âge :
   10 ans   100 ans   1 millénaire
d. La durée de notre digestion :
   4 min   40 min   4 h

6 * **Choisis l'unité adaptée.**
siècle   an   trimestre   mois   semaine   jour
a. La durée d'une saison ;
b. La durée des Temps modernes ;
c. La durée d'un weekend ;
d. L'écart entre deux de tes anniversaires ;
e. La durée des vacances d'hiver.

Convertir et mesurer des durées

7 * **Recopie et complète.**
a. 2 000 ans, c'est ... siècles.
b. 5 000 ans, c'est ... millénaires.
c. 1 semaine, c'est ... jours.
d. 1 trimestre, c'est ... mois.
e. 4 trimestres, c'est ... an.
f. 2 semestres, c'est ... an.
g. 21 jours, c'est ... semaines.

8 * **Convertis en mois.**
a. 1 semestre   c. 3 trimestres   e. 2 semestres
b. 1 an   d. 10 ans   f. 60 jours

9 * **Convertis en jours.**
a. 24 heures   c. 72 heures   e. 1 an
b. 1 semaine   d. le mois d'aout   f. 3 semaines

10 * PROBLÈME Philéas Fogg, le personnage du célèbre roman de Jules Verne, décide de relever le défi de faire le tour du monde en 80 jours. **Convertis cette durée en heures.**

11 * PROBLÈME Voici les résultats d'une course de chevaux.

Forêt Noire 3 min 23 s | Huricane 182 s | Dancing 240 s | Star 3 min 25 s

Convertis ces durées et classe les chevaux dans leur ordre d'arrivée.

12 * PROBLÈME Le cours de dessin de Lisa a lieu dans 1 h 30 et elle doit partir de chez elle 20 minutes avant.
Quel film va-t-elle choisir de regarder ?
– *Ernest et Célestine* : 77 min ;
– *La Prophétie des grenouilles* : 90 min ;
– *Une vie de chat* : 67 min.

13 * PROBLÈME La trotteuse d'une montre mesure 60 s chaque fois qu'elle fait le tour du cadran.
a. Quel temps s'est écoulé (en min) lorsqu'elle a fait 20 tours de cadran ? 5 tours de cadran ? 15 tours de cadran ?
b. Combien de tours de cadran a-t-elle fait au bout d'une demi-heure ? d'une journée ?

DÉFI MATHS

Avec ces sabliers, comment faire pour mesurer 4 minutes ? 1 heure ?

Il y a plusieurs solutions.

Calculer des durées et déterminer un instant

Cherchons

Le samedi 2 avril, Gaspard prend l'avion à Rennes pour se rendre à Rome.

- Comment calculer la durée de son voyage ?

CARTE D'EMBARQUEMENT

Date	Compagnie aérienne	Vol	Départ	Arrivée
sam. 02/04/16	Vueling	VY 1525 Eco	15:00 Rennes St-Jacques (RNS)	16:30 Barcelone El Prat (BNC) Aérogare : 1
		Escale 01h50		
sam. 02/04/16	Vueling	VY 6106 Eco	18:20 Barcelone El Prat (BNC) Aérogare : 1	20:05 Rome Fiumicino (FCO) Aérogare : 3

Je retiens

- Pour **calculer une durée**, on peut s'aider d'un **schéma** :

```
        + 30 min        + 3 h              + 20 min
    23h30    0h00                      3 h    3h20
```

30 min + 3 h + 20 min = 3 h 50 min

- Il faut parfois **convertir les unités**.
  Ex. : 1 h 15 min + 50 min → 1 h 65 min → 1 h + 1 h + 5 min → 2 h 05 min

Calculer des durées

1 ★ PROBLÈME Voici les dates de naissance et de mort de trois personnages illustres.

> Antoine de Saint-Exupéry (1900-1944)   44 ans
> Marcel Pagnol (1895-1974)   79 ans
> Marie Curie (1867-1934)   67 ans

Combien de temps chacun a-t-il vécu ?

2 ★ PROBLÈME Observe le tableau et calcule la durée des vols.
a. Biarritz-Genève   c. Biarritz-Stockholm
b. Biarritz-Bruxelles   d. Biarritz-Marseille

Destinations	Vols au départ de Biarritz	
	Départ	Arrivée
Genève	9 h 30	10 h 50
Bruxelles	14 h 05	15 h 50
Stockholm	19 h 45	23 h 30
Marseille	21 h 25	22 h 30

3 ★ PROBLÈME Rossini, né en 1792, composa l'opéra *Le Barbier de Séville* en 1816.
Quel âge avait-il alors ? 24 ans

4 ★ PROBLÈME Observe l'emploi du temps hebdomadaire de Stella qui s'entraine pour le triathlon.

	Musculation	Course	Natation	Cyclisme
Lundi	2 heures	45 min	1 heure et 15 min	2h
Mardi		1h05	1 heure	1h	3 heures
Mercredi	2 heures	45 min	1 heure et 15 min	3h
Jeudi		1h15	1 heure	1 heure	2 heures
Vendredi	2 heures	45 min	1 heure et 15 min	3h

Calcule combien de temps elle s'entraine par jour et par semaine.

5 ★ PROBLÈME Depuis combien d'années ces objets existent-ils ?

Imprimerie
Gutenberg (1440)   579

Ampoule électrique
Edison (1879)   140

6 **PROBLÈME** Calcule la durée de chaque émission.

12h15-12h30	18h15-18h40	20h45-22h05
Les volcans Documentaire	Inspecteur Gadget L'œil du dragon Saison 1 Épisode 34	Le Tombeau des lucioles Film

7 **PROBLÈME** Observe les horaires d'ouverture de la bibliothèque du quartier de Julien.
a. Combien de temps la bibliothèque est-elle ouverte le matin ? l'après-midi ?
b. Combien de temps dure la pause du déjeuner ?

8 **PROBLÈME** Voici les horaires du Thalys, train qui relie la France à la Belgique et aux Pays-Bas.

Ville de départ	Heure de départ
Paris	6 h 25
Bruxelles	7 h 45
Rotterdam	9 h 01
Amsterdam	9 h 43

– Sofian, qui habite à Bruxelles, doit se rendre à Amsterdam.
– Peter, qui travaille à Rotterdam, rentre chez lui tous les soirs, à Amsterdam.
– Sibylle, qui vit à Paris, va rendre visite à son cousin Peter à Amsterdam.
Calcule la durée du trajet pour chacun.

9 **PROBLÈME** Le ballet du *Lac des cygnes* commence à 15 h. Il y a deux entractes de 10 min chacun, l'un à 15 h 45 et l'autre à 16 h 30. Le dernier acte dure 50 min.
Quelle est la durée totale du spectacle ?

Déterminer un instant

10 **PROBLÈME** En 2016, on célèbre le 260ᵉ anniversaire de la naissance de Mozart.
En quelle année est-il né ?

11 **PROBLÈME** Mara a quitté la maison à 9 h 50. Pour aller au stade, elle a 25 min de bus et 7 min de marche.
À quelle heure est-elle arrivée au stade ?

12 **PROBLÈME** À 16 h 10, Zoé a fait des recherches sur Internet. Elle est restée connectée 25 min.
À quelle heure a-t-elle fini ?

13 **PROBLÈME** Paul commence à écouter ses deux morceaux de musique préférés. L'un dure 4 min 10 s, l'autre 5 min 50 s.
Quelle heure indiquera le réveil, à la fin des deux morceaux ?

14 **PROBLÈME** Il est 18 h 20 quand se termine le film *La Guerre des boutons* qui dure 1 h et 30 min. **À quelle heure a-t-il commencé ?**

15 **PROBLÈME** Louis IX dit Saint Louis, né en 1214, a régné de 1226 jusqu'à sa mort en 1270.
Combien de temps a-t-il vécu ? À quel âge a-t-il régné ?

16 **PROBLÈME** Molière et Jean Racine ont vécu à la même époque. Molière est né en 1622. Il est mort en 1673. Racine est né 17 ans après Molière. Il est mort 26 ans après lui.
Quelles sont les dates de naissance et de mort de Racine ?

DÉFI MATHS

Mon grand-père maternel est né en 1945, son fils est né 27 ans plus tard et sa fille 2 ans après.
Quel âge a ma mère ?

GRANDEURS ET MESURES

Je révise

Lire l'heure

1 ★ Indique l'heure le matin et l'après-midi.

❶ ❷ ❸

2 ★ Associe l'heure à son affichage digital.

a. 10:30   c. 9:45   e. 22:00
b. 10:45   d. 22:15   f. 10:45

– dix heures et quart
– onze heures moins le quart
– dix heures et demie
– dix heures moins le quart
– dix heures
– dix heures trois quarts

3 ★ Reproduis quatre fois la pendule puis place les aiguilles.

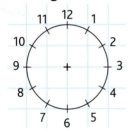

a. 1 h 20
b. 7 h 55
c. 14 h 45
d. 19 h 15

4 ✶ **PROBLÈME** Voici les horaires de films que Clément découvre en arrivant au cinéma.

	Séance 1	Séance 2	Séance 3	Séance 4
La Reine des neiges	13 h 50	15 h 00	16 h 30	18 h 15
Ratatouille	14 h 10	15 h 30	16 h 50	18 h 20
Le Petit Prince	14 h 15	16 h 30	18 h 50	21 h 00
Vice-versa	12 h 30	14 h 40	17 h 00	19 h 15

a. Quels films de la première séance Clément peut-il aller voir ?
b. Il doit être sorti du cinéma avant 16 h. Quel film va-t-il choisir ?
c. Sa sœur va à la séance qui débute à sept heures moins dix. Quel film va-t-elle voir ?

Connaitre les unités de mesure de durées

5 ★ Convertis en minutes.

a. 1 h   e. 1 h et 30 min
b. 5 h et 10 min f. une demi-heure
c. 1 h et demie g. 60 s
d. 120 s   h. 360 s

6 ★ Reproduis ce tableau et convertis ces records en secondes.

Records en athlétisme	Hommes	Femmes
800 m	1 min 41 s	1 min 53 s
1000 m	2 min 11 s	2 min 28 s
1500 m	3 min 26 s	3 min 50 s

7 ★ Possible ou impossible ?

a. La durée d'une séance de sport : 20 s.
b. La durée d'un spot publicitaire : 1 h.
c. La durée d'un voyage en train : 3 h et 30 min.
d. La durée d'une chanson : 3 min et 50 s.

8 ✶ Convertis en heures.
Ex. : 70 min = 1 heure 10 min

a. 120 min   c. 100 min   e. 90 min
b. 2 jours   d. 1 jour   f. 240 min

9 ✶ Recopie et complète avec l'équivalence la plus appropriée.
Ex. : 60 min = 1 heure

a. 3 mois = …   d. 3 000 ans = …
b. 52 semaines = … e. 12 mois = …
c. 900 ans = …   f. 48 heures = …

10 ✶ Choisis l'unité adaptée aux événements proposés.

siècle   an   trimestre   mois   semaine   jour

a. La durée de la grossesse d'une femme.
b. La durée du Moyen Âge.
c. La durée de la Première Guerre mondiale.
d. L'écart entre deux rentrées scolaires.
e. La durée des vacances de la Toussaint.
f. La durée d'une coupe du monde de football.

11 ★ **PROBLÈME** Observe cette frise chronologique et réponds aux questions.

a. En quelle année le Code pénal a-t-il été créé ?
b. La bataille de Wagram a eu lieu en 1805, en 1806 ou en 1809 ?
c. En quelle année y a-t-il eu deux batailles importantes ?
d. Combien d'années se sont écoulées entre le sacre de Napoléon et la deuxième abdication de Napoléon ?

12 ★ **Choisis la durée qui convient parmi les propositions.**

a. Un dessin animé :
   7 s   7 min   7 h
b. La rotation de la Terre autour du Soleil :
   365 min   365 h   365 jours
c. La durée de la scolarité d'un élève :
   15 jours   15 mois   15 ans

Calculer des durées et déterminer un instant

13 ★ **PROBLÈME** Voici les dates de naissance et de mort de plusieurs rois de France.

> Louis XIII : 1601-1643   Louis XIV : 1638-1715
> Louis XV : 1710-1774   Louis XVI : 1754-1793

Combien de temps chacun de ces rois a-t-il vécu ?

14 ★ **PROBLÈME** Observe ce tableau des horaires de cours de danse.

Niveau	Horaire	LUN	MAR	MER	JEU	VEN	SAM	DIM
Débutant/moyen	20h00-21h30		■		■		■	
Enfant 7 à 9 ans	13h00-14h00			■		■	■	

a. Combien de temps dure un cours pour débutant ? pour un enfant de 7 à 9 ans ?
b. Loane qui a 15 ans veut s'inscrire à 2 cours par semaine. Combien de temps dansera-t-elle chaque semaine ?

15 ★ **PROBLÈME** Pour se rendre à Rouen, Alicia a 5 possibilités. Elle veut prendre le train le plus rapide. **Lequel choisira-t-elle ?**

intercités 13115	17h30	PARIS SAINT-LAZARE
	18h50	ROUEN RIVE DROITE
intercités 3125	17h50	PARIS SAINT-LAZARE
	19h00	ROUEN RIVE DROITE
intercités 13119	18h30	PARIS SAINT-LAZARE
	19h49	ROUEN RIVE DROITE
intercités 3131	18h51	PARIS SAINT-LAZARE
	20h04	ROUEN RIVE DROITE
TER 50007	18h54	PARIS SAINT-LAZARE
	20h25	ROUEN RIVE DROITE

16 ★ **PROBLÈME** Il est 19 h 30. Mme Adugou a invité des amis pour 21 h 00.
a. Aura-t-elle le temps de cuisiner un lapin à la moutarde ?

> Lapin à la moutarde
> Préparation : 25 min
> Cuisson : 45 min

b. À quelle heure doit-elle mettre son lapin à cuire pour passer à table à 21 h 30 ?

17 ★ **PROBLÈME** M. Toc a calculé qu'il mettait 3 minutes pour atteindre le bus, qu'il avait un trajet de 48 minutes en bus, puis qu'il devait encore marcher 9 minutes pour arriver à son bureau.
a. Calcule en minutes puis en heures le temps que met M. Toc pour se rendre à son travail et en revenir 5 jours par semaine.
b. Il commence son travail à 9 h 15. À quelle heure doit-il partir de chez lui s'il veut être à son bureau 5 minutes en avance ?

18 ★★ **PROBLÈME** Pour créer un film d'animation, Tim a mis bout à bout 2 160 images. Il faut 18 images pour créer 1 seconde de film.
Combien de minutes dure son film ?

Connaitre et utiliser les unités de mesure de longueurs

Cherchons

La pétanque est un sport qui consiste à jeter une boule le plus près possible du cochonnet.

- Comment les joueurs font-ils pour savoir quelle boule est la plus proche du cochonnet ?

Je retiens

- Pour **comparer ou reporter** des longueurs, on peut utiliser **un compas**.
- Pour **mesurer** des longueurs, on utilise **une règle graduée**.
- Pour **comparer ou calculer** des mesures de longueurs, il faut les **convertir** dans la **même unité**.
- La principale unité de mesure de longueurs est **le mètre.**
  - Les **sous-multiples du mètre** sont : le décimètre, le centimètre et le millimètre.

  1 m = 10 dm = 100 cm = 1 000 mm

  - Les **multiples du mètre** sont : le décamètre, l'hectomètre et le kilomètre.

  1 km = 10 hm = 100 dam = 1 000 m

- On peut utiliser un tableau de conversion.

Multiples du mètre				Sous-multiples du mètre		
kilomètre km	hectomètre hm	décamètre dam	mètre m	décimètre dm	centimètre cm	millimètre mm
			1	0	0	0
1	0	0	0			

Estimer des mesures de longueurs

1 ★ **PROBLÈME** Aide Mélanie à trouver 3 objets dont la mesure est inférieure à 1 m. Voilà ce qu'elle propose.

a. La hauteur d'une porte.
b. L'épaisseur d'un dictionnaire.
c. La longueur d'une voiture.
d. La longueur d'une fourchette.
e. La longueur d'un lit.
f. La distance maximale entre le pouce et l'index.

2 ★ Sans mesurer, quels segments sont plus petits que le segment rouge ? Vérifie avec ton compas.

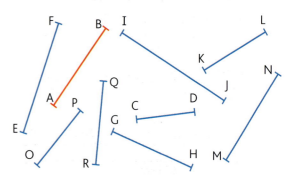

Adapter le choix de l'unité

3 ★ Recopie et complète avec l'unité qui convient (km, m, cm).
a. La longueur du pont de Normandie : 2 …
b. La hauteur d'un panier de basket : 3 …
c. La longueur d'une piscine : 25 …
d. La largeur d'un ski : 7 …
e. Le point culminant de l'Everest : 8 848 …
f. La taille d'un enfant de 10 ans : 130 …

4 ★ Choisis l'unité adaptée aux situations proposées (km, m, cm, mm).
a. La distance d'un trajet en train.
b. La longueur de la classe.
c. La longueur du tour de la Terre.
d. L'épaisseur d'une feuille de carton.
e. La hauteur d'une marche d'escalier.
f. La longueur de la mine d'un crayon.

Convertir et calculer

5 ★ Recopie et complète en choisissant parmi les réponses proposées.

Il peut y avoir plusieurs réponses.

1 m = … | 100 cm | 1000 mm | 10 cm
1 km = … | 100 m | 1000 m | 10 hm
1 cm = … | 100 m | 10 mm | 10 dm
10 m = … | 1 dam | 1 dm | 1000 cm
10 dm = … | 100 cm | 10 cm | 1 m

6 ★ Convertis en mètres.
Ex. : 2 km 6 m → 2006 m
a. 3 hm – 4 km – 2 km – 11 hm
b. 5 km 7 hm – 7 hm 3 m – 28 hm 5 m

7 ★ Convertis en centimètres.
a. 50 mm – 45 dm – 3 m – 180 mm
b. 1 m 5 dm – 54 dm – 4 800 mm – 75 m

8 ★ **PROBLÈME** Quelle est la distance entre Paris et Amiens ?

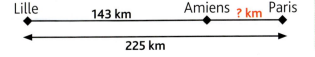

9 ★ **PROBLÈME** Pour parcourir 25 mètres, un kangourou fait 3 bonds.
Quelle distance parcourt-il s'il fait 9 bonds à la suite ?

10 ★★ a. Sans mesurer, reporte les longueurs des segments ci-dessous pour construire une ligne brisée ouverte de 155 mm.

Utilise ton compas.

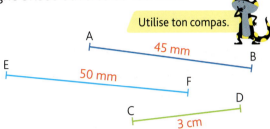

b. Vérifie la longueur de ta ligne brisée en mesurant.

11 ★★ **PROBLÈME** Voici le trajet quotidien du livreur de journaux.

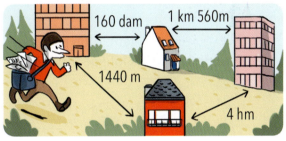

a. Quelle distance (en mètres) parcourt-il en 1 journée ?
b. Quelle distance (en km) parcourt-il en 5 jours ?

DÉFI MATHS

Trois princesses, Pim, Pam, Pom sont enfermées dans un donjon. Elles ont chacune une corde et veulent s'enfuir. Celles de Pim et de Pom réunies atteignent 20 mètres. Celles de Pam et de Pom réunies atteignent 13 mètres. Les trois cordes réunies mesurent 25 mètres.
Quelle est la longueur de la corde de Pim ?

GRANDEURS ET MESURES

Calculer et comparer les périmètres des polygones

Cherchons

Le fort Jefferson vu d'avion

Plan du fort Jefferson

Le fort Jefferson est une forteresse bâtie au XIXe siècle en Floride.

• **Comment calculer la mesure du contour de cet édifice ?**

Je retiens

- La **longueur du contour** d'une figure s'appelle **le périmètre**.

- On calcule le périmètre d'un polygone en **additionnant** la longueur de **tous ses côtés**.

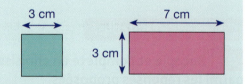

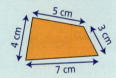

P = 4 + 5 + 3 + 7 = 19
Le périmètre de ce polygone est de 19 cm.

Comparer des périmètres

1 ★ Détermine, parmi ces quatre polygones, lequel a le plus petit périmètre.

Aide-toi du quadrillage.

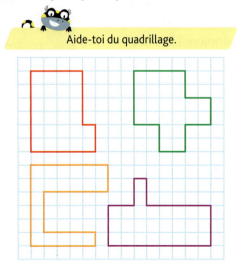

2 ★ Laquelle de ces deux figures a le plus grand périmètre ?

Attention, on ne mesure que la longueur du contour de la figure.

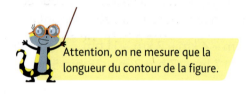

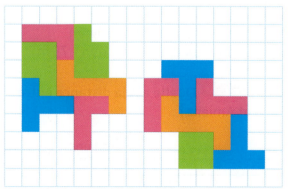

3 ★ Calcule le périmètre de chaque polygone sans poser l'opération. Indique lequel des deux a le plus petit périmètre.

a.   b.

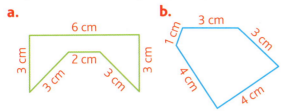

4 ✵ **a.** Mesure et calcule le périmètre de chaque polygone.

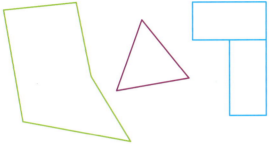

b. Classe ces périmètres du plus petit au plus grand.

Calculer des périmètres

5 ★ **PROBLÈME** La maitresse a placé un élève tous les 5 mètres autour de la cour. **Quel est le périmètre de la cour ?**

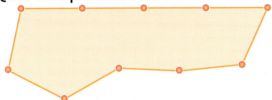

6 ★ **PROBLÈME** Léon a entrepris le tour du Cantal en hélicoptère. **Quelle distance aura-t-il parcourue à la fin de son voyage ?**

Regroupe astucieusement les distances.

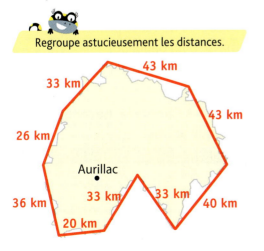

7 ✵ **PROBLÈME** Madame Pleutro décide de mettre une gouttière tout autour de son toit. **Quelle longueur de gouttière doit-elle acheter ?**

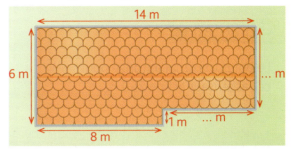

8 ✵ **PROBLÈME**
Ce bâtiment porte mal son nom !
a. Observe ses dimensions et indique quelle est sa forme.
b. Calcule son périmètre au sol.

Maison Carrée de Nîmes
Longueur : 26 m   largeur : 14 m

9 ✵ **PROBLÈME** Observe ce plan vu du dessus de la pyramide du Louvre.
a. Calcule le périmètre au sol de la pyramide.
b. Calcule le périmètre des bassins qui l'entourent.

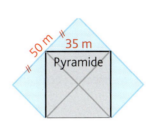
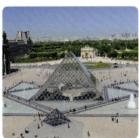

DÉFI MATHS

Marc a scotché la photo de sa tante sur son mur. **Son rouleau de scotch de 3 m sera-t-il suffisant pour fixer ses trois autres photos ?**

GRANDEURS ET MESURES

Connaitre les unités de mesure de masses

Cherchons

Le poids maximal autorisé pour cet ascenseur est de 250 kg.

- Cette famille peut-elle emprunter cet ascenseur ?

Je retiens

- Pour **comparer ou calculer** des mesures de masses, il faut les **convertir** dans la **même unité**.
- La principale **unité de mesure de masses** est **le gramme.**
  – Les **sous-multiples du gramme** sont : le décigramme, le centigramme et le milligramme.
  $$1\ g = 10\ dg = 100\ cg = 1000\ mg$$
  – Les **multiples du gramme** sont : le décagramme, l'hectogramme et le kilogramme.
  $$1\ kg = 10\ hg = 100\ dam = 1000\ g$$
- On peut utiliser un tableau de conversion.

Multiples du gramme			gramme g	Sous-multiples du gramme		
kilogramme kg	hectogramme hg	décagramme dag		décigramme dg	centigramme cg	milligramme mg
			1	0	0	0
1	0	0	0			

- Une autre mesure de masses est couramment utilisée : **la tonne (t)**
  $$1\ t = 1000\ kg$$

Estimer des mesures de masses

1 ★ **PROBLÈME** Aide Noah à trouver ce qui pèse plus de 1 kg.
a. Son cartable plein quand il part à l'école.
b. La masse d'un pamplemousse.
c. Le contenu d'un paquet de chewinggums.

Adapter le choix de l'unité

2 ★ Recopie et complète avec l'unité qui convient (t, kg, g).
a. La masse d'une balle de tennis : 55 ...
b. La masse d'une voiture : 800 ...
c. La masse d'un écureuil : 300 ...

3 ★ Choisis l'unité adaptée aux objets proposées (t, kg, g, mg).
a. La masse d'un téléphone portable.
b. La masse d'une valise pleine.
c. La masse d'un paquebot.
d. La masse d'une plume de moineau.

4 ★ **PROBLÈME** Choisis la masse qui convient pour chaque animal.
a. Une baleine : 10 kg   10 000 g   10 t
b. Un colibri : 2 g   2 000 g   20 kg
c. Un gorille : 2 t   200 kg   200 g
d. Un labrador : 30 kg   300 g   30 g

Convertir et calculer

5 ★ Vrai ou faux ?
a. Le kg est 1 000 fois plus grand que le g.
b. Un hg équivaut à 100 g.
c. Le g est mille fois plus petit que le kg.
d. Une tonne c'est 1 000 kg.

6 ★ Calcule (en g) la masse de chaque aliment.

7 ★ PROBLÈME Quelles masses marquées utiliserais-tu pour peser :
a. 336 g de farine ?
b. 875 g de sucre ?
c. 477 g de beurre ?
d. 774 g de chocolat ?

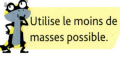Utilise le moins de masses possible.

8 ★ Recopie et complète avec <, > ou =.
a. 2 000 g ... 2 kg
b. 700 mg ... 7 g
c. 3 kg ... 300 g
d. 8 hg ... 800 g

9 ★ Recopie et complète avec = ou ≠.
a. 90 g ... 9 dg
b. 12 000 g ... 12 kg
c. 1000 mg ... 1 kg
d. 500 cg ... 5 g

10 ★ PROBLÈME Quelles masses marquées doit-on utiliser pour peser ce colis ?

11 ★★ Convertis en kilogrammes.

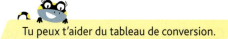
Tu peux t'aider du tableau de conversion.

a. 45 000 g
b. 5 t
c. 7 000 g
d. 3 000 g
e. 430 hg
f. 650 hg

12 ★★ Convertis en grammes.
a. 3 kg
b. 5 t
c. 2 hg
d. 400 dg
e. 430 hg
f. 5 kg 35 dag

13 ★★ PROBLÈME Voici les affaires que Julie veut emporter dans son sac à dos.
a. Son sac à dos vide pèse 700 g. Quelle sera sa masse une fois rempli (en g) ?
b. Que peut-elle prendre si elle veut que son sac ne pèse pas plus de 6 kg ?

DÉFI MATHS

Range ces animaux marins du plus lourd au moins lourd.

Connaitre les unités de mesure de contenances

Cherchons

Laisser un robinet fuir au goutte à goutte équivaut à gaspiller au moins 300 cL d'eau en une heure.

- Combien de litres d'eau Ondine utilise-t-elle pour prendre une douche ?

Je retiens

- Pour **comparer ou calculer** des mesures de contenances, il faut les **convertir** dans la **même unité**.

- La principale unité de mesure de contenance est **le litre (L)**.
  – Les **sous-multiples du litre** sont : le décilitre, le centilitre et le millilitre

  $$1\ L = 10\ dL = 100\ cL = 1\,000\ mL$$

  – Les **multiples du litre** sont : le décalitre et l'hectolitre

  $$1\ hL = 10\ daL = 100\ L$$

- On peut utiliser un tableau de conversion.

Multiples du litre			Sous-multiples du litre		
hectolitre hL	décalitre daL	litre L	décilitre dL	centilitre cL	millilitre mL
		1	0	0	0
1	0	0			

Estimer des mesures de contenances

1 ★ Choisis l'unité qui convient.

L   cL   hL

mL   L   dL

mL   cL   L

L   mL   hL

Adapter le choix de l'unité

2 ★ Choisis l'unité adaptée aux objets proposés.

a. Un tonneau.
b. Un bol.
c. Un biberon.
d. Un arrosoir.
e. Une citerne.
f. Une chasse d'eau.
g. Une louche.
h. Un verre de limonade.
i. Une goutte de pluie.

Tu peux utiliser les unités : hL, L, cL ou mL.

3 **Choisis la contenance qui convient.**

Un seau de ménage	10 L	50 L	100 L
Une canette de soda	3 cL	33 cL	300 cL
Une citerne d'essence	3 000 mL	3 000 hL	3 000 L
Un arrosoir de jardin	1 L	12 L	120 L

Comparer et ranger des contenances

4 **a.** Quelle quantité d'eau (en mL) y a-t-il dans chaque flacon ?

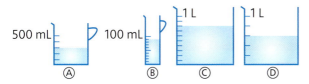

b. Range les contenances de la plus petite à la plus grande.
c. Quelle quantité de liquide cela fait-il (en cL) si l'on verse tout dans un même récipient ?

5 **Convertis les mesures et range-les dans l'ordre croissant :**
a. en litres : 1 hL – 1 daL – 8 hL – 3 daL – 12 hL
b. en centilitres : 1 L – 3 L – 9 dL – 45 dL – 6 L
c. en millilitres : 1 L – 3 L – 2 cL – 4 dL – 33 cL

Convertir et calculer des contenances

6 **Recopie et complète les égalités.**
a. 330 cL = ... L ... cL
b. 151 mL = ... cL ... mL
c. 255 L = ... hL ... daL ... L
d. 855 mL = ... dL ... cL ... mL

7 **PROBLÈME** On verse 4 500 centilitres d'eau puis 62 litres dans un abreuvoir dont la contenance est de 150 litres. **Combien de litres d'eau manque-t-il pour que l'abreuvoir soit plein ?**

8 **PROBLÈME** Pour son goûter d'anniversaire, Manel a servi 36 gobelets de 25 cL de jus de fruits. **Combien de litres de jus de fruits a-t-elle servis ?**

9 **PROBLÈME** En classe verte, pour leur piquenique, les élèves de CM1 ont rempli 18 bouteilles de 150 cL à la source du village. **De combien de litres d'eau disposent-ils ?**

10 **PROBLÈME** Un tonneau contient 2 hL d'huile. On rempli 200 bouteilles de 50 cL d'huile puis 5 jerricanes de 5 L chacun. **Quelle quantité d'huile (en litres) reste-t-il dans le tonneau ?**

11 **PROBLÈME** Luc est malade. Voici sa prescription :

1 dosette de 5 mL de sirop 4 fois par jour.

a. Quelle quantité de sirop (en mL et en cL) aura-t-il prise au bout de 10 jours ?
b. Ce flacon sera-t-il suffisant ?

12 **PROBLÈME** Voici la consommation d'eau de M. Justin Peudot en 1 semaine :

1 an = 52 semaines.

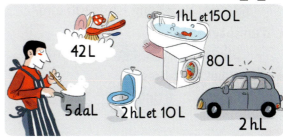

a. Combien de litres d'eau M. Justin Peudot consomme-t-il par semaine ?
b. Combien de litres d'eau consomme-t-il en 1 an ?

DÉFI MATHS

Comment faire pour mesurer 4 litres d'eau à l'aide d'un seau d'une contenance de 5 L et d'un bidon d'une contenance de 3 L ?

Connaître les unités de mesure de longueurs

1 ✶ Quels segments ont la même longueur que le segment rouge ?

Utilise ton compas.

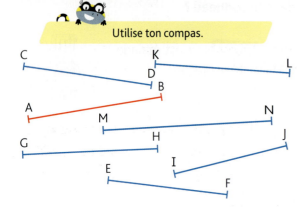

2 ✶ Quelle est la longueur :
a. d'un piano ?
    150 mm   150 cm   510 dm
b. d'une voiture ?
    41 mm   41 cm   4 100 mm
c. d'un spaghetti ?
    30 dam   30 mm   3 dm
d. d'un trajet Paris-Brest ?
    600 dam   6 000 mm   600 km

3 ✶ Choisis l'unité qui convient (km, m, cm, mm).
a. La longueur d'un cheveu.
b. L'épaisseur d'un crayon.
c. La largeur d'un bateau.
d. La longueur du tropique du Cancer.

4 ✶ Possible ou impossible ?
a. Un lit de 200 cm de long.
b. Un arbre de 7 hm de haut.
c. Un cahier de 3 dm de long.

5 ✶ Convertis.
a. En mètres : 85 000 cm ; 12 dam ; 60 dm ; 2 km ; 700 cm ; 9 000 mm ; 3 dam 5 m
b. En km : 9 000 m ; 20 000 dm ; 1 000 m ; 305 000 m

6 ✶ Convertis en centimètres, puis calcule.
a. 2 m + 13 cm + 40 mm
b. 5 m + 45 dm + 30 mm
c. 43 m + 46 dm + 128 cm
d. 45 m + 56 dm + 45 cm + 70 mm

7 ✶ **PROBLÈME** Quelle distance (en km) effectue Ninon qui fait 25 fois le tour d'un stade de 800 m ?

Calculer le périmètre d'un polygone

8 ✶ Reproduis ces polygones. Calcule leur périmètre en mm : 1 carreau = 5 mm.

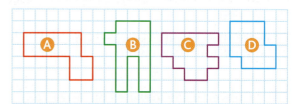

9 ✶ Calcule le périmètre des figures (en cm).

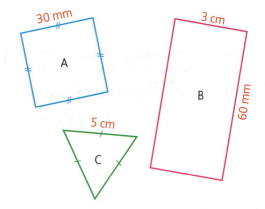

10 ✶ **PROBLÈME** M. Cœurdebœuf a un jardin carré de 55 m de côté. **Combien de mètres parcourt-il avec sa tondeuse quand il fait le tour de son jardin ?**

11 ✶ **PROBLÈME** Un terrain de basket a la forme d'un rectangle de 28 m de longueur sur 15 m de largeur.
Quel est son périmètre ?

12 PROBLÈME Retrouve les dimensions qui manquent puis calcule le périmètre de la maison.

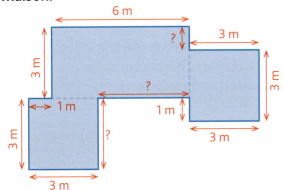

Connaitre les unités de mesure de masses

13 ★ Quelle est la masse :
a. d'un œuf de poule ? 50 g   50 mg   5 g
b. d'un rhinocéros ? 25 kg   250 dg   2 t
c. d'une pièce de 1 € ? 7 mg   7 g   7 kg

14 ★ PROBLÈME Quelle est la masse des produits ?

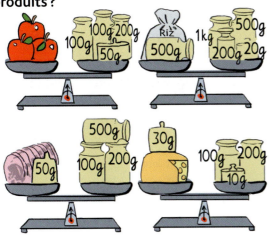

15 ★ Recopie et complète avec <, > ou =.
a. 3 kg … 300 g
b. 700 g … 7000 mg
c. 750 g … 75 kg
d. 7 cg … 70 mg

16 ★ Recopie et complète avec = ou ≠.
a. 45 g … 450 dg
b. 40 mg … 4 g
c. 500 g … 5 kg
d. 12 000 mg … 12 g

17 ★ Recopie et convertis.
a. 8 t = … kg
b. 360 hg = … kg
c. 2 kg = … g
d. 14 t = … kg
e. 58 000 g = … kg
f. 5 000 g = … kg

Connaitre les unités de mesure de contenances

18 ★ Quelle est la contenance :
a. d'une canette de soda ?
   33 L   3 hL   33 cL
b. d'une chasse d'eau ?
   12 mL   12 hL   12 L
c. d'un réservoir de voiture ?
   500 L   50 L   5 dL

19 ★ Recopie et complète avec <, > ou =.
a. 1000 cL … 1 L
b. 8 daL … 80 L
c. 900 cL … 90 dL
d. 1 dL … 100 mL

20 ★ Recopie et complète avec = ou ≠.
a. 7 dL … 700 mL
b. 25 L … 250 cL
c. 20 hL … 2 000 L
d. 300 cL … 3 L

21 ★ PROBLÈME La maitresse veut verser 10 L de colle dans des flacons de 200 mL.
Combien de flacons peut-elle remplir ?

22 ★ PROBLÈME a. Ces verres sont gradués en millilitres. Écris la mesure indiquée par le liquide.

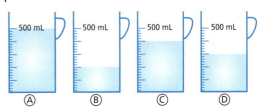

b. Quelle quantité de liquide obtient-on (en cL) si l'on verse tout dans une cuvette ?

23 ★ Recopie et convertis.
a. En litres :
3 daL   450 dL   8 000 cL   1 hL   100 cL
b. En centilitres :
5 L   12 dL   50 mL   14 L   330 mL

24 ★ PROBLÈME Combien de flacons de 15 cL peut-on remplir avec 750 mL de parfum ?

25 ★ PROBLÈME Lors de la livraison à un supermarché, 150 des 400 bouteilles de 50 cL d'eau gazeuse ont été cassées. **Quelle quantité d'eau gazeuse (en litres) a été livrée ?**

sous des problèmes

1 ★ La Seine a une longueur de 776 km. C'est 236 000 m de moins que la Loire. **Quelle est la longueur de la Loire ?**

2 ★ La copie de la tour Eiffel à Las Vegas est deux fois moins grande que l'originale à Paris qui culmine à 324 mètres. **Combien mesure la tour Eiffel de Las Vegas ?**

3 ★ Sabine doit confectionner une étoile avec 10 baguettes de même longueur. **Quel sera le périmètre de son étoile (en cm et en m) ?**

4 ★ Quatre semaines après sa naissance, un hérisson pèse environ 200 g, soit dix fois son poids à la naissance. **Combien pèse un hérisson à la naissance (en g) ?**

5 ★ Observe les tableaux.

200 g de pêches	
Protides	1 g
Lipides	0 g
Glucides	220 dg

200 g de pamplemousse	
Protides	10 dg
Lipides	0 g
Glucides	20 g

200 g de cerises	
Protides	2 g
Lipides	10 dg
Glucides	34 g

200 g d'orange	
Protides	20 dg
Lipides	0 g
Glucides	18 g

a. Quel fruit contient le plus de glucides ?
b. Quels fruits contiennent le moins de protides ?
c. Manuel a mangé 100 g de chacun de ces fruits. Quelle quantité de glucides a-t-il avalée ?

6 ★ Voilà le plan simplifié de la propriété de Jack. **Calcule le périmètre de son terrain, de sa maison et de sa piscine.**

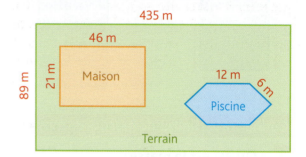

7 ★ Pour arroser son jardin, la famille de Chloé utilise un récupérateur d'eau de pluie qui peut contenir jusqu'à 3 hL. **Combien d'arrosoirs de 10 L permet-il de remplir ?**

8 ✹ Cette étape du Tour cycliste de Martinique s'étend sur 103 km. **Quelle distance reste-t-il à parcourir aux cyclistes qui sont à Sainte-Luce pour arriver à Trois-Îlets ?**

9 ✹ **a.** Calcule le périmètre d'un rectangle dont la largeur mesure 4 cm et la longueur est le triple de sa largeur.
b. Construis le rectangle.

10 ✹ Myriam range 3 caisses de livres pesant chacune 3 000 g sur une étagère qui peut supporter un poids maximal de 15 kg. **Quel poids de livres peut-elle encore ajouter (en kg) ?**

11 Quelle quantité (en cL) de jus d'orange reste-t-il dans cette bouteille si j'ai déjà bu 2 verres de 25 cL ?

12 À la kermesse de l'école, le stand du transporteur d'eau a beaucoup de succès. Il faut remplir le plus vite possible un seau de 10 L avec un bol de 50 cL. **Si Pauline n'en renverse pas une goutte, combien de bols seront nécessaires pour qu'elle remplisse le seau ?**

13 Quatre panneaux sont placés à l'entrée d'une route. **Quel véhicule peut emprunter cette route ? Pour les autres, indique de combien leur gabarit dépasse.**

Longueur	900 cm	70 dm	9 m
Largeur	2 m	3 m	20 dm
Hauteur	3 m	30 dm	300 cm
Poids	12 000 kg	4 t	3 t

14 Avec son vaporisateur, Tanguy envoie des giclées de 15 mL. S'il le remplit complètement et le vide en aspergeant ses plantes, il appuie 22 fois sur la gâchette.
Quelle est la contenance de son vaporisateur ?

15 Flo veut renouveler une partie de l'eau de son aquarium. Elle en retire l'équivalent de 40 bouteilles.
Quelle quantité d'eau reste-t-il dans l'aquarium ?

16 Stef doit colorier ces figures en respectant une consigne bien précise :
– Chaque polygone doit être d'une seule couleur et aucun polygone n'a la même couleur.
– Le polygone rose touche tous les autres polygones.
– Les polygones vert et bleu se touchent et le polygone vert a un côté commun avec le F.
– Le polygone vert, le polygone orange et le polygone gris ne touchent pas le polygone rouge.
– Le polygone jaune touche le polygone gris.

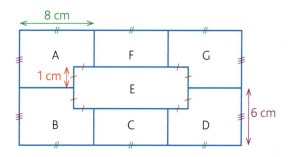

a. Retrouve les dimensions de cette figure puis calcule son périmètre.
b. Reproduis-la sur du papier quadrillé.
c. Colorie les polygones en suivant les consignes.
d. Calcule le périmètre des polygones A, F et E.

17 Tous les deux jours, un fermier diffuse de la musique dans son étable. Il a 28 vaches qui donnent chacune 10 L de lait par jour et une, Aggie, qui fournit 10 L de lait uniquement les jours où il y a de la musique.
Combien de litres de lait le fermier a-t-il obtenu au mois de juin ?

18 Reproduis ces trois figures sur papier quadrillé, puis découpe-les.
a. Calcule le périmètre de chaque figure.

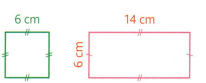

b. En assemblant tes figures découpées, construis une figure dont le périmètre mesure 66 cm.

Identifier et comparer des angles

Cherchons

Observe cette figure.

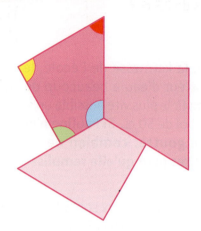

- Que peux-tu dire des angles marqués sur le quadrilatère ?
- Que peux-tu dire des angles des deux autres quadrilatères ?

Je retiens

- Un **angle** est formé par **deux demi-droites qui se coupent**. Leur **point d'intersection** est le **sommet** de l'angle.

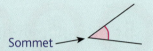

- Pour **identifier des angles droits**, on peut utiliser une **équerre** ou un **gabarit d'angle droit sur papier calque**.

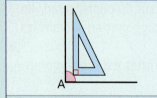		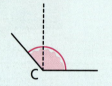
L'angle Â est un **angle droit** ; ses côtés sont **perpendiculaires**.	L'angle B̂ est **plus petit** qu'un **angle droit** : c'est un **angle aigu**.	L'angle Ĉ est **plus grand** qu'un **angle droit** : c'est un **angle obtus**.

Identifier des angles

1 ★ Retrouve les angles droits avec ton équerre ou un gabarit.

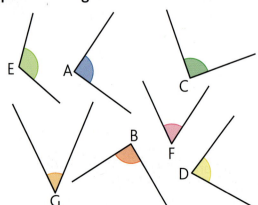

2 ★ Retrouve tous les angles aigus.

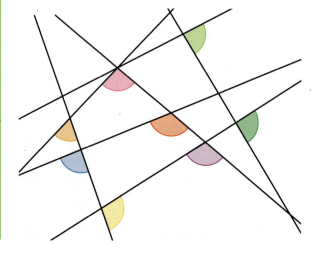

3 ★ **a.** Indique si les angles sont droits, aigus ou obtus.

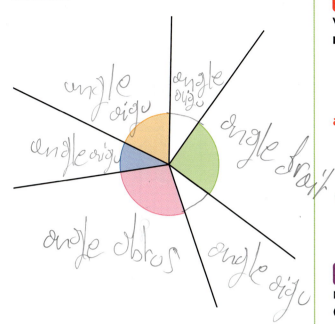

b. À vue d'œil, que peux-tu dire des angles non marqués ? Vérifie avec ton gabarit.

4 ★ **PROBLÈME** Quel polygone Étienne a-t-il tracé ?

J'ai dessiné un polygone qui possède 1 angle droit, 2 angles aigus et 3 angles obtus.

  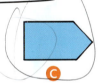
A　　　　　B　　　　　C

5 ★ **PROBLÈME** Lina a tracé cette figure sur du papier pointé.
a. Décalque-la, puis avec ton équerre retrouve tous les angles droits.
b. Marque-les en rouge.

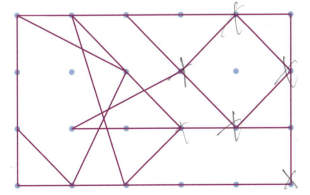

Comparer des angles

6 ★ Pour chaque cas, indique si l'angle vert est plus grand ou plus petit que l'angle rouge.

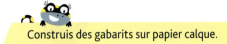
Construis des gabarits sur papier calque.

a.　　　　　b.　　　　　c.

7 ★★ **PROBLÈME** Élodie et son jumeau Eiko mangent toujours des parts identiques. **Quelle part Eiko va-t-il prendre ?**

8 ★★ **PROBLÈME** Un seul de ces 5 trèfles porte-bonheurs est formé de 4 feuilles ayant le même angle. **Lequel ?**

a.　　　　b.　　　　c.

d.　　　　e.

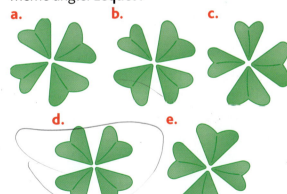

DÉFI MATHS

Trace un polygone qui a 5 angles obtus et 1 angle aigu.

Découvrir la notion d'aire

Cherchons

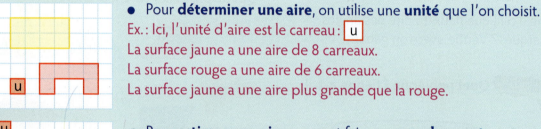

Mur de Selma   Mur de Florian

- Qui doit acheter le plus de carreaux pour finir son mur de salle de bains ?

Je retiens

- **Déterminer l'aire** d'une figure, c'est **mesurer sa surface**.

- Pour **déterminer une aire**, on utilise une **unité** que l'on choisit.
  Ex. : Ici, l'unité d'aire est le carreau : u
  La surface jaune a une aire de 8 carreaux.
  La surface rouge a une aire de 6 carreaux.
  La surface jaune a une aire plus grande que la rouge.

- Pour **estimer une aire**, on peut faire un **encadrement**.
  L'aire de la figure rose est comprise :
  – entre l'aire du rectangle vert et l'aire du rectangle bleu ;
  – entre 8 unités d'aire et 24 unités d'aire.

Déterminer ou estimer l'aire d'une surface

1 Détermine l'aire de chaque surface avec l'unité indiquée.

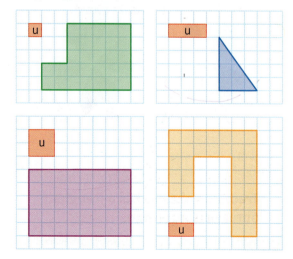

2 ✼ Détermine l'aire de la surface colorée puis celle de la surface vide, en fonction de l'unité indiquée.

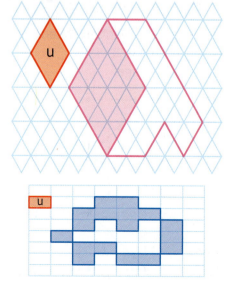

3 Estime l'aire de chaque figure.

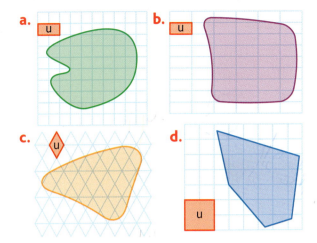

Comparer et ranger des surfaces

4 Compare les couples de figures par couleur. Indique, pour chaque couple, laquelle a la plus grande aire.

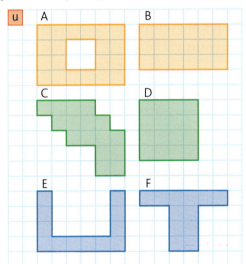

5 **PROBLÈME** Voici un plan d'appartement :
a. Détermine l'aire de chaque pièce.
b. Range-les de la plus grande à la plus petite.

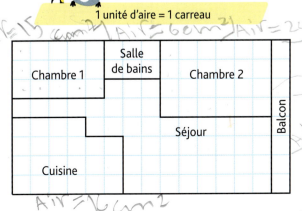

6 **PROBLÈME** Les figures A, B, C, D ont été composées avec certaines de ces petites figures.

1 unité d'aire = 1 carreau

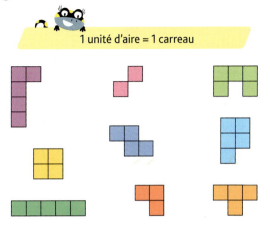

Détermine l'aire des figures A, B, C, D et range-les de la plus petite à la plus grande.

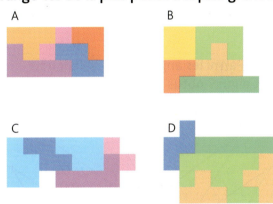

7 **PROBLÈME** Construis une figure composée de toutes ces petites figures (1 seule de chaque couleur). Détermine son aire.

DÉFI MATHS

Détermine l'aire des deux poissons. Lequel a la plus grande aire ?

△ Unité

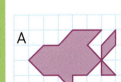 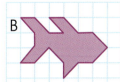

À ton tour, construis un poisson dont la mesure de l'aire sera égale à celle des 2 poissons réunis.

Je révise

Identifier des angles

1 ★ **PROBLÈME** Observe les angles présents sur la représentation du dieu égyptien Anubis. Parmi ces angles colorés, lesquels sont des angles droits ?

2 ★★ Parmi les angles colorés, lesquels sont aigus ? obtus ?

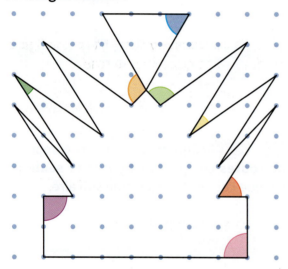

3 ★★★ Indique la nature de chacun des angles colorés.

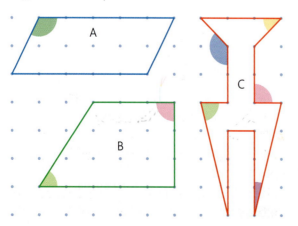

Comparer des angles

4 ★ **PROBLÈME** Indique, pour chaque paire de feuilles, quel est l'angle le plus grand.

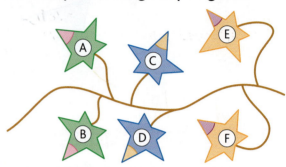

5 ★★ **PROBLÈME** Pour construire sa maquette de chapiteau en carton, Inès a réalisé un dessin. Classe les angles marqués en rouge du plus petit au plus grand.

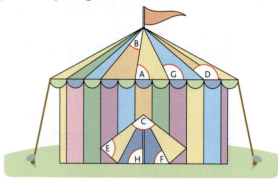

Déterminer ou estimer l'aire d'une surface

6 ★ Détermine l'aire de chaque surface avec l'unité indiquée.

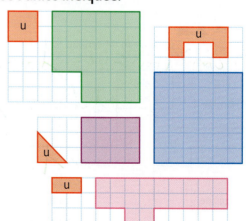

140

7 ★ Détermine l'aire de chaque surface avec l'unité indiquée.

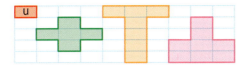

Comparer et ranger des surfaces

8 ★ Indique, pour chaque couple de figures colorées, laquelle a la plus petite aire.

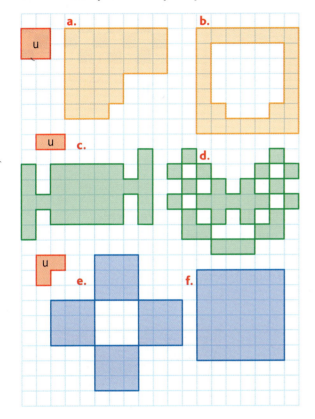

9 ★ **PROBLÈME** Margot a dessiné cette figure sur son cahier. **Sur du papier quadrillé, trace une figure dont la mesure de l'aire sera deux fois plus petite.**

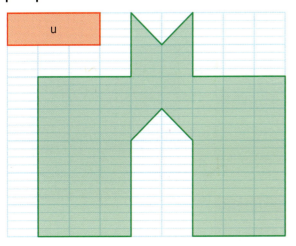

10 ★ **PROBLÈME** Détermine l'aire de chaque pièce de cet appartement puis range ces aires de la plus grande à la plus petite.

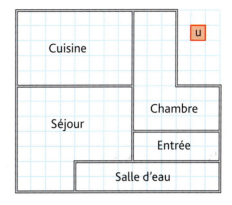

11 ★ Sur du papier quadrillé, trace une figure dont la mesure de l'aire est plus petite de deux unités que l'aire de la figure violette.

12 ★ Sur du papier pointé, trace une figure de même aire que la figure rose.

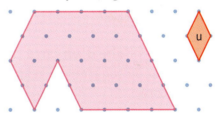

13 ★ Observe cette figure.

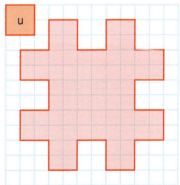

Sur du papier quadrillé, trace :
a. Une figure qui a la même aire.
b. Une figure qui a une aire plus grande d'une unité.
c. Une figure qui a une aire plus petite de deux unités.

Vers le CM2 : Calculer l'aire du carré et du rectangle

Cherchons

En montagne, un drapeau à damier noir et jaune signifie un fort danger d'avalanche sur la station.

- Quelles sont les dimensions de ce drapeau ? Comment calculer sa surface ?

Je retiens

- Pour exprimer l'aire d'une surface, la principale unité d'aire est **le mètre carré**.
  1 mètre carré représente **l'aire d'un carré de 1 mètre de côté**. On l'écrit **1 m²**.
  Le **centimètre carré (cm²)** est un sous-multiple du mètre carré.
  1 centimètre carré représente l'aire d'un **carré de 1 centimètre de côté**.
  1 m² = 10 000 cm²

- Pour calculer **l'aire d'un carré**, on multiplie la longueur de son côté par la longueur de son côté (**côté × côté**).

- Pour calculer **l'aire d'un rectangle**, on multiplie sa longueur par sa largeur (**Longueur × largeur**).

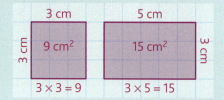

Mesurer l'aire d'un carré et d'un rectangle

1 ★ Mesure l'aire des carrés et des rectangles (en cm²).

2 Reproduis le carré et le rectangle sur du papier quadrillé.

a. Mesure l'aire du carré puis trace un rectangle de même aire. L'aire du carré A mesure ... cm².

b. Mesure l'aire du rectangle puis trace un carré de même aire. L'aire du rectangle B mesure ... cm².

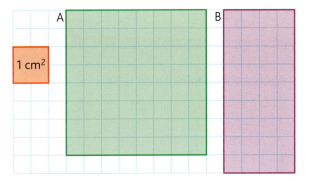

Calculer l'aire d'un carré et d'un rectangle

3 Calcule l'aire des carrés et des rectangles (en cm²).

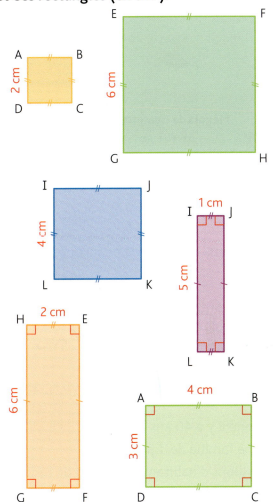

4 **PROBLÈME** Voici la propriété de M. Vertdubois. Calcule l'aire de son terrain, de sa maison et de son garage.

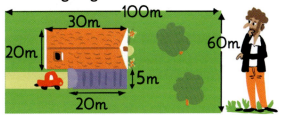

5 Calcule l'aire des figures.

	Longueur	Largeur
Figure 1	5 cm	5 cm
Figure 2	10 cm	5 cm
Figure 3	3 m	0,5 m
Figure 4	10 m	10 m

6 **PROBLÈME** Voici le plan du célèbre château de Moulinsart.

a. Calcule l'aire du château.

b. Sachant qu'il y a deux étages dans ce château, quelle est l'aire totale disponible dans le bâtiment ?

c. L'aire du domaine est 100 fois plus grande que celle du château. Combien mesure le domaine ?

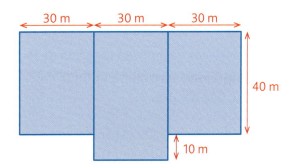

DÉFI MATHS

Sur du papier quadrillé, construis le plus possible de quadrilatères dont la mesure de l'aire est 36 cm².

GRANDEURS ET MESURES

J'utilise les maths en sciences et en EPS

DÉVELOPPEMENT DURABLE

Adopter un comportement éthique et responsable
Identifier l'impact environnemental d'un objet

La pollution des déchets

Le développement durable est le fait de **prendre en compte les besoins** des êtres humains tout **en préservant l'environnement**.
Jeter les déchets dans la nature n'est pas sans conséquence. Un objet qu'on jette négligemment va polluer parfois bien longtemps.

La durée de vie de certains déchets

❶ Classe ces déchets en fonction de leur durée de vie.
❷ Pourrais-tu expliquer pourquoi certains déchets ont une durée de vie beaucoup plus longue que d'autres ?

Un mégot de cigarette est susceptible à lui seul de polluer 500 litres d'eau. En montagne, on retrouve souvent jusqu'à 7 000 mégots par jour sous un seul télésiège.
❸ Quelle quantité d'eau est polluée par ces mégots en hectolitres ?

La quantité de déchets a doublé en 40 ans. Chacun de nous produit en moyenne 590 kg de déchets par an. C'est énorme !
❹ Quelle quantité de déchets produisait une personne il y a 40 ans ?
❺ Quelle quantité de déchets génère aujourd'hui une famille de 4 personnes ?
❻ À l'échelle de la France qui compte environ 66 millions d'habitants, combien de tonnes de déchets sont produites par an ?

**Réaliser la meilleure performance possible en milieu aquatique
Adapter ses déplacements à différents types d'environnement**

Le triathlon, une discipline complète

Le triathlon propose **trois épreuves** liées à trois disciplines : **la natation**, **le cyclisme** et **la course à pied**.
Sa forme moderne est apparue aux États-Unis en 1974. Elle est devenue une discipline olympique en l'an 2000 aux Jeux olympiques de Sydney en Australie.

Nom de la distance	Natation	Cyclisme	Course à pied
Jeunes 6-9 ans	50 mètres	1 000 mètres	500 mètres
Jeunes 10-13 ans	200 mètres	4 000 mètres	1 500 mètres
Distance XS (Découverte)	400 mètres	10 kilomètres	2,5 kilomètres
Distance S (Sprint)	750 mètres	20 kilomètres	5 kilomètres
Distance officielle aux JO	1 500 mètres	40 kilomètres	10 kilomètres

Les épreuves du triathlon

❶ Depuis combien de temps cette discipline sportive existe-t-elle ?

❷ Combien d'années se sont écoulées avant qu'elle ne devienne une discipline olympique ?

❸ Quelle distance totale, en mètres, va parcourir un jeune athlète de triathlon de 7 ans ? de 10 ans ?

En France, la plupart des piscines ont un bassin d'une longueur de 25 m.
❹ Combien de longueurs doivent effectuer les athlètes dans chaque catégorie ?

Le tour de piste d'un stade est d'environ 400 m.
❺ Comment calculer le nombre de tours de piste que doit effectuer un athlète de 7 ans ? et un athlète des Jeux olympiques ?

Un cycliste de 7 ans parcourt en moyenne 12 km en une heure.
❻ Combien de temps mettra-t-il pour réaliser l'épreuve de cyclisme du Triathlon ?

Année	Lieu	Championne olympique	Temps
2000	Sydney, Australie	Brigitte McMahon	2 h 0 min 40 s
2004	Athènes, Grèce	Kate Allen	2 h 4 min 43 s
2008	Pékin, Chine	Emma Snowsill	1 h 58 min 27 s
2012	Londres, Grande-Bretagne	Nicola Spirig	1 h 59 min 48 s

Temps réalisés lors des épreuves de triathlon féminin aux Jeux olympiques

❼ Quelles championnes ont réalisé un temps inférieur à 120 minutes ?

❽ Comment peut-on calculer la différence de durée entre le record olympique féminin de 2000 et celui de 2012 ?

Se repérer et se déplacer dans l'espace

Cherchons

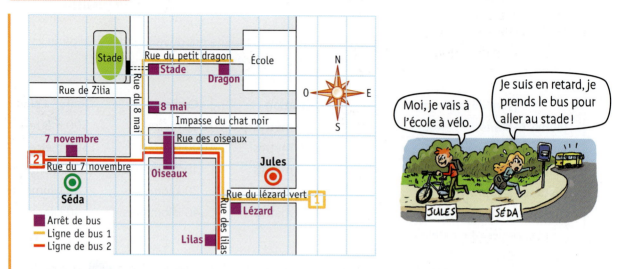

- Comment peut-on se repérer et indiquer un trajet sur ce plan ?

Je retiens

- Les **plans** ou les **cartes** sont des **dessins** simplifiés de lieux : ils permettent de **se repérer** ou de **se déplacer** facilement dans l'espace.

- Pour se **repérer** ou se **déplacer**, on peut utiliser **un quadrillage** : grâce aux **codages de ses axes** horizontaux et verticaux, on détermine précisément les **coordonnées** d'un nœud ou d'une case.

- On commence toujours par citer les **coordonnées** d'un point par le repère de **l'axe horizontal** puis celui de **l'axe vertical**.
Ex. : A (D ; 4), B (C ; 2)

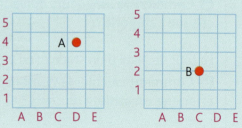

Se repérer et se déplacer en utilisant un plan

1 ★ Vrai ou faux ? Observe le plan puis réponds.

a. La ligne D est bleue.
b. La station Foch est sur la ligne A.
c. Pour aller de « Gratte-ciel » à « Ampère », on prend la ligne A direction « Perrache ».
d. Il y a 8 stations entre « Valmy » et « Garibaldi ».
e. Pour aller de « Sans-Souci » à « Part-Dieu », il faut changer à « Saxe-Gambetta ».

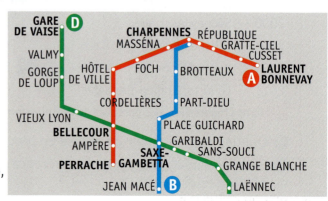

2 ★ PROBLÈME Recopie et complète.

Noé et Ana se rendent à l'université. Noé habite à la station Snowdon au croisement des lignes ... et ... . Il prend la direction ... et n'a que ... stations à parcourir. Ana qui habite à la station Laurier prend la ligne ... en direction de ... . Elle change à ... et prend la ligne ... en direction de ... . À partir de là, il lui reste ... stations avant d'arriver.

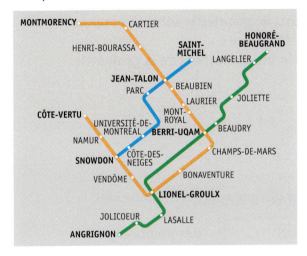

 Se repérer et se déplacer en utilisant un quadrillage

3 ★ PROBLÈME Observe ce plan puis réponds aux questions.

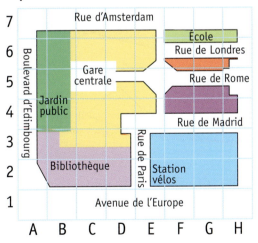

a. Tim habite en (F ; 6). Dans quelle rue habite-t-il ?
b. Anne habite au croisement de la rue de Paris et de la rue de Madrid. Indique les coordonnées de sa maison.
c. Chaque matin, Marc part de la gare centrale pour se rendre en (F ; 7) puis en (A ; 5). Indique le nom des lieux où il se rend et le trajet qu'il effectue.

4 ★ PROBLÈME Observe le plan puis réponds aux questions.

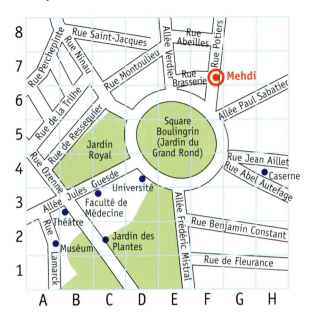

a. Indique les coordonnées du Théâtre et du Muséum.
b. Que trouve-t-on en (H ; 4), (C ; 3) ; (C ; 2) ?
c. Mehdi qui est en (F ; 7) va rejoindre Emma. Il passe en (E ; 7), (E ; 6), (D ; 6), (D ; 5), (D ; 4), (C ; 4), (C ; 3).
Pose un calque sur le plan et trace le trajet de Mehdi. Où est Emma ?
d. En traversant le Jardin Royal, ils rejoignent Ulysse qui les attend au croisement de la rue Montoulieu et la rue Ninau. Écris leur itinéraire.

DÉFI MATHS

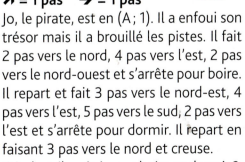

Dessine une rose des vents puis indique le repère horizontal (A à N) et vertical (1 à 10) sur un papier quadrillé.
↗ = 1 pas   → = 1 pas

Jo, le pirate, est en (A ; 1). Il a enfoui son trésor mais il a brouillé les pistes. Il fait 2 pas vers le nord, 4 pas vers l'est, 2 pas vers le nord-ouest et s'arrête pour boire. Il repart et fait 3 pas vers le nord-est, 4 pas vers l'est, 5 pas vers le sud, 2 pas vers l'est et s'arrête pour dormir. Il repart en faisant 3 pas vers le nord et creuse.
Où s'est-il arrêté pour boire et dormir ?
Où est le trésor ?

Connaitre le vocabulaire et les instruments de la géométrie

Cherchons

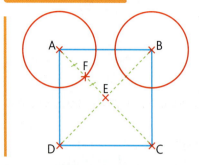

- Quels instruments de géométrie sont nécessaires pour reproduire cette figure ?
- Si tu devais la décrire, quels mots de la géométrie emploierais-tu ?

Je retiens

- La **règle** sert à mesurer des segments, tracer et vérifier un alignement de points.
  L'**équerre** sert à vérifier des angles droits et à les tracer.
  Le **compas** sert à tracer des cercles, à comparer des longueurs et à les reporter.

un point A	une droite (d)	des points alignés
×A	―――― (d)	A — B — C

un segment [AB]	le milieu I de [AB]	un angle Â formé par deux demi-droites
A ― B	A ―I― B Le signe | signifie que [AI] et [BI] ont la même longueur.	Â

La figure ABCD a **4 sommets** : les points A, B, C, D.
Elle a **4 côtés** : les segments [AB], [BC], [CD] et [DA].

- En **géométrie**, il faut être attentif lors de la lecture des consignes et très précis quand on utilise le **vocabulaire**.

Connaitre le vocabulaire

1 * Recopie et relie le codage à ce qu'il désigne.

E • • une droite
(e) • • un segment
[EF] • • un point

2 * Vrai ou faux ?

a. Un segment est limité par 2 points.
b. Les côtés d'un carré sont des segments.
c. On peut mesurer une droite.
d. Si quatre points sont sur la même droite, ils sont alignés.
e. Les sommets d'un quadrilatère sont des points.

3 Observe la figure.

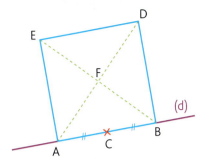

Recopie et complète avec les mots :

un sommet   un segment   une droite   le milieu   le point d'intersection

a. (d) est … .
b. [EB] est … .
c. C est … de [AB].
d. F est … de [EB] et [DA].
e. D est … du carré EDBA.

4 PROBLÈME Quel élève a bien lu la consigne suivante :

Trace un losange ADBC et place le milieu E du segment [AB].

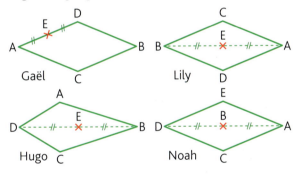

5 a. Place 3 points F, O et U non alignés, sur papier uni.
b. Trace le segment [FU].
c. Place un point M sur le segment [FU].
d. Trace une droite qui passe par O et par M.

Identifier et utiliser les instruments de géométrie

6 Quel(s) instrument(s) dois-tu utiliser pour :
a. tracer un arc de cercle ?
b. construire un carré ?
c. comparer des longueurs ?
Justifie tes réponses.

7 Quels instruments a-t-on utilisés pour réaliser ces figures ?

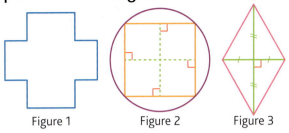

Figure 1   Figure 2   Figure 3

8 Utilise ton compas pour répondre aux questions :
a. Quel est le segment le plus court ?
b. Quel est le segment le plus long ?
c. Quels sont les deux segments de même longueur ?

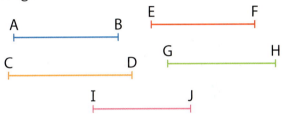

9 a. Reproduis cette figure sur du papier quadrillé et colorie-la comme sur le modèle.
b. Quels instruments as-tu utilisés ?

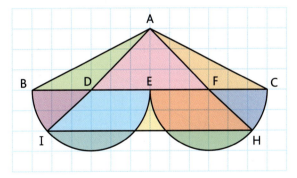

DÉFI MATHS

Reproduis cette figure aux dimensions de ton choix sur papier uni.

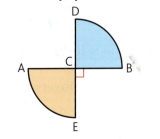

Identifier et tracer des droites perpendiculaires

Cherchons

On doit couper tous les sapins qui ne sont pas perpendiculaires au sol.

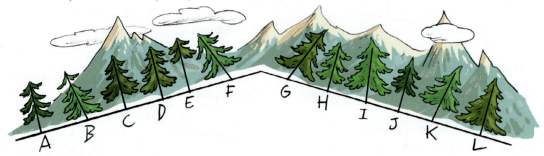

- Quels sapins doivent être coupés ? Justifie ton choix.

Je retiens

- Deux droites sont **perpendiculaires** si elles se coupent en formant des angles droits.

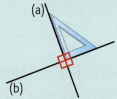

Les droites (a) et (b) sont perpendiculaires.

Les droites (c) et (d) ne sont pas perpendiculaires.

- Pour **vérifier** que deux droites sont perpendiculaires, on utilise l'**équerre**.

- Pour **tracer des droites perpendiculaires** :

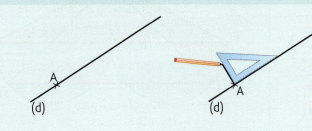

❶ On trace une droite. On marque un point sur la droite.

❷ On place le côté de l'angle droit de l'équerre le long de la droite au point A. On trace la seconde droite.

❸ On prolonge la seconde droite avec la règle.

Identifier des droites perpendiculaires

1 ★ Vrai ou faux ? Observe cette composition et réponds.

a. Trois baguettes sont perpendiculaires à la baguette rouge.
b. Les deux baguettes bleues sont perpendiculaires à la baguette rouge.
c. Les baguettes vertes sont perpendiculaires à la baguette rouge.

Vérifier que deux droites sont perpendiculaires

2 ★ De quelle couleur sont les droites perpendiculaires à la droite bleue ? Vérifie avec ton équerre.

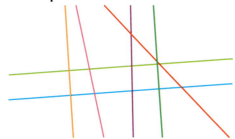

3 ★ Indique les segments perpendiculaires sur chaque figure.

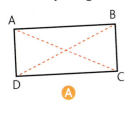
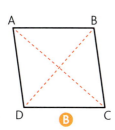
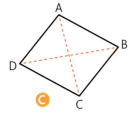
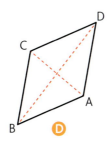

Tracer des droites perpendiculaires

4 ★ **a.** Trace 2 droites comme sur la figure ci-dessous.

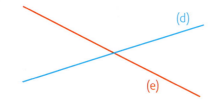

b. Trace une droite (g) perpendiculaire à (e) et une droite (f) perpendiculaire à (d).
c. Marque les angles droits.

5 ★ **a.** Trace une droite (d) sur papier uni.
b. Sur cette droite, marque 3 points : A, B et C.
c. Trace 3 droites perpendiculaires à (d) qui passent par chacun de ces points.

6 ★ **a.** Trace une droite (d) et marque deux points A et B comme sur la figure ci-dessous sur papier uni.

b. Trace une droite (a) perpendiculaire à (d) passant par A.
c. Trace une droite (b) perpendiculaire à (d) passant par B.
d. Marque un point C où tu veux et trace la droite (c) perpendiculaire à (d) passant par C.

7 ★ **a.** Trace une droite (d) sur papier uni. Sur cette droite, place deux points A et B, tels que AB = 3 cm.
b. Trace une droite (d_1) perpendiculaire à (d) passant par le point B.
c. Trace une droite (d_2) perpendiculaire à (d) passant par le point A.
d. Marque un point E sur (d_2), 2 cm en-dessous du point A.
e. Marque un point F sur (d_1), 2 cm en-dessous du point B.
f. Relie les points E et F.
Quelle figure est formée par les points ABFE ?

8 ★ **PROBLÈME** Construis un escalier de 8 marches comme sur le modèle. Chaque marche a une hauteur de 1 cm et la largeur d'une marche est de 15 mm.
À quelle hauteur de la ligne rouge se trouvera la dernière marche ?

DÉFI MATHS

Reproduis puis continue la construction.

Identifier et tracer des droites parallèles

Cherchons

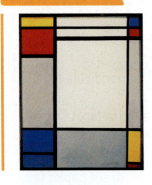

« Pour tracer des lignes parallèles, j'utilise une équerre. »

« Et pour vérifier ? »

- Sur ce tableau de Piet Mondrian, combien de lignes parallèles comptes-tu ?
- Quels instruments de géométrie utiliser pour reproduire des lignes parallèles ?

Je retiens

- **Deux droites parallèles** ont toujours le **même écartement** : elles **ne se coupent pas**, même si on les prolonge.

Les droites (a) et (b) sont parallèles.

Les droites (c) et (d) ne sont pas parallèles.

- **Pour vérifier que les droites (a) et (b) sont parallèles**, on place la règle et l'équerre de façon perpendiculaire à la droite (b) et on mesure l'écartement à deux endroits différents.

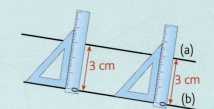

- **Pour tracer deux droites parallèles** :

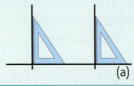 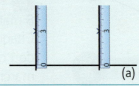 

❶ On trace une droite (a). Avec l'équerre, on trace deux droites perpendiculaires à la droite (a).

❷ Avec la règle, on mesure deux fois le même écartement et on les signale par deux points.

❸ On trace une droite (b) passant par les deux points.

Identifier des droites parallèles

1 ★ Sur quels dessins vois-tu deux segments rouges parallèles ?

A B C D E F G

Vérifier que des droites sont parallèles

2 ★ Vrai ou faux ? Observe ces bâtons puis réponds.

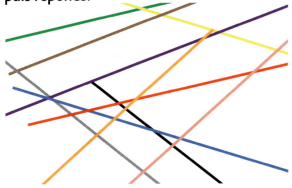

a. Les bâtons noir et violet sont parallèles.
b. Le bâton rouge est parallèle au bâton vert foncé.
c. Le bâton violet n'est pas parallèle au bâton marron.
d. Les bâtons jaune et rose sont parallèles.
e. Les bâtons gris et noir sont parallèles.

3 ✶ À l'aide de ta règle et ton équerre, cherche toutes les droites parallèles à la droite rouge.

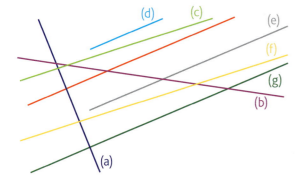

4 ✶ Retrouve la seule droite parallèle à la droite (d) qui passe par 3 points.

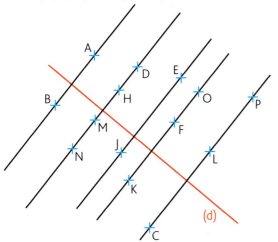

Tracer des droites parallèles

5 ★ Reproduis la droite rouge puis trace une droite parallèle à cette droite.

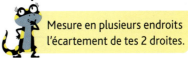

Mesure en plusieurs endroits l'écartement de tes 2 droites.

6 ✶ a. Trace une droite (a) et une droite (b) qui se coupent, sur papier uni.
b. Trace une droite (c) parallèle à (a) et une droite (d) parallèle à (b).

7 ✶ En utilisant ton équerre et ta règle, trace 2 droites parallèles distantes de 5 cm.

8 ✶ Reproduis cette frise sur papier uni et poursuis-la à l'aide de tes instruments puis colorie-la à l'identique.

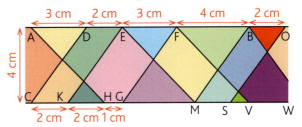

9 ✶ a. Reproduis la figure ci-dessous.

b. Trace la droite (e), parallèle à (d) et qui passe par A.
c. Trace la droite (f), parallèle à (d) et qui passe par B. Que peux-tu dire des droites (e) et (f) ?

DÉFI MATHS

Trace un réseau de droites parallèles espacées de manière irrégulière puis trace des vagues qui coupent le réseau de parallèles. Colorie en damier.

ESPACE ET GÉOMÉTRIE

Identifier et tracer des axes de symétrie

Cherchons

- Retrouve de quel pays sont originaires ces enfants. Justifie tes réponses.

Je retiens

- **L'axe de symétrie** est une droite qui **partage une figure en deux parties** parfaitement **superposables** par pliage.

- Une figure géométrique peut avoir plusieurs axes de symétrie ou n'en avoir aucun.
  Ex. :

   Cette figure a 2 axes   Cette figure
   de symétrie.   n'en a aucun.

- **Deux figures peuvent être symétriques l'une par rapport à l'autre**. Elles sont alors à la même distance de l'axe et superposables par pliage.

Identifier un axe de symétrie

1 ★ Quels panneaux ont pour axe de symétrie la droite en pointillés ?

a.   b. 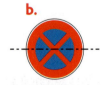   c. 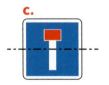   d.   e.

2 ★ Quelles figures ont pour axe de symétrie la droite en pointillés ?

a.   b.   c.   d.   e.    f.

3 ⁂ Quels nombres ont pour axe de symétrie la droite rouge ?

29|62   222|555
102|501   66|99
69|69   81|18

Tracer un axe de symétrie

4 ⁎ Décalque uniquement les figures qui ont un axe de symétrie et trace-le.

5 ⁂ Reproduis ces figures sur papier quadrillé et trace leur(s) axe(s) de symétrie.

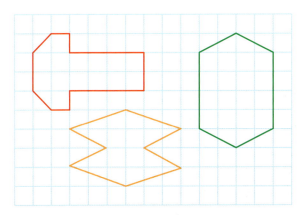

6 ⁂ **a.** Sur une feuille quadrillée trace 3 figures différentes qui ont chacune 2 axes de symétrie.
b. Trace leurs axes de symétrie en rouge.

7 ⁂ **PROBLÈME** Zakaria, Lou et Barnabé ont cherché le nombre d'axes de symétrie de ces figures.

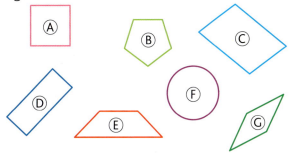

a. Quel élève a bien complété le tableau ? Justifie ta réponse.

Figure	Nombre d'axes de symétrie					
	A	B	C	D	E	F	G
Zakaria	4	5	0	2	4	infinité	2
Lou	4	5	0	2	1	infinité	2
Barnabé	4	5	2	2	1	infinité	2

b. Sur une feuille quadrillée, trace les figures D et E.
c. Trace leur(s) axe(s) de symétrie.

8 ⁂ **a.** Reproduis cette figure sur papier pointé, puis trace son axe de symétrie.
b. Recolorie-la de façon à ce que le coloriage soit symétrique par rapport à l'axe.

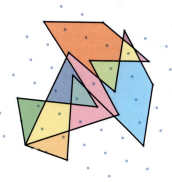

DÉFI MATHS

Parmi ces pochoirs pliés, lequel correspond au modèle ?

Modèle   A   B   C

Compléter une figure par symétrie

Cherchons

Mathis s'est amusé à créer trois cartes de tarot qui ont un axe de symétrie.

- Retrouve les trois cartes qu'il a créées.
- Justifie ta réponse et explique comment on pourrait vérifier.

Je retiens

- On peut construire **le symétrique d'une figure par rapport à un axe** :

  – par **pliage** et **découpage** :

  – à l'aide de **papier calque** :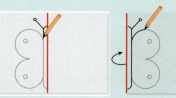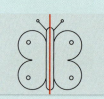

  – en prenant des **repères** sur un **quadrillage** et en reportant les **points** d'une figure :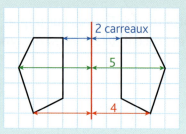

Vérifier qu'une figure est symétrique par rapport à une autre

1 ★ Dans quels cas les figures sont-elles symétriques par rapport à l'axe rouge ?

a.   b.    c.   d.    e.   f.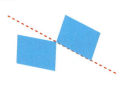

Construire le symétrique d'une figure par pliage

2 ★ Reproduis ces figures. Plie sur l'axe et découpe pour obtenir leur symétrique.

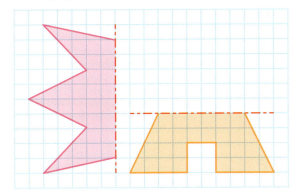

Construire le symétrique d'une figure à l'aide de papier calque

3 ★ Décalque cette figure. Plie sur l'axe, puis décalque son symétrique. Colorie en noir la figure obtenue.

Tu vas dessiner la patte d'hermine, symbole du drapeau breton.

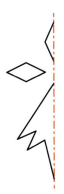

Construire le symétrique d'une figure sur papier quadrillé

4 ★ Reproduis ces figures et trace leur symétrique par rapport à l'axe rouge.

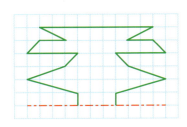

5 ★ Reproduis cette figure, colorie-la puis trace et colorie son symétrique par rapport à l'axe rouge.

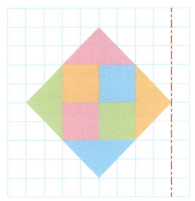

6 ★ Reproduis et poursuis cette frise. Colorie-la.

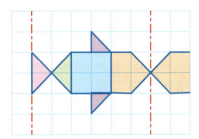

7 ★★ Reproduis cette figure, puis trace son symétrique par rapport à l'axe rouge puis à l'axe vert.

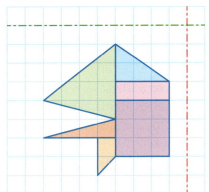

DÉFI MATHS

Théo a plié cette feuille en deux et va la découper en suivant les pointillés. **Sur une feuille à petits carreaux, dessine la figure qu'il obtient quand elle est découpée et dépliée.**

ESPACE ET GÉOMÉTRIE

Je révise

Se repérer dans l'espace

1 ★ **Vrai ou faux ? Observe le plan de l'exercice 2 et réponds.**

a. La Poste est au croisement de la rue de la République et du boulevard des Dames.
b. Le parking est en (C ; 3).
c. Le musée est rue de l'Évêché.
d. Le métro est au croisement de la rue Jean-François Leca et la rue des Phocéens.

2 ✶ **PROBLÈME** Marius se promène dans Marseille. Il part de (F ; 1), passe en (G ; 2) puis en (H ; 2). Il tourne à gauche jusqu'en (H ; 3) puis de nouveau à gauche jusqu'en (F ; 4) puis à droite jusqu'en (F ; 5).
Il tourne à gauche et se rend en (E ; 6) puis en (D ; 3). Là, il tourne à droite jusqu'en (B ; 3) et s'arrête en (B ; 5).
a. Place les points par lesquels il passe sur une feuille de papier calque.
b. Trace son trajet en empruntant les rues.
c. Rédige son itinéraire en utilisant le nom des rues.

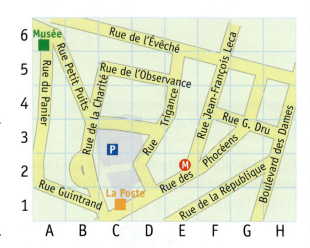

Utiliser le vocabulaire et les instruments de la géométrie

3 ✶ **Associe les définitions avec les mots suivants :**

droite   *sommets*   *compas*   *équerre*

a. Je sers à repérer les angles droits.
b. Le triangle en a trois.
c. Je passe par des points alignés.
d. Je sers à comparer des longueurs.

4 ✶ **Reproduis cette figure.**
a. Place le point M milieu de [AB].
b. À l'aide de ton compas, cherche quel est le segment le plus court : [EF] ou [DE] ?
c. À l'aide de ton compas, cherche deux segments de même longueur.

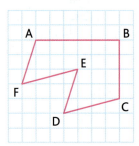

Vérifier et tracer des perpendiculaires et des parallèles

5 ★ **À l'aide de ton équerre, cherche les droites perpendiculaires à la droite verte.**

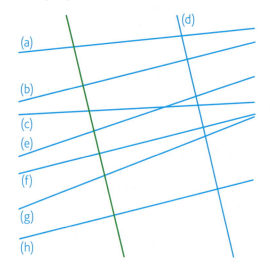

6 ★ **a.** Trace une droite comme sur le modèle ci-dessous :

b. Trace 2 droites perpendiculaires à cette droite.

7 ⭑ Vrai ou faux ? Observe ces droites, puis réponds.

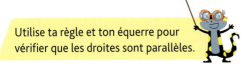
Utilise ta règle et ton équerre pour vérifier que les droites sont parallèles.

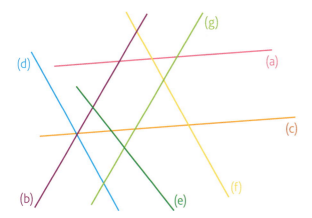

a. La droite (a) est parallèle à la droite (c).
b. La droite (f) n'est pas parallèle à la droite (e).
c. La droite (g) est parallèle à la droite (b).
d. La droite (d) est parallèle à la droite (e).
e. La droite (d) n'est pas parallèle à la droite (f).

8 ✻ Trace une droite (d), sur papier uni, et marque trois points A, B et C comme sur la figure ci-dessous.

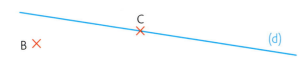

a. Trace une droite (e) perpendiculaire à (d) passant par C.
b. Trace une droite (f) perpendiculaire à (d) passant par B.
c. Trace une droite (g) perpendiculaire à (d) passant par A.

9 ✻ **a.** Trace une droite (a) perpendiculaire à une droite (d).
b. Trace une droite (b) parallèle à (d) et une droite (e) parallèle à (a).
c. Que peux-tu dire à propos des droites (b) et (a) et des droites (e) et (d) ?

Connaitre la symétrie

10 ⭑ Reproduis ces figures et trace leurs axes de symétrie quand c'est possible.

Certaines figures peuvent avoir plusieurs axes de symétries.

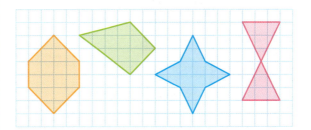

11 ✻ À l'aide de papier calque, reproduis cette figure et complète-la par symétrie.

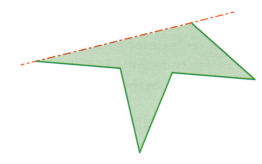

12 ✻ Reproduis ces figures et trace leur symétrique par rapport à l'axe.

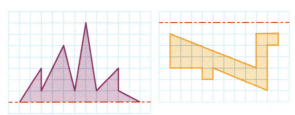

13 ✻ Reproduis cette figure.
a. Complète-la par symétrie par rapport à l'axe.
b. Colorie-la de façon symétrique.

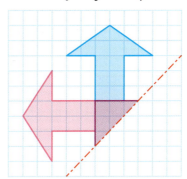

ESPACE ET GÉOMÉTRIE

Décrire et reproduire des figures

Cherchons

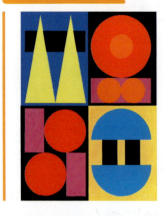

• Quelles figures géométriques vois-tu sur ce tableau d'Auguste Herbin ?

Je retiens

• Pour **décrire une figure**, il faut :
  – **relever les informations** présentes sur la figure (propriétés, dimensions) qui peuvent parfois se lire grâce à un codage ;
  – **utiliser le vocabulaire géométrique** approprié.

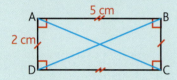

La figure ABCD est un rectangle de 5 cm de longueur et de 2 cm de largeur. Ses diagonales [BD] et [AC] sont tracées.

• Pour **reproduire une figure**, il faut :
  – utiliser les outils nécessaires (règle, équerre, compas…) ;
  – respecter les indications données par le modèle.

Associer des figures et des descriptions

1 ★ **PROBLÈME** Qui a correctement décrit la figure ?

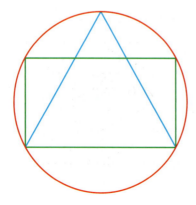

Léo : La figure est formée d'un cercle, d'un rectangle et d'un triangle. Le cercle passe par les 4 sommets du rectangle. Le cercle est à l'intérieur du triangle.

Romane : La figure est formée d'un cercle qui passe par les 4 sommets d'un rectangle et les 3 sommets d'un triangle. Le cercle est à l'extérieur du triangle et du rectangle.

Farid : La figure est formée d'un triangle, d'un cercle et d'un rectangle. L'un des côtés du triangle est aussi un côté du rectangle. Le cercle est à l'intérieur du triangle.

2 ✶ **Associe chaque figure à sa description.**

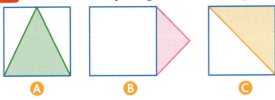

a. La figure est composée d'un triangle et d'un carré. Le triangle est à l'extérieur du carré et un de ses côtés est aussi un côté du carré.
b. La figure est composée d'un triangle et d'un carré. Deux côtés du triangle sont aussi deux côtés du carré.
c. La figure est composée d'un carré et d'un triangle. Un des sommets du triangle est le milieu du côté du carré.

Décrire une figure

3 ✶ **Observe cette figure.**

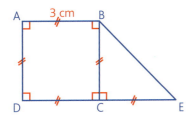

a. Comment s'appelle la figure ABCD ?
b. Quelle est la particularité du triangle BEC ?
c. Quelles sont les dimensions des côtés de la figure ABCD ? Quelle est la dimension du segment [CE] ?

4 ✶ **Vrai ou faux ? Observe cette figure, puis réponds.**

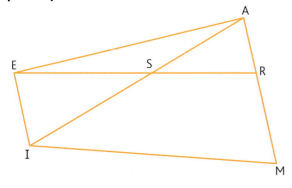

a. Les segments [ER] et [IM] sont parallèles.
b. Les segments [AM] et [EA] sont perpendiculaires.
c. Les points A, S et I sont alignés.
d. Le point R est situé au milieu du segment [AM].

5 ✶ Axel a perdu son exercice de reproduction de figures. **Décris-lui cette figure pour qu'il la reproduise.**

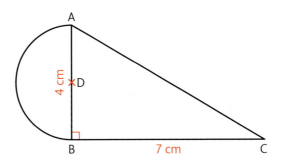

Reproduire une figure

6 ✶ **Quels instruments Lucas va-t-il utiliser pour reproduire cette figure ?**

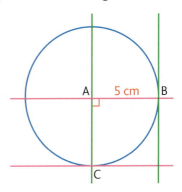

7 ✶ **Reproduis la figure de l'exercice 5 en doublant les dimensions du modèle. Quels instruments as-tu utilisés ?**

8 ✶ **Reproduis la figure de l'exercice 6 sur papier uni.**

DÉFI MATHS

Reproduis cette figure.

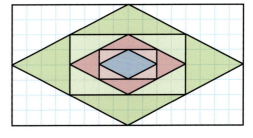

lienmini.fr/nopmcm1

Construire des cercles

Cherchons

La cocarde tricolore est un symbole de la Révolution française.

- Que faut-il faire pour la reproduire ?

Je retiens

- Un **cercle** est l'ensemble **des points situés à égale distance** d'un point appelé **le centre** du cercle.

- Le **rayon** est un segment reliant un point du cercle et le centre.
  Ex. : le rayon [OA].

- Le **diamètre** est un segment reliant deux points situés sur le cercle et passant par le centre.
  Ex. : le diamètre [BC].
  La longueur du diamètre est le double de celle du rayon.

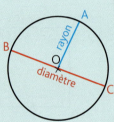

- Pour **construire un cercle**, on utilise un compas. La pointe du compas détermine le centre du cercle et l'écartement détermine son rayon.

Connaitre le vocabulaire

1 ★ Observe cette figure, puis réponds aux questions.

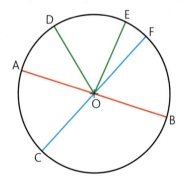

a. Comment désigne-t-on le segment [AB] ?
b. Quel point est le centre du cercle ?
c. Nomme l'un des rayons de ce cercle.
d. Si le rayon mesure 3 cm, quelle sera la mesure du diamètre ?

2 ✱ Vrai ou faux ? Observe cette figure, puis réponds.

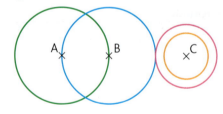

a. Le point B est le centre du cercle rose.
b. Le point A est le centre du cercle vert.
c. Le cercle rose et le cercle orange ont le même centre.
d. Le rayon du cercle bleu est [AB].
e. La longueur du diamètre du cercle vert est la même que celle du diamètre du cercle bleu.
f. Le cercle bleu et le cercle vert se coupent en deux points.
g. Le cercle rose et le cercle bleu ont un point en commun.

3 PROBLÈME Associe chaque enfant à sa figure.

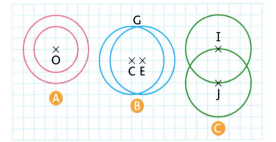

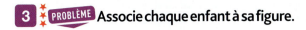
Zoé : J'ai tracé 2 cercles qui ont un rayon en commun.
Anaïs : J'ai tracé 2 cercles qui ont le même centre.
Enzo : J'ai tracé 2 cercles dont la mesure du rayon est la même mais qui n'ont pas de rayon commun.

Reproduire et construire des cercles

4 ★ Reproduis les figures de Zoé et d'Anaïs de l'exercice 3 sur papier uni.

Prends des repères sur le quadrillage.

5 ★ Reproduis cette figure sur ton cahier.

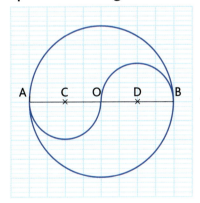

6 ★ **a.** Reproduis le segment ci-dessous aux dimensions demandées.

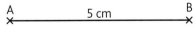
A   5 cm   B

b. Trace le cercle de centre A passant par B.
Trace le cercle de centre B passant par A.

7 ★ Construis un cercle de centre O et de 4 cm de rayon.

8 ★ Construis un cercle de centre O et de 5 cm de diamètre.

9 ★ Construis deux cercles de même centre O.
Le cercle $_1$ a un rayon qui mesure 3 cm.
Le cercle $_2$ a un diamètre qui mesure 8 cm.

10 ★ Reproduis cette figure à l'aide de tes instruments.

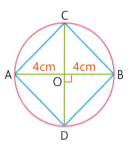

11 ★ Reproduis cette figure à l'aide de tes instruments.

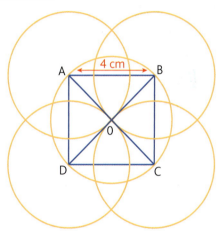

DÉFI MATHS

Reproduis cette figure à l'aide de ta règle et de ton compas. Colorie-la.

Commence par chercher les centres.

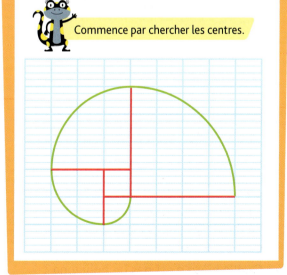

ESPACE ET GÉOMÉTRIE

Identifier et construire des polygones

Cherchons

• Comment classerais-tu les formes géométriques qui composent cette mosaïque marocaine ?

Je retiens

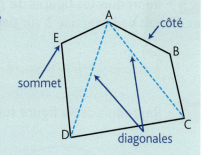

• Un **polygone** est une **figure formée par une ligne brisée et fermée.**
  Ex. : La figure ABCDE est un polygone qui a cinq côtés.
  E est un de ses **sommets**.
  [AB] est un de ses **côtés**.
  [AD] et [AC] sont des **diagonales** : elles relient deux sommets qui ne se suivent pas.

• Les polygones ont des noms différents selon leur nombre de côtés.

Le triangle	Le quadrilatère	Le pentagone	L'hexagone	L'octogone
3 côtés	4 côtés	5 côtés	6 côtés	8 côtés

Identifier des polygones

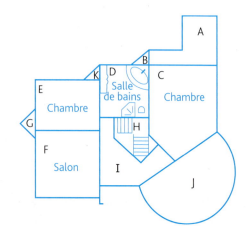

1 ★ Sur ce plan de maison :
a. Quelles pièces ont la forme
– d'un triangle ?
– d'un quadrilatère ?
– d'un pentagone ?
– d'un hexagone ?
– d'un octogone ?
b. Quelle pièce n'est pas un polygone ?

2 ✶ Reproduis et complète ce tableau en observant les polygones qui composent cet éléphant.

	rose	noir	violet	vert	bleu clair
Nombre de sommets					
Nombre de côtés					
Son nom					

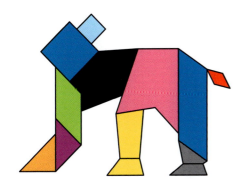

3 ✶ Vrai ou faux ?
a. Le cercle est un polygone.
b. Un côté d'un polygone est un segment.
c. Le carré est un polygone.
d. Un polygone a au moins 2 côtés.
e. L'octogone a 8 côtés et 8 sommets.
f. Un polygone est une ligne brisée fermée.
g. Une diagonale est un segment qui relie deux sommets qui se suivent.
h. Un polygone a toujours un angle droit.

4 ✶ PROBLÈME Associe chaque description à l'une de ces figures.

a. Je suis un polygone, j'ai quatre côtés mais aucun n'est parallèle.
b. Je suis un polygone, j'ai quatre côtés mais seuls deux de mes côtés sont parallèles.
c. Je suis un polygone, j'ai quatre côtés parallèles 2 à 2 et quatre angles droits.

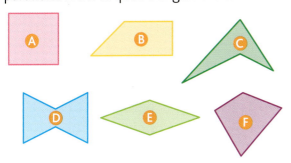

Reproduire et tracer des polygones

5 ✶ Reproduis ces polygones.

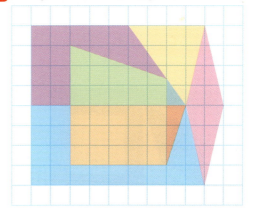

6 ✶ Reproduis et termine de tracer ces polygones pour obtenir :
a. un triangle.   c. un hexagone.
b. un pentagone.   d. un quadrilatère.

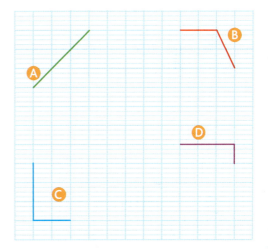

7 ✶ Sur ton cahier, trace :
a. un pentagone ;
b. un quadrilatère avec au moins un angle droit ;
c. un hexagone avec au moins deux côtés parallèles ;
d. un triangle dont l'un des côtés mesure 5 cm.

DÉFI MATHS

Matteo a construit ce chat.
Comme lui, construis un animal avec des polygones, au moins 1 carré, 1 rectangle et 1 triangle.

lienmini.fr/nopmcm1

Identifier et construire des quadrilatères

Cherchons

Victor Vasarely a peint *Hommage à Malévitch* entre 1952 et 1958.

● **Combien comptes-tu de quadrilatères sur cette œuvre ?**

Je retiens

● Un **quadrilatère** est un **polygone** qui possède **4 côtés**, **4 sommets** et **4 angles**.

● Si un quadrilatère a ses **côtés opposés parallèles et égaux**, c'est un **parallélogramme.**

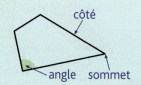

● Il existe des **quadrilatères particuliers :**

Le rectangle	Le losange
Il a 4 angles droits. Ses côtés opposés sont parallèles et égaux deux à deux. Ses diagonales se coupent en leur milieu ; elles sont de même longueur.	**Il a 4 côtés de même longueur.** Ses diagonales se coupent en leur milieu ; elles sont perpendiculaires.
Le carré	
Il a 4 angles droits et 4 côtés de même longueur. Ses diagonales se coupent en leur milieu ; elles sont perpendiculaires et de même longueur.	

Identifier des quadrilatères

1 ★ **PROBLÈME** Vrai ou faux ? Rose a dessiné une maison avec son logiciel de géométrie. Observe son travail et réponds.

a. EFBA est un rectangle.
b. OPRC est un carré.
c. ZXYW est un losange.
d. GHIE est un carré.
e. STVU est un losange.
f. KLMNJ est un losange.

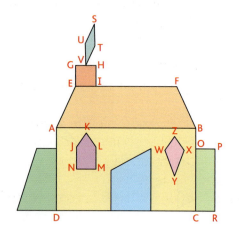

2 ✶ Reproduis ces quadrilatères, trace leurs diagonales, puis complète le tableau.

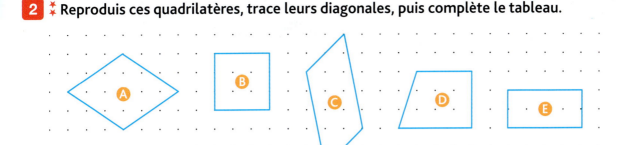

	Quadrilatères				
	A	B	C	D	E
Ses côtés sont tous de même longueur.					
Ses côtés opposés sont parallèles.					
Ses côtés sont de même longueur deux à deux.					
Ses diagonales se coupent en leur milieu.					
Ses diagonales sont de même longueur.					
Ses diagonales sont perpendiculaires.					

3 ✶✶ **PROBLÈME** Qui suis-je ?  Aide-toi du tableau de l'exercice 2.

a. J'ai 4 angles droits. Mes côtés opposés sont parallèles et égaux 2 à 2. Mes diagonales ne sont pas perpendiculaires mais elles sont de même longueur et se coupent en leur milieu. **Je suis** … .
b. J'ai 4 côtés de même longueur. Mes côtés opposés sont parallèles. J'ai 4 angles droits et mes diagonales, perpendiculaires, se coupent en leur milieu. **Je suis** … .
c. J'ai 4 côtés de même longueur. Mes côtés opposés sont parallèles. Je n'ai pas d'angle droit. Mes diagonales ne sont pas de même longueur mais se coupent en leur milieu.
Je suis … .
d. J'ai 4 côtés. Mes côtés opposés sont parallèles. Je n'ai pas d'angle droit. Mes diagonales ne sont pas perpendiculaires mais elles se coupent en leur milieu. **Je suis** … .

Construire des quadrilatères particuliers

4 ✶ **Reproduis ce segment [AB] pour :**
– Construire un carré ABCD dont le segment [AB] est un côté.
– Construire un rectangle ABCD dont le segment [AB] est la largeur.
– Construire un losange ABCD dont le segment [AB] est un côté.

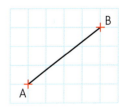

5 ✶✶ **Sur papier uni, trace :**
a. un rectangle dont les côtés mesurent 4 cm et 8 cm ;
b. un carré dont le côté mesure 4 cm ;
c. un rectangle dont la longueur mesure le triple de la largeur, puis marque les dimensions sur la figure ;
d. un carré et un rectangle qui ont le même périmètre.

DÉFI MATHS

Reproduis ce carré sur papier uni, puis découpe-le sur ses diagonales. Avec les morceaux que tu obtiens, construis un rectangle.

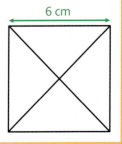

Construire des carrés et des rectangles

Cherchons

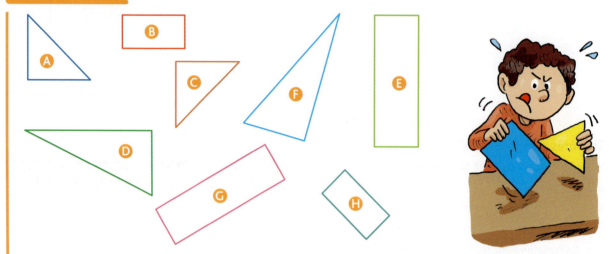

- En assemblant ces polygones deux par deux, combien peux-tu former de carrés et de rectangles ?

Je retiens

- Le **carré** est un quadrilatère qui a **4 angles droits** et **4 côtés de même longueur**.
- Le **rectangle** est un quadrilatère qui a **4 angles droits**. Ses côtés opposés sont **parallèles et de même longueur**.
- Pour tracer un carré ou un rectangle, il faut une règle et une équerre :

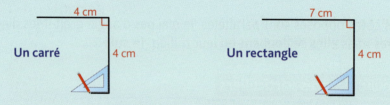

Tracer un carré sur papier quadrillé

1 ★ Reproduis ces carrés.

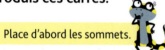

Place d'abord les sommets.

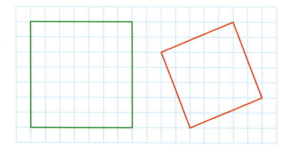

2 ★ Louane a construit cette figure, reproduis-la.

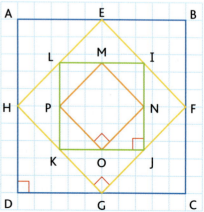

3 On a commencé à tracer les carrés ADCB et FGHE. Termine leur construction.

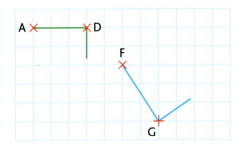

4 Reproduis cette figure puis trace le carré ABCD.

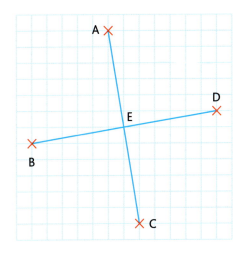

Construire un carré sur papier uni

5 Construis un carré MNOP de 6 cm de côté en utilisant ta règle graduée et ton équerre.

6 Construis cette figure.

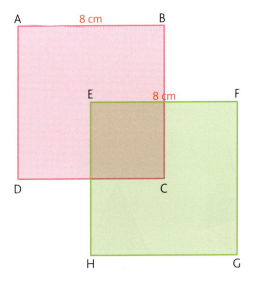

Construire un rectangle sur papier quadrillé

7 Reproduis ces rectangles.

Place d'abord les sommets.

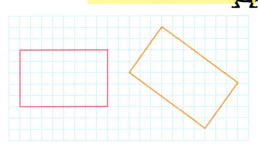

8 On a commencé à tracer les rectangles ABCD et FGHE. Termine la construction.

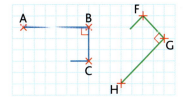

Construire un rectangle sur papier uni

9 Construis un rectangle ABCD de 9 cm de longueur et de 5 cm de largeur en utilisant ta règle et ton équerre.

10 **PROBLÈME** **a.** Construis 2 rectangles dont les côtés mesurent 12 cm et 4 cm sur papier uni. Découpe-les puis superpose-les comme sur le modèle.

b. Combien mesure un côté de la figure orange ? Comment s'appelle cette figure ?

DÉFI MATHS

Reproduis ce tangram de 12 cm sur 6 cm sur papier uni. Colorie-le puis découpe-le. Reconstitue un carré avec les morceaux découpés.

ESPACE ET GÉOMÉTRIE

169

Identifier et construire des triangles

Cherchons

Dans l'océan Atlantique, il y a une mystérieuse zone redoutée des navigateurs et des pilotes à cause de nombreux récits de disparitions inexpliquées d'avions et de navires. Elle est colorée en bleu foncé sur la carte.

• **Comment peux-tu décrire cette zone ?**

Je retiens

• Un **triangle** est un polygone à **3 côtés**. Il possède **3 sommets** et **3 angles**.

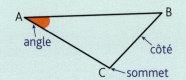

Ex. : triangle ABC

• Il existe des **triangles particuliers**.

Le triangle isocèle	Le triangle équilatéral	Le triangle rectangle
Il a 2 côtés de même longueur.	Il a 3 côtés de même longueur.	Il a 1 angle droit.

• **Pour construire un triangle rectangle**, on utilise **une équerre**.

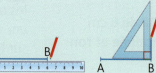
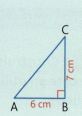

• **Pour construire un triangle isocèle** :

Méthode 1 : On trace 2 segments de même longueur qui ont une extrémité commune. On trace ensuite le 3ᵉ côté.

Méthode 2 : On trace un segment et on ouvre son compas au bon écartement.

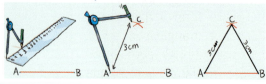

Décrire et identifier des triangles

1 ★ **Anna a dessiné ces bateaux.**

a. Quel triangle a un angle droit ?
b. Quelle est la nature de chaque triangle ?
c. Que remarques-tu pour le triangle rouge ?

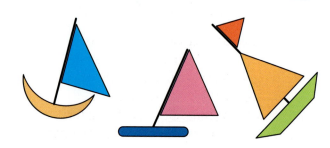

2 ✶ Quelle est la nature de chaque triangle ?

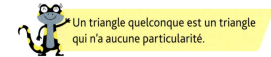
Un triangle quelconque est un triangle qui n'a aucune particularité.

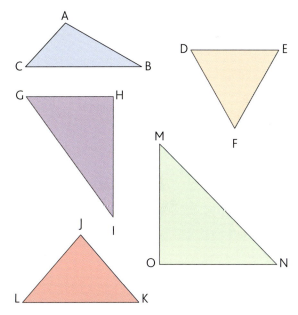

3 ✶ Vrai ou faux ? Observe cette figure et réponds. Justifie tes réponses.

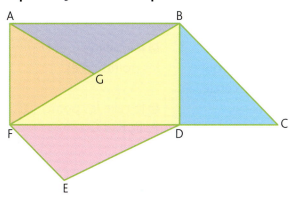

a. FAB est un triangle rectangle.
b. BDF est un triangle isocèle.
c. ABG est un triangle quelconque.
d. BCD est un triangle isocèle rectangle.
e. AGF est un triangle équilatéral.
f. FDE est un triangle quelconque.

Reproduire et construire des triangles

4 ✶ a. Trace un rectangle ABCD tel que AB = 5 cm et BC = 3 cm. Trace les diagonales du rectangle. Elles se coupent en O.
b. Colorie le triangle ABO en bleu et le triangle BCD en jaune. Quelle est la nature de chacun de ces 2 triangles ? Justifie ta réponse.

5 ✶ Reproduis ces triangles.

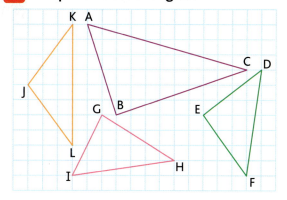

6 ✶ Reproduis la figure ci-dessous.
Place un point C sur le demi-cercle. Trace le triangle AOC. Quelle est sa nature ?

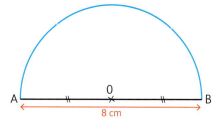

7 ✶✶ Reproduis ces triangles sur du papier uni.

Observe bien le codage avant de tracer.

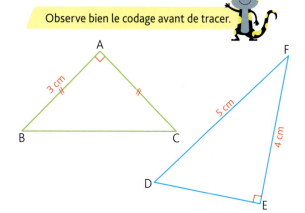

DÉFI MATHS

Dans quelle figure y a-t-il le moins de triangles ?

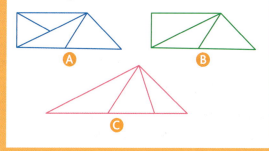

Construire des losanges

> **Cherchons**
>
> Noémie, Raphaël et Arthur participent à un concours de cerfs-volants.

- De quelle couleur est le cerf-volant qui a gagné ?

> **Je retiens**
>
> - **Un losange** est un quadrilatère qui a **4 côtés de même longueur**.
>   Ses diagonales sont perpendiculaires, de longueurs différentes et se coupent en leur milieu.
>
> - **Pour construire un losange**, on utilise **un compas et une règle**.
>
> ❶ Je trace un segment [AB]. J'ouvre mon compas et je trace un arc de cercle de centre B.
>
> ❸ et ❹ Je trace deux arcs de cercle de centre A qui croisent les arcs de cercle de centre B.
>
> ❺ Je nomme C et D les points créés.
>
> ❷ Sans changer l'écartement, je trace un autre arc de cercle de centre B.
>
> ❻ Je relie les points A, D, B et C.

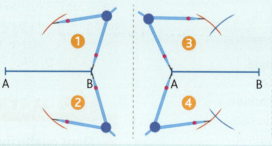
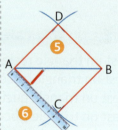

Identifier des losanges

1 ★ Combien de losanges vois-tu sur ce dessin ? Nomme-les par leur couleur.

Reproduire des losanges

2 ⁂ **Reproduis ces losanges.**

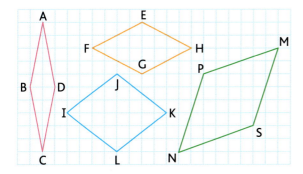

3 ⁂ **Reproduis cette figure.**

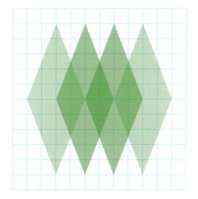

Construire des losanges

4 ∗ **Vrai ou faux ? Reproduis ce losange.**

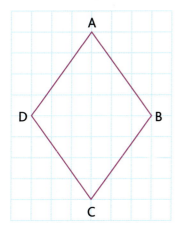

a. Les côtés du losange sont perpendiculaires.
b. Les côtés du losange sont de même longueur.
c. Le losange est composé de 2 triangles rectangles.
d. Le losange est composé de 4 triangles rectangles.
e. Les diagonales du losange sont de la même longueur.

5 ∗ **Reproduis ce triangle sur du papier pointé.**
a. Trace son symétrique par rapport à la droite rouge.
b. Trace le deuxième axe de symétrie de la figure obtenue.

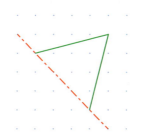

6 ⁂ **a.** Reproduis ce triangle isocèle ABC sur du papier quadrillé.
b. Trace son symétrique par rapport à la droite (d) pour obtenir le losange ABCD.

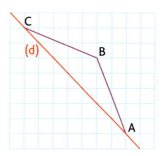

7 ⁂ **Construis un losange de 5 cm de côté sur papier uni.**

8 ⁂ Trace un cercle C_1 de centre A et de 4 cm de rayon. Place un point B sur ce cercle. Trace un cercle C_2 de centre B passant par A. Nomme les points d'intersection des cercles D et E. Trace le losange DBEA.

DÉFI MATHS

Reproduis cette figure et colorie-la.

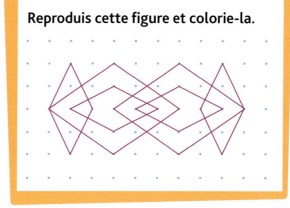

ESPACE ET GÉOMÉTRIE

Je révise

Décrire et reproduire des figures

1 ★ Observe cette figure.

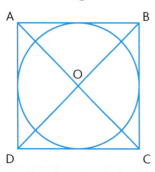

a. Comment s'appelle la figure ABCD ?
b. Quel point marque le centre du cercle ?
c. Nomme 3 points alignés.
d. Nomme 2 segments parallèles.
e. Que peux-tu dire des segments [AC] et [BD] ?

2 ✸ Reproduis cette figure à l'aide de tes instruments.

Aide-toi du codage.

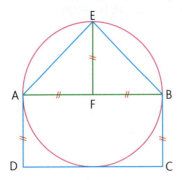

3 ✸ Trace la figure à partir de sa description.

> La figure est formée d'un carré de 4 cm de côté et d'un cercle : on a tracé les diagonales du carré qui se coupent en O. Le cercle de centre O passe par les sommets du carré.

Construire des cercles

4 ★ Reproduis ce cercle.

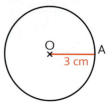

a. Quel point est le centre du cercle ?
b. Trace en vert un diamètre du cercle : combien mesure-t-il ?

5 ✸ Trace un cercle de centre O et d'un diamètre de 7 cm.

6 ✸ Reproduis cette figure.

Commence par chercher le centre des cercles.

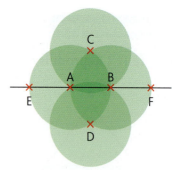

Identifier et construire des polygones

7 ★ Pour chaque polygone, indique :
– son nombre de côtés ;
– son nombre de sommets ;
– son nom.

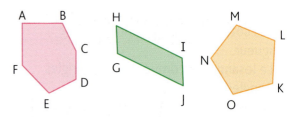

8 ✸ Sur papier uni, trace un triangle, un quadrilatère et un pentagone.

Identifier et construire des quadrilatères

9 ★ Vrai ou faux ? Observe la figure et réponds aux questions.

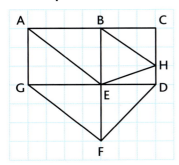

a. AEFG est un losange.
b. ACDG est un rectangle.
c. BCDE est un carré.

10 ✶ Reproduis ces quadrilatères en respectant les indications de codage.

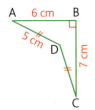 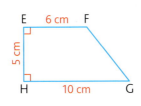

Identifier et construire des carrés et des rectangles

11 ★ Reproduis cette composition de carrés et rectangles.

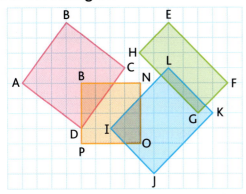

12 ✶ Reproduis ces quadrilatères en respectant les indications de codage.

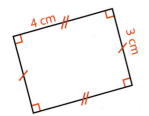 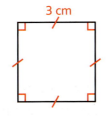

Identifier et construire des triangles

13 ★ Indique la nature de chaque triangle.

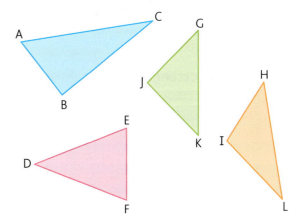

14 ✶ À l'aide de tes instruments, trace :
un triangle rectangle isocèle MNO dont les côtés [MN] et [NO] mesurent 7 cm et dont l'angle droit se trouve en N.

15 ✶ À l'aide de tes instruments, trace :
a. un triangle rectangle ABC dont l'angle droit se trouve en B ;
b. un triangle isocèle JKL dont les côtés [JK] et [KL] mesurent 6 cm.

Construire des losanges

16 ★ Construis les losanges ABCD et le losange EFGH.

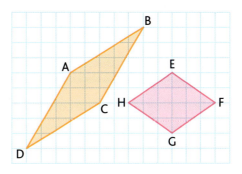

17 ✶ Construis, sur papier uni, un losange ABCD dont les côtés mesurent 6 cm, avec un compas et une règle graduée.

18 ✶ a. Trace un losange que l'axe de symétrie partage en 2 triangles équilatéraux.
b. Trace un losange que l'axe de symétrie partage en 2 triangles isocèles.

ESPACE ET GÉOMÉTRIE

Compléter et rédiger un programme de construction

Cherchons

Trace un rectangle ABCD.
Trace la ▬▬▬ [BD] du rectangle.
Place le ▬▬▬ E, milieu de [BD].
Trace un ▬▬▬ de centre E passant par A.
Nomme F, le milieu du ▬▬▬ [AB].
Trace le ▬▬▬ FDE.

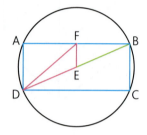

- Quels mots manque-t-il à ce programme de construction ?

Je retiens

- Un **programme de construction** est un énoncé, **avec des étapes**, qui permet de construire une figure géométrique.

- Pour **rédiger** un **programme de construction**, il faut :
  – **observer la figure** que l'on veut faire construire ;
  – **connaitre le vocabulaire** spécifique à la géométrie ;
  – **connaitre les propriétés** des figures ;
  – **suivre et écrire pas à pas** les étapes de la construction.

- **Avant de rédiger un programme de construction,** on peut faire un **dessin à main levée** pour voir les différentes étapes de la construction et les éléments qui la composent.

Ex. : Trace un carré ABCD de 3 cm de côté.
Trace un demi-cercle de diamètre [AB] à l'extérieur du carré.
Trace les diagonales [AC] et [BD] du carré.

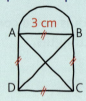

Comprendre un programme de construction

1 ★ Lis les 3 programmes de construction et choisis celui qui permet de construire cette figure.

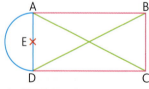

a. Trace un rectangle ABCD.
Marque le point E milieu de [DA].
Trace les segments [AC] et [BD].
Trace le demi-cercle de centre E et de diamètre [AB].

b. Trace un rectangle ABCD.
Marque le point E milieu de [AD].
Trace les segments [AC] et [BD].
Trace le demi-cercle de centre E et de diamètre [AE].

c. Trace un rectangle ABCD.
Marque le point E milieu de [AD].
Trace les segments [AC] et [BD].
Trace le demi-cercle de centre E et de diamètre [AD].

Compléter un programme de construction

2 ⭐ **Choisis parmi les 3 propositions celle qui permet de compléter le programme de construction de cette figure.**

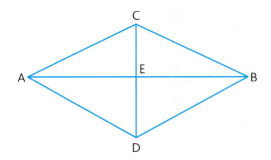

Propositions :
a. Place un point C à 3,25 cm de A.
b. Place le point E milieu du segment [AB].
c. Place deux points C et D distants de 3 cm.

Programme de construction à compléter et à recopier :
- Trace un segment [AB] de 6 cm de longueur.
- ....
- Trace le segment [CD] passant par E et perpendiculaire à [AB]. CD = 3 cm. E est son milieu.
- Trace le quadrilatère ACBD.

3 ⭐ **a.** Recopie et complète le programme de construction de cette figure.

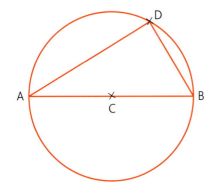

- Trace un segment [AB] de 4 cm.
- Place le point C au ... de [AB].
- Trace un ... de centre C et de diamètre ... .
- Place un point ... sur le cercle.
- Trace le ... ADB.

b. Construis la figure.

Rédiger un programme de construction

4 ⭐⭐ Les étapes du programme de construction qui permet de construire cette figure ont été mélangées. **Remets-les dans l'ordre en les numérotant puis recopie le programme de construction.**

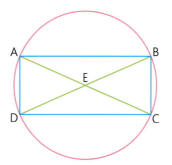

- Nomme E le point d'intersection des deux diagonales.
- Trace un rectangle ABCD.
- Trace le cercle de centre E passant par D.
- Trace ses diagonales [AC] et [BD].

5 ⭐⭐ **a.** Alix doit rédiger le programme de construction de cette figure. **Aide-la.**

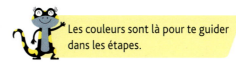

Les couleurs sont là pour te guider dans les étapes.

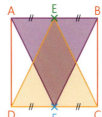

Trace ....
Place ....
Place ....
Trace ....
Trace ....

b. Trace la figure à partir du programme de construction.

DÉFI MATHS

Paul a dessiné la figure suivante à main levée. Il veut la faire construire à Aurélie qui ne l'a pas vue.

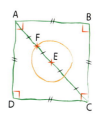

Rédige les consignes que Paul doit donner à Aurélie pour qu'elle puisse construire la figure.

Utiliser un logiciel de géométrie (GeoGebra)

lienmini.fr/nopmcm1

Cherchons

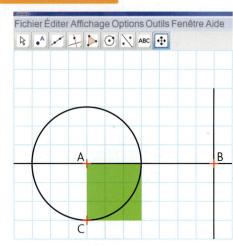

- Observe la figure construite par Adèle et la barre d'outils du logiciel GeoGebra.
- Aide Adèle à expliquer à Sacha comment elle a procédé.

Je retiens

- **GeoGebra** est un logiciel de géométrie qui permet de **construire des figures**.
- On clique sur les **icônes de la barre d'outils** pour construire, par exemple, un point, une droite, une droite perpendiculaire, un polygone, un cercle ou le symétrique d'une figure.

Barre d'outils
Pour mettre une grille
Feuille de travail

1 – Construire un point
2 – Construire une droite
3 – Construire une droite perpendiculaire
4 – Construire un polygone
5 – Construire un cercle
6 – Construire le symétrique

- Pour chaque icône, il y a un menu qui apparait quand on clique dessus.

Connaitre le logiciel GeoGebra

1 ★ Quelle icône doit-on utiliser pour :

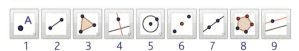

a. construire un cercle ?
b. tracer un segment ?
c. trouver le milieu d'un segment tracé ?
d. construire des points ?
e. construire un polygone ?
f. construire une droite ?

2 ★ Quelles icônes ont été utilisées pour construire chaque figure ?

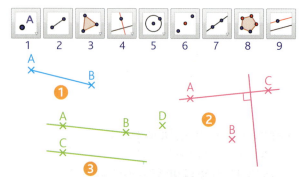

178

3 🌟 **PROBLÈME** Quatre enfants ont construit des figures avec certaines icônes du logiciel. **Associe chaque enfant à sa figure.**

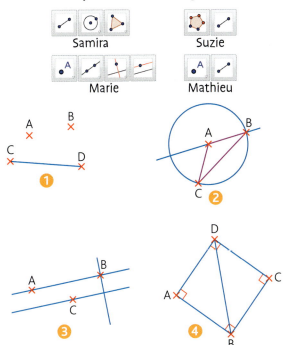

Utiliser le logiciel GeoGebra

4 ⭑ Reproduis cette figure sur du papier uni avec tes outils de géométrie.

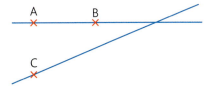

Reproduis-la avec le logiciel.
a. Quelles icônes as-tu utilisées ?

b. Comment as-tu procédé ?

5 🌟 Reproduis cette figure sur du papier uni avec tes outils de géométrie.

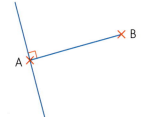

Reproduis-la avec le logiciel.
a. Quelles icônes as-tu utilisées ?
b. Écris les étapes de ta construction.

6 🌟 **Reproduis cette figure avec le logiciel.**

Le nom des points n'a pas d'importance, laisse le logiciel s'en charger !

7 🌟🌟 Reproduis cette figure avec le logiciel, aux dimensions de ton choix, puis rédige les étapes de ta construction.

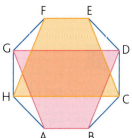

8 🌟🌟 **a.** Reproduis cette figure avec le logiciel puis sur du papier avec tes outils de géométrie.

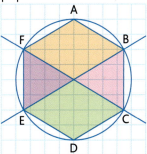

b. Quelles remarques peux-tu faire sur l'ordre des étapes de construction ?

DÉFI MATHS

À ton tour ! Fais le rectangle assez grand, ce sera plus simple.

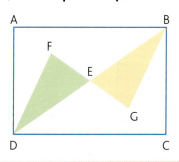

Identifier et décrire des solides

Cherchons

Enzo a reçu un jeu de construction. Voici sa première construction.

- Quelles formes géométriques a-t-il utilisées ?

Je retiens

- **Les solides** sont des formes géométriques **en volume.**

- Les **solides** dont toutes les **faces** sont des **polygones** sont des **polyèdres**.
  Un **polyèdre** a des **faces**, des **arêtes** et des **sommets**.

- Il existe des solides qui ont des faces qui ne sont pas des polygones comme la boule, le cylindre, le cône.

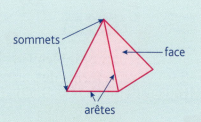

Polyèdres				Non polyèdres		
Le cube	Le pavé	Le prisme	La pyramide	Le cône	Le cylindre	La boule

- Pour construire un solide, on fabrique un **patron**. Chaque solide a plusieurs patrons.

Identifier des solides

1 ★ Retrouve les solides qui ne sont pas des polyèdres.

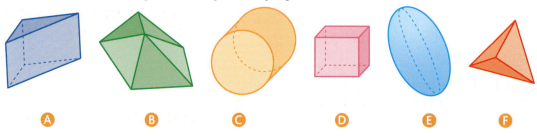

A   B   C   D   E   F

2 PROBLÈME Qui suis-je ?
a. J'ai 5 faces et 8 arêtes.

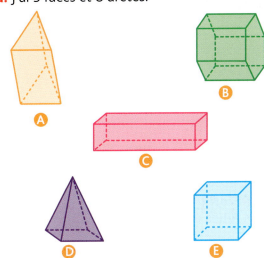

b. Quelles sont les formes de mes faces ? Quel est mon nom ?

Décrire des solides

3 Reproduis ce tableau et classe les solides selon la forme de leurs faces.

 Un solide peut avoir des faces de formes différentes.

	Solide
Faces carrées	
Faces rectangulaires	
Faces triangulaires	
Faces hexagonales	

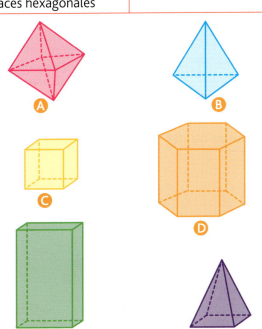

4 Indique pour chaque solide son nombre de faces, de sommets et d'arêtes.

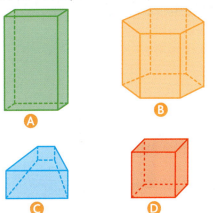

5 Associe chaque solide au patron en papier qui permet de le construire.

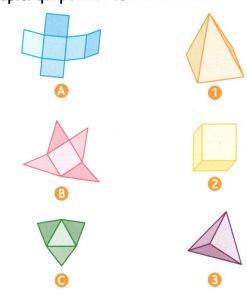

ESPACE ET GÉOMÉTRIE

DÉFI MATHS

On a coupé un coin d'un pavé.
a. Combien le nouveau solide obtenu a-t-il de faces et de sommets ?

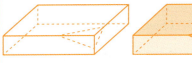

b. Combien le morceau qu'on a coupé a-t-il de faces et d'arêtes ?

Identifier et décrire des cubes et des pavés droits

Cherchons

Observe cette sculpture en acier de Stephan Siebers.

- Combien de solides la composent ?
- Comment sont-ils reliés entre eux ?

Je retiens

Le cube et le pavé droit sont des **polyèdres** car toutes leurs faces sont des polygones.

- **Le cube a 6 faces carrées, 8 sommets et 12 arêtes de même longueur.**

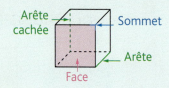

- **Le pavé droit a 6 faces rectangulaires, 8 sommets, 12 arêtes et des faces opposées superposables.**

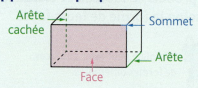

- Pour le construire, on utilise un patron :

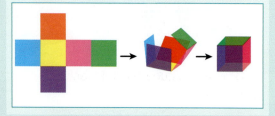

- Pour le construire, on utilise un patron :

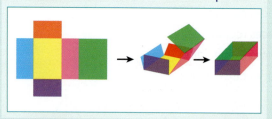

Identifier des cubes et des pavés droits

1 ★ Parmi ces solides, quels sont ceux qui sont des cubes ou des pavés droits ?

Recopie le tableau et complète-le avec des croix.

Solide	Cube	Pavé droit	Autre
A			
B			
C			
D			
E			
F			
G			

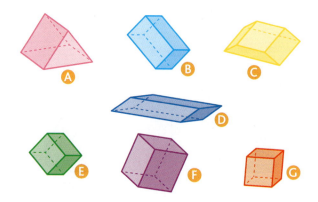

2 ★ **a.** Compte les cubes et les pavés droits de cette construction.
Recopie et complète la phrase.
Dans cette construction il y a ... cubes et ... pavés droits.
b. De quelle couleur est l'intrus ?

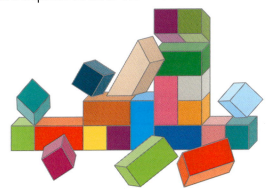

Décrire des cubes ou des pavés droits

3 ★ **Associe chaque lettre à ce qu'elle désigne :**

sommet   face   arête

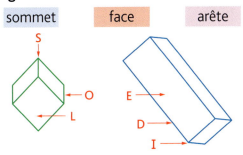

4 ★ **Recopie et complète.**
a. Un cube est un polyèdre à ... faces.
b. Un pavé droit a ... sommets.
c. Les faces d'un cube sont des ... .
d. Les faces ... d'un pavé droit sont superposables.
e. Un cube a toutes ses ... de même longueur.

5 ★ **Reproduis les figures sur une feuille quadrillée et complète-les** pour obtenir le patron d'un cube et d'un pavé droit.

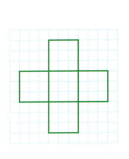 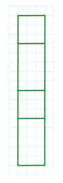

6 ★ **Complète.**
Le cube et le pavé droit ont ... faces, ... arêtes et ... sommets.

7 ★ **Vrai ou faux ? Observe ce pavé droit RSTUYVXW et réponds.**

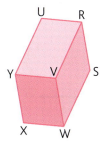

a. Le sommet caché est le point T.
b. Les arêtes [XW] et [YV] ont la même longueur.
c. La face URVY est un losange.
d. La face opposée superposable à RSWV est la face UTXY.
e. Les arêtes [UR] et [YV] sont parallèles.

8 ★★ **Observe ce cube ABCDHGFE et réponds aux questions.**

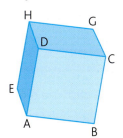

a. Combien un cube a-t-il de faces ? de sommets ?
b. Quel est le sommet caché ?
c. Quelle face est opposée à ABCD ?
d. Cite les 3 arêtes cachées.

DÉFI MATHS

Parmi ces 4 patrons, seuls 2 permettent de construire un cube et un pavé droit. **Lesquels ?**

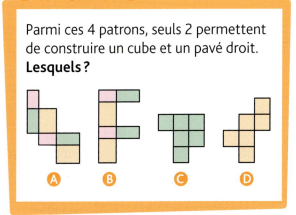

Utiliser un logiciel de programmation (Scratch)

Cherchons

- À quel script correspond la scène représentée à gauche ?
- L'ordre des blocs de commande a-t-il une importance pour le déroulement du script ? Pourquoi ?

Je retiens

- Scratch est un logiciel qui sert à écrire des scripts (petits programmes) pour animer un lutin (personnage ou objet).
- Pour animer ce lutin, on choisit et on assemble des blocs de commande dans un ordre précis : c'est le script.

Connaitre le logiciel Scratch

1 * Observe la capture d'écran et réponds aux questions.

Ici, le lutin est un petit chat.

a. Quelle est la zone où l'on construit le script ?
b. Où se situe la scène, c'est-à-dire l'endroit où les lutins s'animent ?
c. Dans quelle zone choisit-on les lutins ?
d. Où se situent les blocs de commande ?

2 ★ Observe ces blocs.

① jouer du tambour 1▾ pendant 0.25 temps
② quand ce lutin est cliqué
③ rebondir si le bord est atteint
④ jouer le son miaou▾
⑤ tourner ↺ de 15 degrés
⑥ quand espace▾ est cliqué

a. Lesquels provoquent un mouvement du lutin ?
b. Lesquels font entendre un son ?
c. Sur lesquels dois-tu cliquer pour lancer une action ?
d. Lesquels se placent au début d'un script ? Explique pourquoi.

Comprendre des scripts

3 ★ Compare ces deux scripts.

①
```
quand ⚑ cliqué
répéter 5 fois
    avancer de 10
    tourner ↻ de 15 degrés
```

②
```
quand ⚑ cliqué
avancer de 10
tourner ↻ de 15 degrés
avancer de 10
tourner ↻ de 15 degrés
avancer de 10
tourner ↻ de 15 degrés
avancer de 10
tourner ↻ de 15 degrés
avancer de 10
tourner ↻ de 15 degrés
```

a. Donnent-ils un résultat différent ou identique ? Justifie ta réponse.
b. Lequel vaut-il mieux utiliser ? Pourquoi ?

4 ★ Observe ce script.

```
quand espace▾ est cliqué
avancer de 10
attendre 5 secondes
avancer de 10
ajouter à l'effet couleur▾ 25
attendre 8 secondes
avancer de 10
```

a. Combien de fois le lutin va-t-il se mettre en mouvement ?
b. Quelle est la durée totale de ses arrêts ?
c. Que commande le bloc violet ?

Utiliser Scratch pour créer une animation

5 ★ Lis le petit scénario et choisis les blocs qui te sont utiles. Assemble-les dans l'ordre sur le logiciel pour réaliser ton script.

Quand tu appuies sur la touche h, le lutin avance de 30, il tourne à droite à angle droit (90 degrés) et avance de 25. Puis il dit : « À tout à l'heure ! », il tourne encore à droite à angle droit et avance de 45.

6 ✦ Ce script permet de déplacer le lutin en diagonale depuis en haut à gauche de la scène jusqu'en bas à droite.

```
quand ⚑ cliqué
aller à x: -180 y: 111
attendre 1 secondes
tourner ↻ de ○ degrés
avancer de ○
s'orienter à 90▾
```

Indique les valeurs manquantes dans les bulles blanches pour réussir ce déplacement. Fais des essais.

DÉFI MATHS

Écris ce script.
Le chat se déplace en décrivant un carré (60 de côté). Il change de couleur à mi-parcours et miaule à la fin du script.

ESPACE ET GÉOMÉTRIE

Je révise

Identifier et décrire des solides

1 ★ **a.** Parmi ces solides, quels sont ceux dont toutes les faces sont des polygones ?

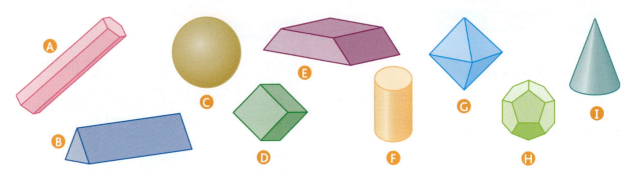

b. Quels polygones forment les faces des figures B, D et G ?

2 ✦ **PROBLÈME** Qui suis-je ?

a. J'ai 12 arêtes et 6 sommets. Mes 6 faces sont identiques. Je suis le polyèdre …. .

   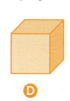
A B C D E

b. Quels polygones forment mes faces ?

3 ✦ Reproduis ce tableau et décris chaque solide.

Solides	A	B	C
Nombre de faces			
Forme des faces			
Nombre de sommets			
Nombre d'arêtes			

4 ✦ Associe chaque solide à son patron.

A B C

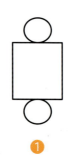 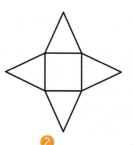 
1 2 3

Identifier et décrire des cubes et des pavés droits

5 ★ Indique quels sont les cubes et les pavés droits.

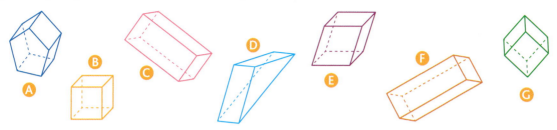

6 ★ Pour chaque solide, cite :
– un sommet ;
– une arête ;
– une face.

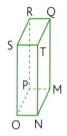 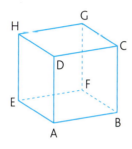

7 ✦ **a.** Indique de quelles couleurs sont les cubes.
b. Indique de quelles couleurs sont les pavés droits.

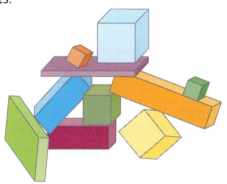

8 ✦ Recopie et complète avec les mots suivants :

face(s)   arête(s)   sommet(s)

superposable(s)   identique(s)

a. Un cube est un polyèdre à 6 … et 12 … .
b. Un pavé droit a 6 … opposées … .
c. Les … d'un cube sont des carrés.
d. Les faces d'un cube sont … et … .
e. Un cube a toutes ses … de même longueur.
f. Un pavé droit a 8 … .

9 ✦ Indique pour chaque patron s'il est celui d'un cube ou d'un pavé droit.

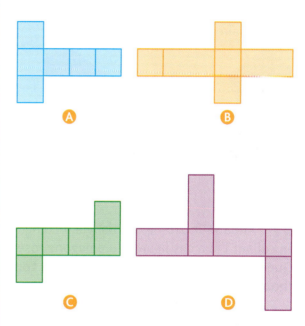

10 ✦ **PROBLÈME** Combien faut-il assembler de cubes de 5 cm d'arête pour obtenir un pavé droit dont les arêtes mesurent 35 cm et 25 cm ?

11 ✦ **a.** Reproduis ce pavé droit et ce cube sur du papier pointé.

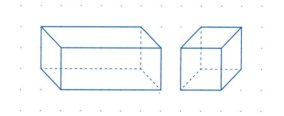

b. Que représentent les pointillés ?
c. Pour chaque solide, repasse en rouge une arête, colorie en jaune une face et entoure en vert un sommet.

187

Je résous des problèmes

1 ★ Emi cherche comment elle pourrait former 2 triangles équilatéraux avec ces 5 allumettes. **Aide-la.**

2 ★ Chris qui a les yeux bandés doit retrouver le solide décrit par ses camarades : il a 8 sommets et au moins 3 faces rectangulaires. **Lequel est-ce ?**

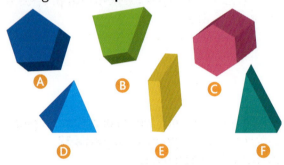

3 ★ Anna veut obtenir un triangle rectangle en collant l'une des figures au polygone rose. **Quelle figure doit-elle choisir ? Justifie ton choix.**

Utilise tes instruments de géométrie puis décalque le morceau que tu choisis et positionne-le pour vérifier.

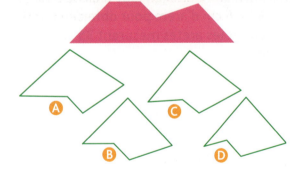

4 ★ Charlie veut obtenir 8 triangles identiques. Il a tracé un carré sur du papier quadrillé. **Comment doit-il procéder pour obtenir les 8 triangles ? Quel type de triangles obtiendra-t-il ?**

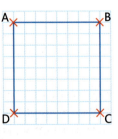

5 ★ Chaque enfant doit se rendre à un endroit précis en empruntant le trajet le plus court.
Clara va à l'Opéra.
Nadine va au musée
Téo va à La Poste.
Écris l'itinéraire de chacun.

6 ★ **Combien de sommets Nael doit-il encore couper sur ce solide pour obtenir un solide à 11 faces ?**

7 ★ Jordan, Enzo et Edan habitent des terrains voisins circulaires qui sont identiques et qui se touchent. La maison de chacun est au centre de leur terrain. Ils se partagent une fontaine qui n'est sur aucun des 3 terrains mais qui est à la même distance de la maison de chacun.
Trace le terrain de Jordan et d'Enzo comme sur le modèle puis celui d'Edan et place la fontaine.

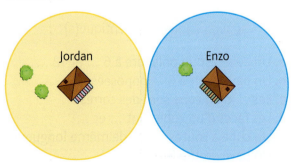

8 ✶ Anaïs veut reproduire cette figure mais elle ne sait pas quels instruments elle doit utiliser.
Reproduis cette figure aux dimensions de ton choix et indique quels instruments de géométrie tu as utilisés.

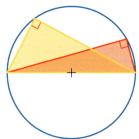

9 ✶ Julie a fabriqué un napperon dont voilà le résultat.

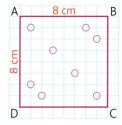

Elle a plié un carré, a fait des trous puis déplié sa réalisation.
Reproduis ce triangle puis marque l'emplacement des trous pour obtenir le même napperon que Julie.

10 ✶ Henri doit dessiner une échelle de 20 cm de haut avec des barreaux espacés de 2 cm. Le premier barreau est à 2 cm du haut de l'échelle. Il n'a pas de règle graduée. **Montre-lui comment dessiner cette échelle. Combien aura-t-elle de barreaux ? Quels instruments as-tu utilisés ?**

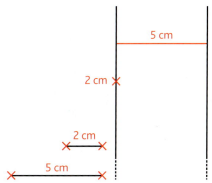

11 ✶ Avec des pailles et des petites boules, Jo a construit cet assemblage de 5 cubes.
a. Combien a-t-il utilisé de pailles ?
b. Combien a-t-il utilisé de petites boules ?

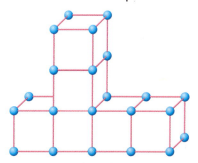

12 ✶ Nathan doit former 3 quadrilatères avec ces 9 allumettes. **Que peux-tu lui proposer comme solution ?**

13 ✶ Antoine ne dénombre que 2 rectangles dans cette figure, pourtant il y en a 12.
Aide-le à les retrouver.

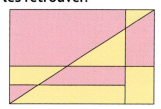

14 ✶✶ À partir de cette construction, Mara doit obtenir 3 carrés mais elle n'a le droit de déplacer que 3 allumettes. **Comment doit-elle faire ?**

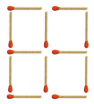

15 ✶ Safia doit tracer un triangle équilatéral de 12 cm de côté puis partager ce triangle en 6 triangles rectangles. **Rédige-lui un programme de construction puis montre-lui comment faire.**

16 ✶✶ Milo doit relier les neuf points de ce géoplan en traçant au maximum 4 segments et sans lever son crayon.

Vers le CM2 : Reproduire et construire des figures composées

Cherchons

- Et toi, qu'en penses-tu ?

Je retiens

- À partir de formes géométriques simples, on peut construire des **figures composées**.
- Avant de reproduire ou de construire une figure composée, il faut **l'observer** et **retrouver les figures simples** qui la composent.

Ex. : Cette figure a été construite avec un rectangle, deux triangles rectangles symétriques et un demi-cercle, dont le centre est le milieu de la longueur du rectangle.

Retrouver les figures simples dans une figure composée

1 ★ Retrouve les figures qui composent cette figure.

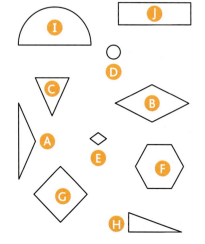

2 ★ Retrouve et recopie le nom des éléments géométriques qui composent cette figure.

a. quadrilatère
b. droite
c. losange
d. hexagone
e. demi-cercle
f. triangle rectangle
g. carré
h. cercle
i. segment
j. rectangle

3 ✦ Retrouve et nomme le nom des éléments de géométrie qui composent cette figure.

Il y a plusieurs possibilités.

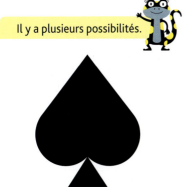

Reproduire des figures composées

4 ✦ **a.** Quels éléments composent cette figure ?
b. Reproduis-la sur du papier quadrillé.

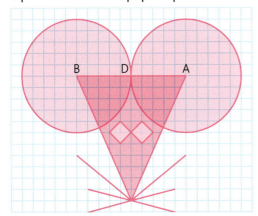

5 ✦ **a.** Vrai ou faux ? Observe cette figure et réponds.

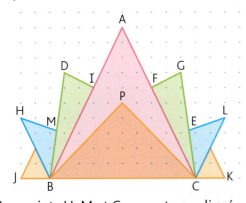

- Les points H, M et C ne sont pas alignés.
- Les points J, M et A sont alignés.
- Le triangle PCB a un angle droit.
- Le triangle DEB est un triangle rectangle.

b. Reproduis la figure sur du papier pointé puis colorie-la.

6 ✦ Observe cette figure.
a. De quels instruments de géométrie as-tu besoin pour la reproduire ?
b. Par quoi vas-tu commencer ?
c. Reproduis cette figure.

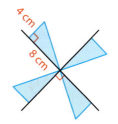

7 ✦ Observe cette figure et reproduis-la sur papier quadrillé.
a. De quels instruments de géométrie as-tu besoin ?
b. Par quoi vas-tu commencer ?
c. Reproduis la figure.

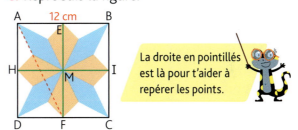

La droite en pointillés est là pour t'aider à repérer les points.

8 ✦ Reproduis cette figure en respectant les dimensions.

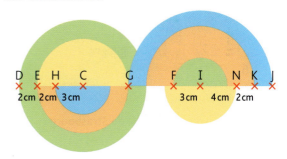

DÉFI MATHS

À toi de jouer !

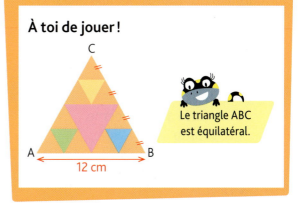

Le triangle ABC est équilatéral.

J'utilise les maths en géographie et en technologie

GÉOGRAPHIE

Situer des lieux et des espaces les uns par rapport aux autres
Utiliser des cartes à différentes échelles

Le plan, un outil du géographe

Dans leur travail, les géographes utilisent de nombreux outils : photographies prises par satellite ou photographies aériennes, cartes, plans, documents statistiques, textes... Ils vont aussi sur le terrain pour faire des relevés ou prendre des photographies de paysages.

Strasbourg est une grande ville du Nord-Est de la France. C'est aussi une des capitales de l'Union européenne.

Les habitants sont de plus en plus nombreux à vivre en ville car ils y trouvent de nombreux aménagements : pour se loger (immeubles), pour l'éducation (écoles, lycées, universités), pour la culture ou pour se divertir (musées, bibliothèques, cinémas, stades...), pour se soigner (hôpitaux).

Le plan du centre-ville de Strasbourg

❶ Sur le plan, où se trouvent les bâtiments suivants ? Donne leurs coordonnées.
Ex. : La place Haguenau se situe dans la case (B ; 1).
- L'hôtel de ville.
- La préfecture.
- Le musée d'Art moderne.
- Le théâtre.
- La cathédrale.
- L'hôpital Civil.
- La gare.

❷ Sur le plan, quels symboles sont utilisés pour indiquer :
- un équipement pour se soigner ?
- un équipement pour se divertir ?
- un équipement pour l'éducation ?
- un bâtiment administratif ?
- un équipement sportif ?

❸ Place un calque sur la carte et trace le plus court trajet pour se rendre à pied au musée Alsacien depuis la gare de Strasbourg.

TECHNOLOGIE

**Réaliser en équipe un objet technique répondant à un besoin
Utiliser les outils mathématiques adaptés**

La boule de Noël en papier

Pour Noël, Léo et Chloé ont décidé de fabriquer eux-mêmes les décorations de leur sapin. Voici le modèle de boule de Noël qu'ils ont choisi et sa **fiche de fabrication**.

Étape 1 Prends du papier vert et rouge.

Étape 2 Découpe 5 cercles verts et 5 cercles rouges de 6 cm de diamètre.

Étape 3 Sur un des cercles, dessine un triangle au centre. Replie les bords sur les traits du triangle. Ce premier cercle te servira de gabarit pour tracer les triangles sur les autres cercles.

❶ Suis les étapes et réalise la boule de Noël de Léo et Chloé.

❷ Explique comment tu as procédé pour tracer le cercle et le triangle.

❸ Quel type de triangle as-tu tracé ?

❹ Si tu décores la boule avec une gommette sur chaque face plane, combien de gommettes vas-tu utiliser ?

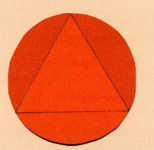 

Étape 4 Colle ensemble 5 triangles, les pointes vers le centre, en les joignant par deux bords de centre repliés. Cela forme une sorte de chapeau.

Étape 5 Glisse une attache parisienne au centre du chapeau en ouvrant les pattes à l'intérieur. Elle permettra ensuite d'y accrocher un fil pour suspendre la boule.

Pour aller plus loin

Tu peux réaliser une boule plus grosse avec 20 cercles.

Fabrique deux chapeaux de 5 cercles de la même façon, colle les dix autres cercles autour du premier chapeau (côté du triangle vers le chapeau) et assemble les deux.

Étape 6 Colle ensemble les 5 autres triangles.

Étape 7 Colle ce second chapeau sur le premier pour former une boule.

Fiche de fabrication de la boule de Noël en papier

Additionner des nombres entiers

Ajouter deux nombres sans retenue

1 Calcule.
a. 45 + 13
b. 24 + 23
c. 25 + 21
d. 63 + 15
e. 542 + 13
f. 348 + 11
g. 345 + 34
h. 625 + 72
i. 1 712 + 87

2 PROBLÈME Samia a 46 disques de rock et 32 disques de rap.
Combien de disques a-t-elle en tout ?

3 PROBLÈME Le chien de Max pèse 14 kg de plus que celui de Karim qui pèse 12 kg.
Quel est le poids du chien de Max ?

Ajouter deux nombres avec retenue

4 Calcule.
a. 8 + 7
b. 4 + 7
c. 14 + 8
d. 26 + 6
e. 17 + 8
f. 38 + 5
g. 46 + 7
h. 33 + 18
i. 47 + 14

5 PROBLÈME Amélie mesure 7 cm de plus que son petit frère Hugo qui mesure 127 cm.
Quelle est la taille d'Amélie ?

6 PROBLÈME Voici les achats de Yaël.

Combien d'euros a-t-il dépensés ?

Regrouper les termes

7 Calcule.

Calcule d'abord les nombres dont la somme est un multiple de 10.

Ex. : 13 + 8 + 7 = (13 + 7) + 8 = 20 + 8 = 28

a. 25 + 7 + 5
b. 7 + 36 + 3
c. 8 + 17 + 3
d. 36 + 9 + 4
e. 5 + 13 + 25
f. 41 + 17 + 9
g. 81 + 26 + 19
h. 14 + 16 + 39
i. 11 + 57 + 23

8 Calcule comme dans l'exemple.
Ex. : 38 + 27 + 13 = 38 + (27 + 13) = 38 + 40 = 78
a. 63 + 52 + 17
b. 95 + 15 + 28
c. 82 + 24 + 16
d. 124 + 68 + 16
e. 103 + 17 + 98
f. 54 + 106 + 43

Compléter des suites de nombres

9 Compte :
a. de 5 en 5 jusqu'à 100.
b. de 3 en 3 jusqu'à 51.
c. de 10 en 10 jusqu'à 110.
d. de 25 en 25 jusqu'à 300.
e. de 50 en 50 jusqu'à 600.

10 Continue chaque suite.
a. 62 – 72 – 82 – … (jusqu'à 162)
b. 753 – 763 – 773 – … (jusqu'à 863)
c. 2 056 – 2 156 – 2 256 – … (jusqu'à 3 156)

Ajouter un multiple de 10 à un nombre

11 Ajoute 40 à ces nombres.
a. 8 – 14 – 36 – 44 – 28 – 52 – 64 – 75
b. 160 – 350 – 230 – 470 – 680 – 790 – 930

12 Ajoute 400 à ces nombres.
a. 53 – 275 – 625 – 396 – 854 – 721 – 963
b. 2 900 – 4 800 – 7 650 – 6 730 – 3 150 – 8 800

13 PROBLÈME Une grand-mère offre 70 € à chacun de ses petits-enfants.
De quelle somme chacun dispose-t-il après ?

Chloé   Léo   Romuald

14 PROBLÈME La bibliothécaire a commandé 300 romans, 40 bandes dessinées et 70 documentaires.
Combien de livres va-t-elle recevoir au total ?

15 PROBLÈME Les jardiniers de la ville ont planté 240 tulipes, 320 iris et 180 œillets. **Combien de fleurs ont-ils plantées ?**

16 Ajoute 3 000 à ces nombres.
a. 2 500 – 3 500 – 4 600 – 5 700 – 6 800 – 2 900
b. 1 450 – 4 550 – 6 150 – 7 220 – 3 330 – 5 125

Calculer des compléments à 100, à 1 000…

17 Complète pour obtenir 100.
Tu peux te servir des compléments à 10.
a. 50 – 30 – 40 – 75 – 35 – 45 – 15 – 5
b. 83 – 21 – 37 – 68 – 59 – 27 – 16 – 46

18 Complète pour obtenir 1 000.
a. 200 – 600 – 400 – 150 – 650 – 850
b. 140 – 260 – 370 – 460 – 550 – 670

19 Complète pour obtenir 10 000.
a. 4 000 – 3 500 – 6 400 – 7 200 – 9 100
b. 3 550 – 8 800 – 5 550 – 4 950 – 8 150

20 Que va-t-on me rendre sur 100 €, si j'achète :
a. un livre à 27 € ?
b. un jeu vidéo à 38 € ?
c. un sac à 52 € ?
d. une robe à 49 € ?

Ajouter 9, 19, 29…

21 Ajoute 9 à ces nombres.
Tu peux ajouter 10 puis soustraire 1.
Ex. : 16 + 9 = (16 + 10) – 1 = 26 – 1 = 25
a. 27 – 34 – 62 – 78 – 53 – 36 – 47 – 89
b. 123 – 504 – 258 – 412 – 628 – 378 – 495

22 Ajoute 19 à ces nombres.
Ex. : 63 + 19 = (63 + 20) – 1 = 83 – 1 = 82
a. 26 – 54 – 87 – 74 – 36 – 53 – 88 – 96
b. 156 – 108 – 257 – 362 – 711 – 285 – 933

23 Ajoute 29 à ces nombres.
Ex. : 32 + 29 = (32 + 30) – 1 = 62 – 1 = 61
a. 27 – 63 – 88 – 56 – 95 – 33 – 101 – 212
b. 412 – 547 – 625 – 836 – 875 – 968 – 887

Ajouter 11, 21, 31…

24 Ajoute 11 à ces nombres.
Tu peux ajouter 10 puis ajouter 1.
Ex. : 68 + 11 = (68 + 10) + 1 = 78 + 1 = 79
a. 54 – 68 – 96 – 412 – 526 – 802 – 395
b. 123 – 368 – 672 – 954 – 579 – 696 – 498

25 Ajoute 21 à ces nombres.
Ex. : 56 + 21 = (56 + 20) + 1 = 76 + 1 = 77
a. 47 – 63 – 98 – 89 – 168 – 295 – 379
b. 489 – 268 – 276 – 391 – 536 – 717 – 693

26 Ajoute 31 à ces nombres.
Ex. : 54 + 31 = (54 + 30) + 1 = 84 + 1 = 85
a. 76 – 85 – 96 – 58 – 99 – 84 – 102 – 519
b. 372 – 485 – 888 – 936 – 719 – 878 – 482

Estimer un ordre de grandeur

27 Évalue un ordre de grandeur du résultat à la dizaine près.
Ex. : 83 + 49 → 80 + 50 = 130
a. 13 + 18   d. 21 + 521   g. 606 + 34
b. 27 + 39   e. 119 + 42   h. 12 + 329
c. 48 + 17   f. 512 + 69   i. 59 + 123

28 Évalue un ordre de grandeur du résultat à la centaine près.
Ex. : 4 560 + 574 → 4 600 + 600 = 5 200
a. 390 + 89   d. 8 256 + 189   g. 804 + 692
b. 799 + 108   e. 5 861 + 3 118 h. 1 029 + 498
c. 7 153 + 778   f. 2 432 + 587   i. 6 879 + 4 021

29 PROBLÈME 412 filles et 389 garçons ont participé à un concours de dessin sur Internet. En tout, ce sont environ … internautes qui ont participé à ce concours.

30 Évalue un ordre de grandeur du résultat au millier près.
Ex. : 3 820 + 1 763 → 4 000 + 2 000 = 6 000
a. 2 147 + 9 203   e. 21 364 + 2 951
b. 6 547 + 3 104   f. 33 102 + 5 928
c. 1 875 + 4 862   g. 10 105 + 7 996
d. 3 321 + 8 205   h. 51 895 + 3 012

CALCUL MENTAL

Soustraire des nombres entiers

Soustraire deux nombres sans retenue

1 Calcule.

Soustrais les unités aux unités, les dizaines aux dizaines.

a. 56 – 45   c. 569 – 31   e. 647 – 134
b. 75 – 23   d. 786 – 42   f. 589 – 478

2 PROBLÈME Pablo a perdu 13 billes sur les 64 qu'il possédait. **Combien de billes lui reste-t-il ?**

3 PROBLÈME Anouk a 12 ans de moins que son cousin qui a 35 ans. **Quel est l'âge d'Anouk ?**

4 PROBLÈME Émilie a dépensé 68 euros. Sa tirelire contenait 179 €. **Combien lui reste-t-il ?**

5 PROBLÈME Chacune de ces classes va dépenser 63 euros pour une sortie au musée. **Que restera-t-il dans chaque coopérative ?**

a. CP : 267 €   d. CM1 : 379 €
b. CE1 : 394 €   e. CM2 : 386 €
c. CE2 : 289 €   f. CM1/CM2 : 275 €

Soustraire deux multiples de 10

6 Calcule.

a. 80 – 50   c. 670 – 30   e. 3 000 – 700
b. 70 – 30   d. 490 – 40   f. 6 000 – 400

7 Soustrais 3 000 à ces nombres.

a. 8 000   c. 5 200   e. 38 900
b. 4 900   d. 9 300   f. 47 800

8 Soustrais 7 000 à ces nombres.

a. 9 000   c. 39 000   e. 28 700
b. 14 000   d. 78 000   f. 77 000

9 PROBLÈME Combien d'agrafes reste-t-il dans la boite, sachant que Pierre en a utilisé 6 centaines sur une boite de 10 000 ?

10 PROBLÈME Combien de pièces Laura doit-elle encore placer si elle a déjà placé :

a. 1 500 pièces ?   c. 2 500 pièces ?
b. 2 800 pièces ?   d. 3 400 pièces ?

Soustraire un multiple de 10 à un nombre

11 Soustrais 30 à ces nombres.

a. 87   c. 74   e. 420   g. 2 830
b. 92   d. 132   f. 110   h. 3 660

12 Soustrais 200 à ces nombres.

a. 356   c. 232   e. 6 730   g. 3 000
b. 892   d. 3 900   f. 3 250   h. 1 100

13 Soustrais 500 à ces nombres.

a. 600   c. 640   e. 892   g. 780
b. 900   d. 870   f. 954   h. 861

14 PROBLÈME Le directeur de l'école avait commandé 1 100 cahiers pour les élèves. Il en a distribué 700. **Combien de cahiers lui reste-t-il ?**

Soustraire un nombre à un multiple de 10 avec retenue

15 Calcule.

a. 20 – 3   c. 30 – 6   e. 300 – 3   g. 710 – 30
b. 40 – 5   d. 70 – 7   f. 200 – 8   h. 670 – 80

16 Soustrais 25 à ces nombres.

a. 80   c. 90   e. 540   g. 420
b. 50   d. 100   f. 870   h. 760

17 PROBLÈME M. et Mme Tropbien ont fait un voyage de 16 jours en Inde. Ils sont revenus le 30 janvier. **À quelle date a débuté leur voyage ?**

18 PROBLÈME Que va-t-on rendre sur 100 €, si on paie :

a. un jeu à 47 € ?   c. un bonnet à 18 € ?
b. un DVD à 17 € ?   d. un téléphone à 98 € ?

Compléter des suites de nombres

19 Continue chaque suite.
a. 156 – 146 – 136 – ... (jusqu'à 6)
b. 8 450 – 7 450 – 6 450 – ... (jusqu'à 450)

20 a. Décompte de 5 en 5 jusqu'à 0.
125 – 120 – ...
b. Décompte de 10 en 10 jusqu'à 0.
340 – 330 – ...
c. Décompte de 50 en 50 jusqu'à 0.
800 – 750 – ...
d. Décompte de 25 en 25 jusqu'à 0.
225 – 200 – ...
e. Décompte de 200 en 200 jusqu'à 0.
1 600 – 1 400 – ...
f. Décompte de 5 000 en 5 000 jusqu'à 0.
45 000 – 40 000 – ...

Retrancher 9, 19, 29

21 Soustrais 9 à ces nombres.

Tu peux soustraire 10 puis ajouter 1.

Ex. : 26 – 9 = (26 – 10) + 1 = 16 + 1 = 17

a. 24   d. 53   g. 74   j. 354
b. 36   e. 92   h. 142   k. 412
c. 47   f. 61   i. 185   l. 536

22 Soustrais 19 à ces nombres.
Ex. : 46 – 19 = (46 – 20) + 1 = 26 + 1 = 27

a. 36   d. 82   g. 351   j. 96
b. 64   e. 63   h. 562   k. 236
c. 47   f. 125   i. 725   l. 413

23 Soustrais 29 à ces nombres.
Ex. : 63 – 29 = (63 – 30) + 1 = 33 + 1 = 34

a. 82   d. 103   g. 932   j. 42
b. 74   e. 147   h. 473   k. 646
c. 93   f. 357   i. 854   l. 590

24 **PROBLÈME** Sur un plateau de jeu, tous les joueurs doivent reculer de 9 cases.
Sur quelle case doivent se placer :
a. Livia qui était sur la case 47 ?
b. Roméo qui était sur la case 73 ?
c. Roxane qui était sur la case 36 ?
d. Noémie qui était sur la case 54 ?

Retrancher 11, 21

25 Soustrais 11 à ces nombres.

Tu peux soustraire 10 puis 1.

a. 64   d. 42   g. 741   j. 604
b. 78   e. 102   h. 258   k. 860
c. 55   f. 369   i. 301   l. 200

26 Soustrais 21 à ces nombres.
a. 145   d. 842   g. 50   j. 100
b. 284   e. 704   h. 90   k. 104
c. 320   f. 550   i. 70   l. 520

Décomposer pour calculer une différence

27 Calcule en décomposant le nombre.
Ex. : 73 – 35 = (73 – 30) – 5 = 43 – 5 = 38

a. 82 – 36   e. 81 – 45   i. 362 – 34
b. 57 – 28   f. 94 – 57   j. 841 – 57
c. 71 – 38   g. 174 – 45   k. 762 – 54
d. 75 – 28   h. 264 – 48   l. 641 – 27

28 **PROBLÈME** Marcia veut s'acheter cet appareil photo. Elle a déjà économisé 78 €. Combien doit-elle encore économiser ?

185€

Estimer un ordre de grandeur

29 Évalue le résultat à la dizaine près.
Ex. : 83 – 49 → 80 – 50 = 30

a. 91 – 27   c. 781 – 128   e. 397 – 178
b. 796 – 68   d. 92 – 37   f. 923 – 307

30 Évalue le résultat à la centaine près.
Ex. : 4 560 – 574 → 4 600 – 600 = 4 000

a. 390 – 189   c. 512 – 298   e. 912 – 489
b. 799 – 208   d. 879 – 423   f. 708 – 387

31 Évalue le résultat au millier près.
Ex : 8 125 – 2 986 → 8 000 – 3 000 = 5 000

a. 7 132 – 3 142   d. 24 023 – 11 235
b. 5 984 – 2 788   e. 26 213 – 9 766
c. 12 124 – 7 858   f. 15 895 – 5 798

CALCUL MENTAL

Multiplier des nombres entiers

Multiplier par 2, 3, 4, 5, 6

1 Multiplie ces nombres par 4.
a. 7 – 3 – 8 – 9 – 2 – 0 – 5 – 4 – 10
b. 30 – 50 – 20 – 40 – 80 – 70 – 90 – 60

2 Calcule.
a. 8 × 4   d. 9 × 3   g. 6 × 8   j. 20 × 4
b. 3 × 7   e. 4 × 7   h. 11 × 5   k. 15 × 2
c. 7 × 4   f. 3 × 8   i. 11 × 4   l. 25 × 4

3 Multiplie ces nombres par 8.
a. 4 – 5 – 7 – 8 – 3 – 2 – 9 – 6 – 10 – 1
b. 50 – 30 – 60 – 40 – 80 – 20 – 90 – 12

4 PROBLÈME Il y a 4 timbres de collection par pochette. **Combien de timbres y a-t-il dans :**
a. 5 pochettes ?   c. 8 pochettes ?
b. 7 pochettes ?   d. 9 pochettes ?

Multiplier par 7, 8, 9

5 Calcule.
a. 8 × 5   d. 4 × 7   g. 9 × 7   j. 9 × 9
b. 7 × 8   e. 7 × 3   h. 8 × 8   k. 9 × 6
c. 8 × 9   f. 7 × 6   i. 7 × 7   l. 5 × 9

6 PROBLÈME Un cinéma contient 8 rangées de 9 places. **Combien de places y a-t-il en tout ?**

7 PROBLÈME Les sept nains ont récupéré chacun 7 kg de poussière de fée dans leur mine. **Quelle quantité de poussière de fée ont-ils récupérée en tout ?**

8 Effectue ces multiplications à trous.
a. 64, c'est 8 × … ?   d. 32, c'est 4 × … ?
b. 56, c'est 7 × … ?   e. 36, c'est 4 × … ?
c. 40, c'est 5 × … ?   f. 27, c'est 3 × … ?

Multiplier par 10, 100, 1 000

> Quand on multiplie par 10, 100, 1000, le nombre devient 10, 100, 1000 fois plus grand.

Ex : 12 × 10 = 120   12 × 1000 = 12 000

9 Multiplie ces nombres par 10.
a. 30 – 56 – 89 – 97 – 103 – 120 – 450 – 403
b. 850 – 1 200 – 5 000 – 6 400 – 12 000

10 Multiplie ces nombres par 100.
a. 5 – 53 – 46 – 150 – 420 – 680 – 750 – 6 400
b. 965 – 236 – 1 027 – 3 003 – 6 104 – 8 200

11 Calcule.
a. 6 × 100   d. 80 × 100   g. 60 × 1 000
b. 3 × 1 000   e. 20 × 100   h. 50 × 100
c. 4 × 10   f. 70 × 1 000   i. 8 000 × 10

12 Quel est le nombre manquant ?
a. Pour obtenir 4 000, je multiplie 4 par … ? 400 par … ?
b. Pour obtenir 20 000, je multiplie 20 par … ? 200 par … ?

13 PROBLÈME Selma a gagné 320 points lors d'un jeu. Zoé a gagné 100 fois plus de points que Selma, Tarik 10 fois plus et Tania 1 000 fois plus. **Combien de points chacun des amis de Selma a-t-il gagnés ?**

Calculer des doubles et des triples

14 Calcule le double de ces nombres.
a. 4 – 9 – 11 – 13 – 20 – 25 – 23 – 42
b. 80 – 50 – 40 – 70 – 90 – 45 – 35 – 65

15 Calcule le triple de ces nombres.
a. 6 – 7 – 9 – 4 – 8 – 10 – 11 – 13 – 12 – 15
b. 25 – 50 – 150 – 250 – 350 – 550 – 1050

16 PROBLÈME Gaston a gagné 1500 points à un jeu vidéo, sa sœur en a gagné le triple.
Combien a-t-elle gagné de points ?

17 Qui suis-je ?
a. Je suis le triple du double de 4.
b. Je suis le double du triple de 20.
c. Je suis le triple du triple de 10.
d. Je suis le double du double de 60.

Multiplier par 20, 300…

18 Calcule.

Multiplie par 2, par 3 et écris un, deux zéros à droite du résultat.

Ex. : 12 × 20 = (12 × 2) × 10 = 240

a. 50 × 3   d. 40 × 6   g. 60 × 7
b. 40 × 30   e. 30 × 70   h. 60 × 80
c. 500 × 20 f. 400 × 40 i. 800 × 500

19 Multiplie ces nombres par 50.
10 – 70 – 30 – 20 – 60 – 90 – 12 – 40

20 Multiplie ces nombres par 300.
a. 2 – 3 – 5 – 6 – 4 – 7 – 9 – 8 – 10 – 11
b. 30 – 20 – 50 – 60 – 80 – 40 – 11 – 12

21 Calcule la somme totale de :
a. 40 billets de 50 €   d. 70 billets de 20 €
b. 20 billets de 10 €   e. 30 billets de 5 €
c. 5 billets de 200 €   f. 90 billets de 100 €

22 PROBLÈME Un théâtre a vendu 400 abonnements à 50 € par an.
Quelle est sa recette annuelle ?

23 PROBLÈME Le moteur d'une voiture moyenne tourne à 6 000 tours par minute.
Combien de tours aura-t-il effectué : en 5 min ? en 10 min ? en une demi-heure ? en une heure ?

24 PROBLÈME Une fourmi serait capable de soulever 5 000 fois son poids qui est de 15 mg.
Quel poids (en mg) peut-elle soulever ?

Estimer un ordre de grandeur

25 Évalue un ordre de grandeur.
Ex. : 22 × 41 → 20 × 40 = 800

a. 67 × 3   d. 29 × 5   g. 81 × 6   j. 993 × 2
b. 52 × 2   e. 81 × 3   h. 39 × 4   k. 996 × 4
c. 81 × 4   f. 59 × 7   i. 89 × 29   l. 199 × 7

26 PROBLÈME Pour Noël, un magasin de jouets a vendu 1 879 déguisements au prix de 49 € pièce. **Combien cette vente lui a-t-elle rapporté environ ?**

27 PROBLÈME Un livreur effectue le même trajet de 49 km tous les jours.
Combien de km aura-t-il parcourus environ au bout de 17 jours de livraisons ?

28 PROBLÈME Chaque année, environ 374 kg de déchets sont produits en moyenne par habitant.
Quelle quantité de déchets produit en moyenne une commune de 1 895 habitants ?

Multiplier par 15, 20, 25, 50

29 Multiplie ces nombres par 15.
2 – 4 – 6 – 8 – 9 – 10 – 20 – 30 – 50 – 40

30 Multiplie ces nombres par 20.
3 – 5 – 7 – 6 – 9 – 11 – 20 – 30 – 50 – 40

31 Multiplie ces nombres par 50.

Tu peux multiplier par 5 puis multiplier par 10.

Ex. : 3 × 50 = (3 × 5) × 10 = 15 × 10 = 150
6 – 8 – 7 – 9 – 4 – 10 – 30 – 40 – 60 – 80

32 Multiplie ces nombres par 25.
2 – 3 – 9 – 7 – 4 – 8 – 5 – 600

33 Une machine à glaçons peut fabriquer 25 kg de glaçons par jour. **Combien de kg peut-elle produire en une semaine ? en 15 jours ?**

34 Maëlle paye 25 € par mois pour son abonnement à Internet. **Combien aura-t-elle payé au bout de six mois ? d'un an ?**

CALCUL MENTAL

Diviser un nombre entier

Connaitre les multiples d'un nombre

1 Continue :
a. la table de 5 jusqu'à 100 → 35 ; 40 ; …
b. la table de 8 jusqu'à 120 → 24 ; 32 ; …
c. la table de 7 jusqu'à 84 → 21 ; 28 ; …
d. la table de 9 jusqu'à 108 → 18 ; 27 ; …

2 Trouve les multiples de 3.
Ex. : 9 est un multiple de 3 car : 3 × 3 = 9.
10 – 12 – 21 – 14 – 17 – 15 – 30 – 33 – 27 – 29

3 Trouve les multiples de 8.
56 – 64 – 57 – 80 – 32 – 36 – 24 – 27 – 34

4 Trouve les multiples de 6.
13 – 18 – 24 – 26 – 32 – 30 – 42 – 36 – 52

5 Trouve les multiples de 25.
50 – 75 – 90 – 100 – 115 – 150 – 200 – 215

6 Réponds en justifiant ta réponse.
Ex. : 35 est un multiple de 5 car : 7 × 5 = 35.
a. 24 est-il un multiple de 6 ?
b. 56 est-il un multiple de 7 ?
c. 44 est-il un multiple de 2 ?
d. 60 est-il un multiple de 10 ?
e. 99 est-il un multiple de 11 ?

7 Trouve les multiples de 2.
Les multiples de 2 sont tous des nombres pairs.
456 – 520 – 841 – 863 – 1 489 – 2 634

8 Trouve les multiples de 10.
80 – 10 – 230 – 255 – 1 300 – 1 302 – 2 050

9 Trouve le multiple commun.
Ex. : 42 est le multiple commun à 6 et 7 car : 6 × 7 = 42.
a. 4 et 8   c. 7 et 9   e. 7 et 5
b. 6 et 5   d. 6 et 8   f. 3 et 9

Utiliser les tables pour diviser

10 a. Dans 42, combien de fois 7 ?
b. Dans 36, combien de fois 6 ?
c. Dans 72, combien de fois 9 ?
d. Dans 24, combien de fois 8 ?
e. Dans 24, combien de fois 2 ?
f. Dans 100, combien de fois 25 ?

11 Quel nombre doit-on multiplier :
a. par 4 pour obtenir 36 ?
b. par 5 pour obtenir 35 ?
c. par 6 pour obtenir 42 ?
d. par 6 pour obtenir 66 ?
e. par 7 pour obtenir 49 ?

Trouver le quotient exact

Le reste est toujours égal à 0.

12 Partage :
a. 24 billes en 3 parts égales.
b. 50 cartes en 10 parts égales.
c. 42 calots en 6 parts égales.
d. 56 tickets en 7 parts égales.

13 Calcule et justifie ta réponse.
Ex. : 24 : 8 = 3 car 3 × 8 = 24
a. 30 : 5   d. 24 : 8   g. 63 : 7
b. 24 : 6   e. 64 : 8   h. 42 : 6
c. 80 : 8   f. 45 : 5   i. 72 : 9

14 Quel est le quotient exact :
a. de 54 divisé par 6 ? de 45 divisé par 5 ?
b. de 35 divisé par 5 ? de 48 divisé par 8 ?
c. de 72 divisé par 9 ? de 72 divisé par 8 ?
d. de 12 divisé par 6 ? de 49 divisé par 7 ?
e. de 24 divisé par 2 ? de 44 divisé par 4 ?

15 Calcule.
a. 66 : 6   d. 25 : 5   g. 100 : 4   j. 800 : 8
b. 50 : 2   e. 45 : 5   h. 120 : 6   k. 900 : 3
c. 81 : 9   f. 100 : 5   i. 240 : 6   l. 1 000 : 5

Calculer la moitié et le quart

16 Trouve la moitié de ces nombres.
a. 20 – 30 – 50 – 40 – 60 – 80 – 90 – 70
b. 12 – 18 – 24 – 44 – 16 – 56 – 36 – 76
c. 300 – 420 – 540 – 660 – 360 – 680
d. 46 – 54 – 34 – 58 – 38 – 108 – 126

17 Trouve le quart de ces nombres.
a. 4 – 8 – 12 – 16 – 20 – 24 – 28 – 44 – 48
b. 80 – 84 – 100 – 120 – 160 – 400 – 440
c. 880 – 1 000 – 4 000 – 2 000 – 8 000
d. 480 – 840 – 1 200 – 2 400 – 4 600

18 PROBLÈME Un magasin solde tous ses articles à moitié prix. **Calcule les nouveaux prix.**
a. 12 € – 34 € – 50 € – 150 € – 250 €
b. 46 € – 76 € – 86 € – 620 € – 900 €

Diviser un nombre par un multiple de 10

19 Divise ces nombres par 10.

Le nombre devient 10 fois plus petit.

a. 60 – 40 – 80 – 100 – 400 – 360 – 670
b. 470 – 840 – 320 – 1 600 – 1 590
c. 1 200 – 5 030 – 6 050 – 1 850 – 9 940

20 Divise ces nombres par 100.
a. 6 000 – 4 000 – 900 – 1 700 – 7 000
b. 8 900 – 3 200 – 61 000 – 64 000

21 Combien de minutes y a-t-il dans :
a. 120 s ?   c. 420 s ?   e. 1 200 s ?
b. 360 s ?   d. 540 s ?   f. 2 400 s ?

Diviser un multiple de 10

22 Divise ces nombres par 2, 4 et 5.
a. 100 – 200 – 1 000 – 500 – 400 – 600
b. 2 000 – 5 000 – 10 000 – 20 000
c. 12 000 – 24 000 – 60 000 – 100 000

23 Calcule.
a. 300 : 3   d. 120 : 4   g. 630 : 3   j. 240 : 4
b. 400 : 4   e. 160 : 8   h. 480 : 4   k. 630 : 7
c. 550 : 5   f. 360 : 6   i. 808 : 8   l. 180 : 9

24 PROBLÈME Combien y aura-t-il d'élèves dans chaque classe ?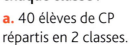
a. 40 élèves de CP répartis en 2 classes.
b. 60 élèves de CE1 répartis en 3 classes.
c. 80 élèves de CE2 répartis en 4 classes.
d. 210 élèves de CM répartis en 7 classes.
e. 320 élèves de 6e répartis en 8 classes.

Diviser avec un reste

25 Réponds aux questions.
a. Quel multiple de 6 est compris entre 45 et 50 ?
b. Quel multiple de 9 est compris entre 44 et 50 ?
c. Quel multiple de 8 est compris entre 45 et 50 ?
d. Quel multiple de 7 est compris entre 45 et 50 ?

26 Divise comme dans l'exemple.
*Ex. : 38 : 7 → (7 × **5**) + 3*
a. 37 : 5   d. 46 : 9   g. 86 : 8   j. 59 : 8
b. 19 : 6   e. 49 : 8   h. 78 : 9   k. 65 : 9
c. 43 : 8   f. 57 : 8   i. 65 : 8   l. 47 : 5

27 Quel est le dividende lorsque :
*Ex. : le quotient est 3, le diviseur 6, le reste 2 ?
(3 × 6) + 2 = 20. Le dividende est 20.*
a. le quotient est 7, le diviseur 2, le reste 4 ?
b. le quotient est 8, le diviseur 6, le reste 1 ?
c. le quotient est 9, le diviseur 5, le reste 3 ?
d. le quotient est 7, le diviseur 6, le reste 4 ?

28 Calcule.   On utilise les multiples de 15 et de 25.
a. 30 : 15   c. 60 : 15   e. 90 : 15
b. 50 : 25   d. 100 : 25   f. 250 : 25

29 Complète.
a. 50 : 15 = ... et il reste ... ?
b. 100 : 15 = ... et il reste ... ?
c. 60 : 25 = ... et il reste ... ?
d. 160 : 25 = ... et il reste ... ?
e. 80 : 25 = ... et il reste ... ?
f. 210 : 25 = ... et il reste ... ?

CALCUL MENTAL

Additionner et soustraire des nombres décimaux

Additionner un nombre décimal et un nombre entier

1 Ajoute 0,5 à ces nombres.
1 – 6 – 4 – 9 – 3 – 8 – 12 – 15 – 34 – 50

2 Ajoute 0,3 à ces nombres.
2 – 6 – 7 – 9 – 13 – 14 – 18 – 20 – 40 – 78

3 Ajoute 0,02 à ces nombres.
2 – 4 – 7 – 1 – 8 – 10 – 13 – 24 – 40 – 65

4 Ajoute 0,05 à ces nombres.
1 – 6 – 10 – 27 – 56 – 52 – 89 – 25 – 82 – 85

5 Calcule.
a. 3,2 + 2   d. 3 + 3,5   g. 4,3 + 1
b. 1,5 + 2   e. 2,3 + 3   h. 2,2 + 7
c. 1,1 + 2   f. 1,4 + 1   i. 1,7 + 6

6 **PROBLÈME** Katia a ajouté 0,2 L de sirop à 1 L d'eau. **Quelle quantité de boisson obtient-elle ?**

7 **PROBLÈME** Le plat du jour coute 12 €. **Combien Pierre va-t-il payer s'il prend un café en plus à 2,20 € ?**

Additionner deux nombres décimaux sans retenue

On ajoute unités + unités, dixièmes + dixièmes, centièmes + centièmes

8 Calcule.
a. 1,3 + 1,2   d. 4,3 + 1,4   g. 2,2 + 1,5
b. 1,1 + 1,6   e. 5,4 + 1,5   h. 2,3 + 1,2
c. 1,5 + 2,1   f. 2,4 + 1,3   i. 8,1 + 1,4

9 Calcule.
a. 2,12 + 5,32   d. 4,23 + 2,35   g. 3,25 + 3,52
b. 5,02 + 2,17   e. 2,36 + 7,21   h. 4,02 + 3,82
c. 1,14 + 8,25   f. 8,22 + 1,44   i. 6,08 + 2,81

10 **PROBLÈME** Jérôme a tracé un premier segment de 3,5 cm puis il lui rajoute un autre segment de 2,4 cm. **Quelle est la longueur totale de son segment ?**

11 **PROBLÈME** Kélia a versé 2,5 litres d'eau dans un seau. Elle rajoute 1,3 litre. **Combien de litres d'eau contient le seau ?**

Additionner deux nombres décimaux avec retenue

12 Ajoute 0,5 à ces nombres.

Si on ajoute 0,5 à ces nombres, on passe à l'unité supérieure.

0,5 – 2,5 – 4,5 – 7,5 – 3,5 – 1,5 – 8,5 – 6,5

13 Ajoute 0,4 à ces nombres.

0,7 + 0,8 c'est 15 dixièmes ou 1,5.

1,7 – 1,3 – 2,6 – 2, 5 – 5, 8 – 3,9 – 2, 7 – 6,9

14 Calcule.
a. 0,7 + 0,6   d. 1,5 + 0,6   g. 1,6 + 0,4
b. 0,8 + 0,7   e. 1,7 + 1,9   h. 1,8 + 0,5
c. 0,8 + 0,9   f. 2,7 + 2,5   i. 1,6 + 0,5

15 **PROBLÈME** À combien reviennent ces achats ?
a. Un stylo à 6,80 € et une gomme à 1,80 €.
b. Un cahier à 2,70 € et un compas à 7, 40 €.
c. Une revue à 4,80 € et un livre à 13,80 €.

Calculer des compléments

16 Donne le complément à 1 de ces nombres.
0,2 – 0,8 – 0,7 – 0,5 – 0,4 – 0,9 – 0,6 – 0,3

17 Complète pour obtenir 10.
a. 5,5 – 4,5 – 8,5 – 6,5 – 7,5 – 3,5 – 1,5 – 9,5
b. 9,1 – 8,1 – 6,1 – 9,9 – 5,9 – 8,9 – 4,9 – 7,1

18 Complète pour obtenir 1.

> Utilise les compléments à 100 :
> 10 + 90 = 100 ; 20 + 80 = 100 …

a. 0,60 – 0,20 – 0,40 – 0,70 – 0,80 – 0,30
b. 0,15 – 0,85 – 0,55 – 0,75 – 0,95 – 0,45

19 PROBLÈME Pour chacun de ces achats, indique la monnaie qui sera rendue sur un billet de 10 €.
a. Un ballon à 7,50 €.
b. Un journal à 1,50 €.
c. Cinq paquets de cartes à 5,50 €.
d. Un bloc de feuilles à 3,60 €.

20 PROBLÈME Que manque-t-il pour obtenir 10 cm ?
a. 9,5 cm **c.** 6,5 cm **e.** 8,5 cm
b. 7,5 cm **d.** 3,5 cm **f.** 7,8 cm

Estimer un ordre de grandeur

21 Évalue un ordre de grandeur du résultat.
Ex. : 6,2 + 9,8 → 6 + 10 = 16
a. 9,1 + 2,8 **d.** 5,7 + 6,9 **g.** 1,98 + 2,12
b. 3,2 + 14,8 **e.** 4,7 + 5,2 **h.** 5,86 + 4,91
c. 8,8 + 4,2 **f.** 11,3 + 9,7 **i.** 2,49 + 9,61

Compléter des suites de nombres

22 Compte de 0,1 en 0,1.

> Si on ajoute 0,1 à 1,9 ; on passe à l'unité supérieure (2 ou 2,0).

a. 3,4 – 3,5 – … (jusqu'à 5)
b. 6,7 – 6,8 – … (jusqu'à 10)
c. 12,3 – 12,4 – … (jusqu'à 15)

23 Compte de 0,5 en 0,5.

> Si on ajoute 0,5 à 2,5 on passe à l'unité supérieure (3 ou 3,0).

a. 2,5 – 3 – 3,5 – … (jusqu'à 15)
b. 11,5 – 12 – … (jusqu'à 20)
c. 86,5 – 87 – … (jusqu'à 100)

24 Continue chaque suite jusqu'à 0.
a. 7 – 6,5 – 6 – … **c.** 11,11 – 10,09 – 9,08 – …
b. 2,6 – 2,4 – … **d.** 15,4 – 14 – 12,6 – …

Soustraire deux nombres décimaux

25 Calcule.
a. 1,6 – 1,2 **c.** 5,8 – 1,6 **e.** 1,9 – 1,3
b. 1,8 – 1,2 **d.** 2,7 – 1,4 **f.** 2,8 – 1,4

26 Soustrais 0,3 à ces nombres.
5,7 – 1,8 – 4,6 – 3,9 – 4,2 – 8,5 – 5,3

27 Soustrais 0,5 à ces nombres.
1,7 – 2,5 – 3,7 – 2,8 – 8,9 – 4,5 – 3,6

28 PROBLÈME Le père de Julie mesure 1,80 m, et celui de Gaspard 1,95 m.
Quelle est leur différence de taille ?

Soustraire un nombre décimal à un nombre entier

29 Soustrais 0,5 à ces nombres.

> On peut décomposer le nombre entier.

Ex. : 4 – 0,5 c'est 3 + (1 – 0,5) = 3 + 0,5 = 3,5
5 – 2 – 7 – 9 – 8 – 6 – 10 – 14 – 26 – 29 – 37

30 Soustrais 0,2 à ces nombres.
Ex. : 4 – 0,2 c'est 3 + (1 – 0,2) = 3 + 0,8 = 3,8
3 – 5 – 8 – 9 – 13 – 15 – 7 – 12 – 26 – 35

31 Calcule.
a. 2 – 0,5 **d.** 6 – 3,5 **g.** 8 – 5,5
b. 3 – 1,5 **e.** 4 – 2,5 **h.** 6 – 2,5
c. 5 – 2,5 **f.** 6 – 1,5 **i.** 7 – 2,5

32 PROBLÈME Emma a utilisé 1,25 m de ruban sur son rouleau de 5 m pour emballer tous ses cadeaux.
Quelle longueur de ruban lui reste-t-il ?

Estimer un ordre de grandeur

33 Évalue un ordre de grandeur du résultat.
Ex. : 8,3 – 4,9 → 8 – 5 = 3
a. 9,1 – 2,8 **d.** 5,2 – 3,7 **g.** 30,15 – 14,89
b. 7,9 – 6,8 **e.** 10,2 – 8,8 **h.** 24,68 – 15,12
c. 8,1 – 2,8 **f.** 24,1 – 13,9 **i.** 35,6 – 9,8

Multiplier et diviser des nombres décimaux

Multiplier des nombres décimaux par 10, 100, 1 000

 Quand on multiplie par 10, 100, 1 000, le nombre devient 10, 100, 1 000 fois plus grand.

1 Multiplie ces nombres par 10.
Ex. : 6,8 × 10 = 68
a. 1,2 – 3,4 – 5,4 – 8,7 – 9,8 – 6,7 – 16,5
b. 1,33 – 1,45 – 1,66 – 1,85 – 1,78 – 1,98
c. 56,23 – 45,12 – 85,26 – 47,23 – 63,75

2 PROBLÈME Yasser a besoin de faire 10 photocopies. Une photocopie coute 0,15 €. **Quelle somme va-t-il dépenser ?**

3 PROBLÈME Un verre d'eau a une contenance de 0,2 L. **Quelle quantité d'eau va-t-on servir si on remplit 10 verres ?**

4 PROBLÈME **Quelle somme Enzo va-t-il économiser sur son argent de poche au bout de 10 mois :**
a. s'il économise 3,50 € par mois ?
b. s'il économise 1,50 € par mois ?
c. s'il économise 4,50 € par mois ?
d. s'il économise 2,25 € par mois ?

5 Multiplie ces nombres par 100.
Ex. : 6,84 × 100 = 684
a. 2,42 – 8,45 – 7,03 – 5,23 – 3,46 – 5,26
b. 0,12 – 0,46 – 0,75 – 0,56 – 0,4 – 1,78
c. 1,3 – 2,4 – 6,8 – 5,12 – 23,7 – 41,9

6 PROBLÈME Pour clôturer son jardin, Monsieur Jacquet achète une haie artificielle de 100 m vendue à 9,95 € le mètre.
À combien lui revient cette clôture ?

7 PROBLÈME Tania a fabriqué une maquette de maison de 0,07 m de hauteur. La taille réelle de la maison est 100 fois plus grande.
Quelle est la hauteur réelle de la maison ?

8 PROBLÈME **Quel poids représente une palette de :**
a. 100 boites de couscous de 1,5 kg chacune ?
b. 100 paquets de café de 0,5 kg ?
c. 100 paquets de lessive de 2,5 kg ?
d. 1 000 boites de haricots verts de 0,400 kg ?

9 Multiplie ces nombres par 1 000.
Ex. : 56,87 × 1 000 = 56 870
a. 1,25 – 3,54 – 6,23 – 9,47 – 8,25 – 11,22
b. 3,2 – 4,6 – 5,8 – 3,5 – 6,3 – 14,6 – 25,4

10 PROBLÈME Une boulangerie utilise 2,7 g de sel pour fabriquer une baguette. **Quelle quantité de sel lui est nécessaire :**
a. pour fabriquer 10 baguettes ?
b. pour fabriquer 100 baguettes ?
c. pour fabriquer 1 000 baguettes ?

11 PROBLÈME Une commune équipe ses écoles en ordinateurs. **Si chaque ordinateur coute 549,90 €, quelle dépense fera cette commune pour équiper ses 100 écoles de 10 ordinateurs chacune ?**

Calculer des doubles

12 Calcule le double de ces nombres.
a. 2,1 – 3,2 – 4,3 – 2,4 – 1,4 – 1,2 – 2,3
b. 1,21 – 1,11 – 2,22 – 3,33 – 3,02 – 2,04
c. 0,5 – 1,5 – 2,5 – 4,5 – 3,5 – 7,5 – 6,5

13 PROBLÈME Émilie a eu 5,50 € d'argent de poche. Sa grande sœur en a eu le double. **Combien d'argent de poche a eu sa sœur ?**

14 PROBLÈME Une place de cinéma coute 10,50 €. **Combien paiera-t-on pour deux entrées ?**

15 PROBLÈME David habite à 8,4 km de chez son cousin. **Quelle distance va-t-il parcourir pour faire l'aller-retour ?**

Diviser des nombres décimaux par 10, 100, 1 000

16 Divise ces nombres par 10.

Quand on divise par 10, 100, 1000, le nombre devient 10, 100, 1000 fois plus petit.

Ex. : 12,5 : 10 = 1,25
a. 15,8 – 24,2 – 13,4 – 45,9 – 33,7 – 72,5 – 89,2
b. 2,4 – 3,5 – 6,8 – 20,5 – 70,1 – 8,2 – 9,5 – 4,7

17 PROBLÈME Un club de basket achète 10 ballons pour 260,90 €. **Quel est le prix d'un ballon ?**

18 PROBLÈME Un randonneur a parcouru 150,8 km en 10 jours de marche. **Quelle distance a-t-il parcourue en moyenne par jour ?**

19 PROBLÈME Dans une brocante, un lot de 10 assiettes anciennes est vendu au prix de 75,50 €. **Quel est le prix d'une assiette ?**

20 PROBLÈME Un groupe de dix amis se retrouve au restaurant. **Combien chacun paiera-t-il s'ils se partagent équitablement l'addition qui est de 254,50 € ?**

21 PROBLÈME Loïc loue pour 10 jours un vélo pour un montant de 54,50 €. **À combien lui revient en moyenne la location de son vélo par jour ?**

22 Divise ces nombres par 100.

Quand on divise par 100 le nombre devient 100 fois plus petit.

Ex. : 102,5 : 100 = 1,025
a. 254,2 – 136,5 – 402,8 – 396,4 – 562,7 – 852,3
b. 12,4 – 25,3 – 65,7 – 52,5 – 15,2 – 80,5

23 Un routier paie 112,10 € pour mettre 100 L de gazole dans le réservoir de son camion. **Quel est le prix d'un litre de gazole ?**

24 PROBLÈME Un escalier de 100 marches permet de monter à 18,5 m. **Quelle est la hauteur d'une marche ?**

25 PROBLÈME Fatima achète un paquet de 100 enveloppes à 12,60 €. **Quel est le prix d'une enveloppe ?**

26 Divise ces nombres par 1 000.

Quand on divise par 1000 le nombre devient 1000 fois plus petit.

Ex. : 152,5 : 1 000 = 0,1525
a. 2 000,5 – 1 500,5 – 4 800,2 – 7 800,4 – 6 500,2
b. 340,1 – 530,4 – 860,6 – 740,5 – 820,2 – 412,5

27 PROBLÈME Une salle de spectacles commande 1 000 affiches pour le prix de 755,50 €. **Quel est le prix d'une affiche ?**

28 PROBLÈME Les 1 000 participants à un jeu ont permis de rapporter 15 258,50 € à une association. **Quelle est en moyenne la somme donnée par chaque participant ?**

Calculer des moitiés

29 Calcule la moitié de ces nombres.

On divise par 2 le nombre.

a. 4,8 – 2,4 – 6,6 – 12,8 – 8,4 – 14,4 – 40,6
b. 100,8 – 24,42 – 88,62 – 160,24 – 240,4
c. 1,2 – 1,8 – 1,4 – 0,16 – 1,6 – 2,06 – 2,08

30 PROBLÈME Gabriel a économisé 24,60 €. Il en dépense la moitié pour s'acheter un jeu. **Combien lui reste-t-il ?**

31 PROBLÈME Maël coupe un ruban de 4,6 m en deux morceaux de même longueur. **Combien mesure chaque morceau ?**

32 PROBLÈME En janvier, les forfaits de ski coutent 50 € par adulte et 36 € par enfant. En mars, ils ne coutent que la moitié. **Combien coutent les forfaits de ski en mars ?**

Je résous des problèmes

Additionner et soustraire des nombres entiers

1 Léo collectionne les figurines : il a 312 figurines de *La Guerre des étoiles* et 74 figurines du *Seigneur des anneaux*.
Combien de figurines a-t-il en tout ?

2 Une école a besoin de 510 cahiers d'écriture et de 170 cahiers de travaux pratiques.
Combien de cahiers devra-t-elle commander ?

3 Une salle de spectacle a une capacité de 10 000 places.
Combien de places restent libres si 3 500 personnes ont réservé ? si 5 600 personnes ont réservé ? si 7 550 personnes ont réservé ?

4 Un fabricant de voitures a vendu 105 182 voitures grises et 62 985 voitures d'autres couleurs. **En tout, combien cela représente-t-il environ de milliers de voitures vendues ?**

5 **Combien coute ce jeu vidéo en promotion ?**

6 Un routier doit faire un trajet de 3 200 km. Il lui reste encore 1 100 km à parcourir.
Combien de kilomètres a-t-il déjà parcourus ?

7 Il y a 142 livres dans la bibliothèque de la classe : 19 élèves ont emprunté un livre pour le weekend.
Combien de livres reste-t-il dans la bibliothèque ?

Multiplier des nombres entiers

8 Un professeur de sport a formé 6 équipes de 4 joueurs.
Combien de joueurs y a-t-il en tout ?

9 Le jeu de dames américain se joue sur un damier de 8 cases sur 8.
Combien y a-t-il de cases sur ce damier ?

10 Un avion peut parcourir 1 750 km en 1 heure.
Combien de kilomètres parcourt-il en 10 h ?

11 Hier, j'ai lu 34 pages de mon roman. Aujourd'hui, j'en ai lu le double.
Combien de pages ai-je lues en tout ?

12 On consomme en moyenne 60 litres d'eau pour une douche.
Combien de litres d'eau consomme-t-on pour 40 douches ? 200 douches ? 300 douches ?

13 Un restaurant a servi 198 repas à 29 €.
Quelle est environ la recette de ce restaurant ?

14 Les 25 élèves de CM1 vont assister à une pièce de théâtre.
À combien revient cette sortie si la place est à 7 € ? si la place est à 12 € ?

Diviser un nombre entier

15 Si l'on partage un jeu de 52 cartes, combien de cartes recevra chaque joueur :
a. s'il y a deux joueurs ?
b. s'il y a quatre joueurs ?

16 Dix amis se partagent ces sommes : 700 € ; 800 € ; 230 € ; 5 000 € ; 3 200 € ; 7 800 €.
Quelle sera la part de chacun ?

17 Trouve le nombre de joueurs par équipe.
a. 56 joueurs répartis en 2 équipes ;
en 4 équipes ; en 7 équipes ; en 8 équipes.
b. 24 joueurs répartis en 2 équipes ;
en 4 équipes ; en 8 équipes ; en 3 équipes.
c. 48 joueurs répartis en 2 équipes ;
en 4 équipes ; en 6 équipes ; en 8 équipes ;
en 12 équipes ; en 24 équipes.

Additionner et soustraire les nombres décimaux

18 Le cartable d'Alina pèse 4 kg
Si elle rajoute un livre de 0,700 kg, quel sera le poids de son cartable ?

19 Marius achète un teeshirt à 9,50 € et un pantalon à 21,30 €. **Combien dépense-t-il ?**

20 L'an dernier, Jordy mesurait 1,20 m. Cette année, il a grandi de 0,15 m. **Combien mesure-t-il maintenant ?**

21 Un vendeur décide de faire une réduction de 2,50 € sur tous ces articles.
Quels sont leurs nouveaux prix ?

22 Pour se rendre en voiture chez ses cousins, Claire utilise 35,5 L d'essence sur son réservoir qui en contenait 60 L.
Quelle quantité d'essence lui reste-t-il ?

Multiplier et diviser les nombres décimaux

23 Monsieur Anglade achète 10 m de tissu vendu à 3,45 € le mètre pour faire ses rideaux. **Combien va-t-il dépenser pour cet achat ?**

24 Au pays de Picsou, tout est 100 fois plus cher ! **Calcule ces nouveaux prix.**
5,23 €   0,43 €   7,02 €   6,78 €   45,86 €

25 Une sauterelle accomplit des bonds de 2,5 m.
Quelle distance va-t-elle parcourir :
a. en 10 bonds ?
b. en 100 bonds ?
c. en 1 000 bonds ?

26 Une école fait ses commandes de papèterie pour l'année prochaine.
Combien va-t-elle payer si elle achète :
a. 100 pochettes de feutres à 2,89 € la pochette ?
b. 10 paquets de 20 tubes de colle à 21,69 € le paquet ?
c. 1 000 cahiers à 1,24 € le cahier ?

27 Sarah a utilisé 1,25 m de tissu pour se faire une jupe. **Quelle longueur de tissu doit-elle prendre pour en faire deux ?**

28 Raphaël a payé 7,60 € pour poster 10 cartes postales. **Quel est le prix d'un timbre ?**

29 Un sac de 10 kg de pommes de terre est vendu au prix de 5,40 €. **Quel est le prix d'un kilo de pommes de terre ?**

30 Julie a parcouru 14,2 km en une heure. **Quelle distance a-t-elle parcourue en moyenne en une demi-heure ?**

31 Pour fabriquer 8 bracelets brésiliens, Jeanne a utilisé 4,8 m de fil.
Quelle longueur de fil a-t-elle utilisée pour chaque bracelet ?

CALCUL MENTAL

Crédits photographiques

p. 8 : © Juulijs/Fotolia ; © NASA ▪ **p. 9** : © Cla78/Fotolia ▪ **p. 17** : © Kjersti/Fotolia ; *Le Bâton de Plutarque*, Juillard, Sente © Éditions Blake & Mortimer/Studio Jacobs (Dargaud – Lombard s.a.), 2016 ; *Le Chat passe à table* : extrait de l'ouvrage *Le Chat passe à table*, Philippe Geluck © Casterman, image reproduite avec l'aimable autorisation des auteurs et des Editions Casterman ; *Les Tontons Dalton* : © LUCKY COMICS, 2016 ; © Elena Schweitzer/Fotolia ▪ **p. 22** : © dinosaurman/Fotolia ; © dinosaurman/Fotolia ; © Romolo Tavani/Fotolia ; © alexokokok/Fotolia ▪ **p. 24** : © livetraveling/Fotolia ▪ **p. 25** : © MrJacoob/istockphoto.com ; © Jon Arnold/hemis.fr ▪ **p. 27** : © Naeblys/Fotolia ▪ **p. 39** : © Michael Sohn/AP/SIPA ▪ **p. 43** : © UbjsP/Fotolia ▪ **p. 44** : Timbre reproduit avec l'aimable autorisation d'Yves Beaujard © La Poste 2016 ▪ **p. 46** : © BORGESE Maurizio/hemis.fr ▪ **p. 53** : © ducvien/Fotolia ; © Tabthipwatthana/Fotolia ▪ **p. 54** : *Clovis* © Lee/Leemage ; *Charlemagne*, Albrecht Durer © Lecen/Wikimedia commons ; *Hugues Capet* © Photo Josse/Leemage ; *Philippe Auguste* © Bianchetti/Leemage ; *Charles VII*, Jean Fouquet © Maximus0970/Wikimedia commons ▪ **p. 55** : © patpitchaya/Fotolia ▪ **p. 60** : © Aisa/Leemage ; © Photo12/Oronoz ▪ **p. 61** : © Archives du 7e Art/Universal Pictures/Illumination Entertainment ▪ **p. 63** : © Selva/Leemage ▪ **p. 64** : ©Palenque/Fotolia ; © Andy Ilmberger/Fotolia ▪ **p. 65** : © Rue des Archives/RDA ; © Photo Josse/Leemage ; © UA/Rue des Archives ; © MEPL/Rue des Archives ▪ **p. 66** : © guitou60/Fotolia ▪ **p. 69** : © bluesky6867/Fotolia ; © Steve Byland/Fotolia ▪ **p. 76** : © Graphithèque/Fotolia ▪ **p. 77** : © Giuseppe Porzani/Fotolia ▪ **p. 86** : © Biosphotos ▪ **p. 87** : © H. Brauer/Fotolia ▪ **p. 93** : © Sipa ▪ **p. 114** : © Brad Pict/Fotolia ▪ p. 117 : © Sailorr/Fotolia ; © Archives du 7e Art/Universal Pictures/Illumination Entertainment ▪ **p. 119** : Jules Verne, *Le tour du monde en 80 jours*, illustration de couverture Jérémie Fleury © Le livre de poche jeunesse, 2015 ▪ **p. 121** : © Beboy/Fotolia ; *Inspecteur Gadget* © Nelvana/DR ; *Le Tombeau des lucioles* © Prod DB/Studio Ghibli/DR ▪ **p. 124** : © iStockphoto.com ▪ **p. 126** : © Fotolia ▪ **p. 127** : © Fotolia ; © CHICUREL Arnaud/hemis.fr ▪ **p. 135** : © Fotolia ▪ **p. 144** : © Fotolia ▪ **p. 152** : *Composition*, Piet Mondrian, 1931, Photo © DeAgostini/Leemage ▪ **p. 160** : *Bleu*, Auguste Herbin, Photo Christie's Images/Bridgeman Images © ADAGP, Paris, 2016 ▪ **p. 166** : *Hommage à Malévitch*, Victor Vasarely, 1952 Photo © Centre Pompidou, MNAM-CCI, Dist. RMN-Grand Palais/Georges Meguerditchian ▪ **p. 182** : Œuvre reproduite avec l'aimable autorisation de l'auteur Stephan Siebers ▪ **p. 193** : © teteamodeler.com.

Conception de couverture : François Supiot
Conception maquette intérieure : Isabelle Southgate
Mise en pages : Soft Office (38)
Illustrations : Élodie Durand (pp. 8-55 ; 67 ; 82 ; 102 ; 116-145 ; 178 ; 206) et Olivier Deloye (56-113 ; 146-207)
Iconographie : Candice Renault
Cartographie : Valérie Goncalves, Christel Parolini, Gwendal Fossois
Relecture : Marianne Stjepanovic-Pauly
Responsable d'édition : Isabelle Ravilly
Édition : Claire Ollivier, Caroline Menault, Anne-Gabrielle Anger

© Éditions Magnard 2016
5, allée de la 2e D.B.
75015 Paris
ISBN : 978-2-210-50203-1

Aux termes du Code de la propriété intellectuelle, toute reproduction ou représentation intégrale ou partielle de la présente publication, faite par quelque procédé que ce soit (reprographie, microfilmage, scannérisation, numérisation…) sans le consentement de l'auteur ou de ses ayants droit ou ayants cause est illicite et constitue une contrefaçon sanctionnée par les articles L. 335-2 et suivants du Code de la propriété intellectuelle.

L'autorisation d'effectuer des reproductions par reprographie doit être obtenue auprès du Centre Français d'exploitation du droit de Copie (CFC) – 20, rue des Grands-Augustins – 75006 PARIS – Tél. : 01 44 07 47 70 – Fax : 01 46 34 67 19.

Achevé d'imprimer en Allemagne par Mohn Media en décembre 2016.
Dépôt légal : février 2016 – N° d'éditeur 2016_1817